巻頭言

――哲学者はヘーゲル哲学の理念的概念である「思弁」とは何か、「形而上学」とは何かを「哲学 学の体系」中の学的概念として問うべきである

南郷継正

私の著書『哲学・論理学原論〔新世紀編〕――ヘーゲル哲学 学形成の認識論的論理学』(以下『原論』)をぜひに寄贈してほしいとのドイツ国立図書館の依頼について、『学城』第十八号(前号)に私の感想を記しておいた。だが日本の哲学界は、(現在の私のような余程の「ヘーゲル学」熱中者以外)全く無関心の体だったはずである。理由は、日本の哲学界はドイツ哲学界と大きく異なり、学問の研鑽に関しては、学ぶどころか読む意志さえサラサラないといってよい程度だ、と思えるからである。

有体に説けば日本の哲学界は、哲学という学問の歴史的展開の実態、すなわち、人類の歴史において、古代エジプトは王の墓たるスフィンクス、ピラミッドなどの技術力は見事な発達を遂げたのに、どうして精神文化たる学問の扉は開けなかったのか、そしてそれがどうして弱小的国家の古代ギリシャで初の学の王国の生誕となり、そして中世でスコラ学派たるローマ教会がアリストテレス学をモノにして、二代目の学的王国をローマ帝国の名代レベルで政治で実践でき、そこから時を経て、ゲルマン民族が学の帝国たる哲学の玉座

へとまで登りつめていけたのかという学的論理の修学については、ほとんど知らない振り（というより無関心のあまりの無知）といった状態だからである。

本来ならば現代のわが日本こそ、かつて学の帝王たる哲学の実力を誇りとしたカント（『純粋理性批判』『啓蒙とは何か』等）、フィヒテ（『ドイツ国民に告ぐ』等）、シェリング（『学問論』等）、ヘーゲル（『精神現象学』『大論理学』等）のドイツ帝国（プロイセン）にならって、東洋初の学の王国を築けてもよいはずである。と説く理由は、敗戦後の現代の日本は古代ギリシャ、近代ドイツの哲学に匹敵する程に学問を確立できるための国家としての条件はしっかり整ってきているからである。ここは少し時を戻して考えてみよう。

そもそもわが日本哲学界は、西周が創作したとされる「哲学」という何とも訳の分からない造語を把持して、それで学の体系たる哲学（学一般）を勝手気ままにかつ思う存分に切りきざむ形式での哲学の分解的研鑽に身を削ってきた歴史を把持している。これは現在でも日本哲学歴史の発端者ともいえる西田幾多郎以来の古い古いなんとも情けない研鑽の実際があたかも本物の哲学であるかのごとくにまかり通ってきているからである。故に、日本哲学の創始者ともいうべき西田幾多郎は、哲学そのものに関しては、自著『哲学概論』（岩波書店、一九五三年刊）に現実を端的に説ける実力・実績だったといってよい。

そして後継者レベルで待望されながら獄死レベルで亡くなってしまった、かの天才とまでいわれていた三木清はデカルトに影響を受けているからか、もしくはシェリングの言葉の影響をまともに受けていたのか、読み方によっては両者の折衷ともとれそうでもあるだけに、西田幾多郎よりは少々学的発展レベルで次のように説いている。

> 科学の前提となっているものを究め、その根拠を明らかにするのが哲学である。即ち哲学は科学批判に従事するのである。批判というのはそのものの拠って立つ根拠を明らかにし、その基礎を置くことである。
>
> (三木清著『哲学入門』岩波書店、一九五一年改版)

だが、この二方以外はこれらの文言の踏襲レベル以下であるだけに、日本の哲学界の歴史の実績には、淋しいことに何ひとつとして見るべきものがない。それもこれも、西 周の作とされている「哲学」という奇妙な名がそうさせているのだ、というべきである。

西 周の「哲学」という文字を学的に分析(!)すれば、「学の深奥を極めるべく、修学すべきもの」となるのであろう。だが、これは「学問とは何か」を理解できてこそ成り立つ概念であって、学問とは何かを知らぬ人にとっては、当然ながら、「百人一首」の文字遊び(意義ではない)でしかなかろう。加えて、出 隆は「『哲学する』という用語は私の創作になる」と、どこかで豪語していた気がするが、これは「百人一首する」とか、「いろは歌留多する」類の子どものオアソビ的言葉遣い同様であろう。だが、出 隆の「哲学する」という言葉の本当の意味は、当人の弁によれば以下である。

> 「哲学はわからない、要するに哲学とは何ぞやである」と言った人々に対してこの言のある所以を指示すると共に、「哲学を今少し平明に知りたい」と願う人々に——敢て哲学を教えんとするのではなくて——その知り方(哲学すること=Philosophieren)を示そうとする試みである。人は哲学を知る以前に哲学する仕方を学ばねばならない。
>
> (『改版 哲学以前』「改版の序」岩波書店、一九二九年)

とはいえ、言葉とは多くの人に用いられていくと、その後は勝手に独り歩きをすることになるものである。ここは文化庁が毎年の調査で、それこそ「憮然」たる思いにならされているように、この出　隆の「哲学する」も、現在は子ども思考遊びの意味にまで、世の哲学者の手によって化けてしまっている有様となっている。

すなわち、本当に面白くないことに、これ以後の哲学者と称する人は、この「哲学する」との文言にまどわされてか、「人生とは如何に生きるがまっとうなるや」といった類の人生の道案内的問題を中心に据えての謎々レベルの問答集をモノして、これを「哲学する」となしているのが現実である。これは、日本の哲学者は誰もが哲学の形成過程の学び一つすらしていないだけに、落ちこぼれての当然の現実なのである。しかし、出　隆はその出自上、その学歴上、その学びの歴史上、哲学形成過程の残滓くらいは、知っていても当然の位置にいた人である。だが、彼の東京帝国大学での学び方、というより精神的躓き（この中身は、『哲学以前』の「改版の序」にある出　隆のツブヤキを読めば、よく分かる）が災いをして、『哲学以前』以後の彼は、諸々の哲学者の重要文献解説レベルでの哲学への知識的学びを「哲学する」となしてしまっただけに、以下のごとくが彼の最高レベルの学的研鑽であって、後々のは、文献の詳細を説くだけで終息しているからである。

この話は「哲学とは何か」の考察に始まらねばならぬ。それだけは承知している。……しかし何から始むべきか。何が初めであるか。初めは何であるか。「初め」とは何か。「何」とは何か。（出　隆『哲学以前』岩波書店、昭和四年、詳細は、西林文子「出　隆『哲学以前』を問う（五）」（『学城』第十九号））

そして、時が流れた現在では、「哲学する」の用語が先に説いたように、「哲学する」とはつまり百人一首アソビとか、歌留多アソビレベルで把握されきって、学問などどうでもよい、との常識化がまかり通っているのである。ここで、学的レベルに論を戻したい。

アリストテレス、トマス・アクィナス、カント、ヘーゲル以外の世界中の学者（デカルトを含めて）は、人類の学問の成立過程をほとんど知らないだけに（修学しなかったがために）、学一般、すなわち学問としての哲学の成立過程の構造は、弁証法の成立過程の構造と歴史的には同一のものを把持していることは、分かりようがなかったのである。

哲学の祖をソクラテスに求めている学者の大半は、何故に、彼を祖となすのかの学的論理の措定の根拠すら、分かろうとする努力をしてはこなかったのである。はっきり説くが、先生方は人類最高の学問をまともに分かる努力を最初になしたのはソクラテス、プラトンではなく、アリストテレスであったと理解できているのであろうか。そしてまたこの見事なアリストテレスの学問力（弁証法力）を分かっていく努力を人類最初になしたのが、大へーゲルその人だったのだと、これまた日本どころかドイツ哲学界にも分かっている方はほとんどいないと思う。それ故にここでは一言だけ、日本哲学界に苦言を呈しておきたい。それは以下の大へーゲルの言葉（一に「思弁」、二に「形而上学」）に関わる。

日本哲学界では、観念論、唯物論の双方の学者にこの言葉をまともに理解できていないが故の大いなる誤解が常識化している嫌いがある。そしてこの誤解の常識化の遠因は、大へーゲルの『序論』（『精神現象学』）を学の体系性を希求するものとして、まともに学ぶことがなかったことにある。まともに学ぶことがなかったと説く所以は、以下のことである。それはこの大へーゲルすらが自らが『序論』に説く「学の体系」へと出立する時点では、未だ「思弁」「形而上学」の両概念の重大性には気がついていなかった、というべきだからである。ヘーゲルがこの両概念の重大性に気づくのは、まだまだ後のことなのである。すなわち、ヘーゲルが古代ギリシャ哲学の重要性に思い至り、そこから学びを進めて、プラトンからアリストテレスへ至った時、として学ぶことによってこそ、「思弁」という概念の端緒、「形而上学」という概念の端緒を、ここに重点を置いて何年もの講義をなしていくうちにようやくにして摑むことができたのだ、というべきだからである。

　このことは、ヘーゲル『哲学史』を眼光紙背に徹すがごとく読みとることができれば、何方《ドナタ》にも分かることではあるのだが。とはいえ、大ヘーゲルは、思弁の概念、形而上学の概念について、たしかに論理的、歴史性的には、まともに説くことはなかったといってもよい。だが、である。大いなる示唆はきちんと残してくれている。それは、『哲学史』アリストテレスの項で「アリストテレスは〝思弁の端緒についた〟、〝形而上学の端緒となる〟」という論評をなしている言葉の意味ではなく、「意義」にある。

　日本の哲学界は、以上の事柄をふまえて「思弁」という言葉、「形而上学」という言葉をまともに概念化する努力（ヘーゲルの提言）をなすべきなのに、誰一人としてそこをなすことはなかったのである。それだけに、日本の哲学界の学者の手になる「思弁」と「形而上学」との言葉は全くの詭弁的用語である、と論断されても仕方が無いことになろう。

　ここで「思弁」といい「形而上学」といい、これらの概念の端緒は、確かにアリストテレスをもって嚆矢《コウシ》とするが、何故にそういいきれるのかは（ヘーゲルがそう説くからではなく）、アリストテレスがそういう言語表現を用いることができるようになったのは、プラトンの学園アカデメイアでの生命賭《イノチガ》けレベルでの修学の賜物、すなわち彼自身の二十年以上もの努力によって、古典的弁証法が彼の頭脳に完成したからに他ならない。ここは大ヘーゲルといえども、もしかしたらよく理解できなかったことかも、と思えるのである。

目次

表紙…小林 育則 高橋 剛

1 『ヘーゲル哲学・論理学〔学の体系講義・新世紀編〕』(『全集』第三巻)余録(Ⅱ)

南郷継正

(Ⅰ)

読者の皆さん、お元気ですか。私は『ヘーゲル哲学・論理学〔学の体系講義・新世紀編〕――哲学・論理学原論への招待』(『全集』第三巻)の再校を終えて、少しホッとしている現在です。この書は、『哲学・論理学原論〔新世紀編〕――ヘーゲル哲学 学形成の認識論的論理学』の第二編を中心に、原稿用紙(四百字詰)約二百枚書き足して、分かりやすさを心がけ、副題の『哲学・論理学原論への招待』を主題にしてもよい程の内容にしてあります。

この書のハイライトは学問の歴史上、初めて論理学の実態を学的概念として措定できたこと(自画自賛です)だと思っています。高校三年時でしたが、私が初めて弁証法という文字に出会った瞬間の感動は、なんとも凄いものでした。その私が「論理学」という文字、論理学についての書に接しても、感動・感激といった心をゆさぶられたことは少しもありません。その私が、『大論理学』(ヘーゲル)の書を手にしたのは、二十代真っ盛りの頃でした。当然になんの感慨もなく、どうせ大したものでは……と思っただけだったのです。それ故その私がやがてこの書に関わって、次のように日記に認めることになるとは想像だにできなかったのです。

大ヘーゲルは、現在に至るも誰にも理解されていない。かつてのベルリン大学での学生たちのあの熱狂ぶりはどういうことだったのだろう。この大熱狂ぶりに、これも

当時の大哲学者の一人とされていたショーペンハウエルが不快感を覚え、イラだったばかりに、ヘーゲルと同じ時間帯に自らの講義を行ったが、教室はガラガラの状態だったとの事実は、現在の人々はどう受け止めるのであろうか。ヘーゲルの学的大事性を認められない現在のこれは、マルクス、エンゲルスの著作の大影響が未だに残っているゆえだろう。それで、誰もがヘーゲル学を修めたがらないのかも……。確かに、大ヘーゲルは難解そうに思えるだけに、誰一人として、彼の学の実態（中身）の偉大さ、凄みを「一に、知り、二に、分かり、そして三に、発展させる」努力をなしたことはなかったのであろう。しかも、である。「一に、知り」の段階すらなす弟子がいなかったという恐さがある。『西洋哲学史』を著したシュヴェーグラーも、そうである。

ヘーゲル哲学の構造の実態は、誰にも理解できてはいない。その理解不可能の理由は絶対精神の実態（絶対精神の弁証法的内実）、生生発展の過程性を弁証法を用いて分かる（解いていく）努力をなすことがないからである。絶対精神の実態は（ヘーゲル学的には実体となるが）森羅万象そのものなのである。マルクス、エンゲルス共に、カントを学問的に学ぶことがなかったが故に、そこを分かり損なったままに、若きヘーゲル学徒（左派）になっていったから、分かりようがなかった、といってよいのである。（二〇〇二年十二月）

「想い出」はこのくらいにします。

論点は、「論理学を学問レベルで定義できた、すなわち、論理学を学の体系として理論化できたが故に、論理学に関わる学的概念ができあがった」ということです。詳細は、『原論への招待』の「論理学」編をじっくり読んでください。それにしても、二十一世紀のこの世界の学問レベルは、五千年前の古代エジプト王国なのかと嘆きたくなります。現世紀は学的世界、精神的世界は宇宙の彼方たる彼岸に追っぱらって、此岸たる現世は、偉大なスフィンクス、ピラミッドばりの大技術である量子計算、リブラ通貨といったレベルにウツツを抜かしきって、すなわち人間社会から肝心の学的精神、文化的精神の高みを追いだしているかのように、ヒト的欲求のみとなっている現状だからです。

古代エジプト王国の戦乱時代が、数千年経てようやくにして古代ギリシャの精神世界（学問）時代となりえただけに（二十一世紀はまだ新世紀となったばかりだけに）、今世紀の間は古代エジプトの戦乱的レベルといった欲望にまみれた世界そのものとなったままなのでしょうか。

（Ⅱ）

以上はさておき、今回の「余録」は前々回から説き始めている「サル」から「ヒト」への大発展への間接的な続編です。いわば、緑陰の候（木陰での読書）として読んでください。直接的には、脳と頭脳の発達（老衰）に関わっての執筆です。と、説いたところで、この原著である『原論』はみなさんには、目を通すくらいはしてもらっている、として、話を進めることにします。

まず、この書のなんともいかめしい（わけの分からない）副題についての説明が必要でしょう。それには、ヘーゲルについてどうしても説くべきです。

私は時に「大ヘーゲル」とこの人を大きく評価して書くことがあります。それ故、みなさんの何人かは、「キライ、イヤダ！」となるのではと推察しています。それでも私は、どうしても「大」をつけたい思いにかられるのです。但し、学問という精神世界にあまり興味のない人は、この私の思いは理解できないはずです。「なんでヘーゲルだけが大なんだ!?」と。

確かに学問の世界で「大」を付してよいと私が思う人物は、彼一人ではありません。端的には、「ゼノン」「プラトン」「アリストテレス」「トマス・アクィナス」「デカルト」「カント」と諸々の人物を挙げてもよいのですが、学的（学問レベル）となると、ヘーゲルに並べられる人物は、アリストテレス、トマス・アクィナスくらいで、他の人はどうも、となってしまいます。

理由は以下です。ゼノンの評価としては、彼の学の基礎（出立点）となる弁証法を「絶対矛盾」として把握できた点の偉大さはその通りですが、これはまだ「学問」そのものではなく、また、学の出立点とも呼べません。ここを赤ん坊でいえば、自分の気持ちそのものから「イヤ、イヤ」を始めたばかり、だからです。

もしも、です。単純に学問を弁証法と仮定できれば、ゼノンは「大」といってよい程の人となり、点数も満点そのものでしょう。この点ではプラトンも同様です。しかし、「大合宿しての大闘論」は確かに満点ですが、これも弁証法の一大修練過程なので少し無理でしょう。

デカルトは、学問としては、「新大陸の発見レベルでの評価」をヘーゲルがなしているように、新たな視点はあるのですが、ただそれがあるのみ、なのです。

カントは、これまたゼノンのより観念論的な展開としては見事といえるのでしょうが、これもゼノン（絶対矛盾）の二番煎じですので。

ということで、学問レベルでは、『形而上学（哲学への歩み・哲学への第一歩）』を初めとする諸々の著作で、森羅万象を「思うから思惟へ」の足掛かりを見事に「思弁」という認識の力として創出できているアリストテレスが〝初〟の「大」となるべきです。

トマス・アクィナスは、そのアリストテレスの「思弁」という認識力に加えて『形而上学』への想いを見事に自らの実力と化し（当然これはスコラ学派数百年の研鑽者と共同レベルでの賜物です）、その実力でなしえた、中世の見事な社会哲学＝社会科学の実践の成果だからです。この人もやはり「大」と評価すべきです。

話を少しだけ戻します。アリストテレスの学的な偉大さは数々あるのですが、弁証法に関わる偉大といってよい業績の一つをあげれば、「ゼノンの絶対矛盾」をまともに取りあげ、かつ説いていることでしょう。このことは、大ヘーゲルを除いて欧米の著名な哲学者の誰一人なしえていないだけに、本当に凄いと讃えるべきです。ゼノンの絶対矛盾を（怖いことに）数学の問題へと化けさせている人すら多数いるのに、です。

もっとも、アリストテレスの言葉は、あまりにも単純すぎるので（というのは、この時代は頭脳活動としての複雑さ、かつ錯綜する言語表現はとても無理なことだったが故に）、このアリストテレスの文章（とされている）をみなさんが直接に読んでも、どうにもこうにも理解できるわけはありません。これが、世界中の学者という学者がアリストテレスの『形而上学』を初めとする著作を、まともに読めもせず、自国語にまともに翻訳もできず、の実態なのです。

ここを現代の日本で分かりやすい例で説明すれば、このことは芭蕉の俳句の真意を、現代人は芭蕉の時代背景と彼の職業（秘密）の二重性で捉えることができない理由と同じ、すなわち俳人たる人ですら、理解でき難いとのお話で考えてみてください、ということです。

アリストテレスを理解でき難いもう一つの理由は、彼の用いている弁証法の実態を誰一人（ヘーゲル以外）分かることがなかったからです。それだけに、まず、彼の弁証法を直接に分かる努力をなすべきですが、これはまず不可能に近いのです。みなさんが古代ギリシャ言語、古代ローマ言語に堪能になる努力だけでも大変ですから。ですからここは、少し回り道をなすべきなのです。

回り道とは、ヘーゲル学、特に『序論』と『大論理学』の「序文Ⅰ」「序文Ⅱ」をしっかり読みとる実力を付けた上で（その上で、です）、ヘーゲル『哲学史』のソクラテスからプラトンの項を、ヘーゲルの意図通りに学び取りながら、同じくアリストテレスの項にしっかり親しむべし！　となります。

この努力（修学）をなし続けていれば、少しずつ（ながら、です）アリストテレスを読むことが可能となっていくはずです。すなわち、彼が説こうとしているにもかかわらず、どうしても彼が自分の認識を言語化できていない、彼のスカスカしている文章の意味をなんとかとれるようになっていきます。もちろんここは、古代弁証法を読みとる実力があれば、それ程の難事ではないのです。しかし、です。ここはヘーゲルすら完璧には無理だったので、現代の人にはまず、無理でしょう。ですから、あまりオススメはしません。当然にこのことは、大ヘーゲルの論文にもあてはまるのです。というのは、彼の自画自賛する「私の弁証法は……」と説く弁証法とアリストテレスの古代弁証法は、レベルは直接的同一性だから（ヘーゲルが少し高いといってよいのですが）です。

すなわち、二人ともその弁証法は、いわゆる文章の裏に潜んでいるだけに、表面からは見てとり難いものがあるからです。私はこれを「背後霊」とシャレて説き、かつ読みとることは難なくできています。

付加しますが、ヘーゲルの『序論』は背後霊たる彼の弁証法を彼の文言と共に読みとれてこそ、彼の心理が表面に現れてくることになるのです。ドイツや日本のヘーゲル研究者には、以上の内実がどうにも分かることはできないのです。理由は、いつも説いているように、ドイツの哲学者（日本人もです！）はどういうわけかヘーゲルの弁証法を絶対に学ぶことがなかった（現在もない！）からです。

なぜ、そういえるのか、と疑問を持つ人は多いはずです。それは、当然のことにヘーゲル自身が自己の弁証法については、どういう実態（内実）を把持するものかについては、彼の著作（講義）で一言も語ることがなかった（できなかったのが実際だった）からです。ここは、当然ながら、誰一人実践することすら思いもつかなかった、からです。

では、どうして私にそれが可能だったのかを知りたいはずです。これは『原論』にもしっかり説いていることですが、私は、弁証法を「哲学がアウフヘーベンした新学問の帝王」と十代の末から大錯覚をしたままで、本来の哲学的修学たる、自然科学、社会科学、精神科学を総括する形式で学んで上達していった（現実には、私の弟子たる一流大学の大エースレベルの集団に徹底的に鍛え上げられたからこその上達でした）からです。

（Ⅲ）

副題の話は、まだ終わりではありません。「認識論的論理学」の説明もなすべきですし、加えて、「学形成」も説かなければなりません。

まず「認識論的論理学」について、です。みなさんには、この文言はとても奇妙な表現と思えるでしょう。なぜなら、こんな概念的文字を使う人はあまりいないはずだからです。何回も説くことになりますが、哲学＝学一般（学問）という一大精神の世界（グレート・スピリチュアル・ワールド）というものは、一朝一夕にしてできあがった（構築可能な）ものでは絶対にありません。できあがるには、できあがるに必須の精神世界の発育・発達の順序（順序なのです）というものが必要なのです。

大ヘーゲル的文言を用いれば、いかなる学問であっても、大ヘーゲルの説くようにまずはフュール・ジッヒ（対自的）ではなく、アン・ジッヒ（即自的）から始まるのみ（しかない！）なのです。

ここは、『原論』で説いている「赤ん坊」をアタマの中に浮かべてみてください。その生まれたての赤ん坊の認識は、当然ながらアン・ジッヒ（即自的）状態です。赤ん坊は産声をあげながら必死になって、自分なりの外界の反映をただただ求め続けていく状態です。

この状態が第一級の人物たるパルメニデス、ゼノン、タレス、アナクシマンドロス、ソクラテス等々の古代ギリシャの赤ん坊的な学的世界なのです。

ここを高校生レベルで分かるには、『学城』連載中の「唯物論の歴史を学ぶ」（朝霧華刃）の小論が、大きく役に立ちます。大学教官レベルで分かるには、同じく『学城』連載中の悠季真理「哲学・論理学研究余滴」が素晴らしい小論といえます。いずれにしても、古代ギリシャ時代は学問（文明・文化レベル以上の）の曙となるべき、アン・ジッヒ（即自的）からフュール・ジッヒ（対自的）への大道への出立時期なのです。

ソクラテスはアン・ジッヒ（即自的）をまともに修了してフュール・ジッヒ（対自的）へと出立しかかるレベルです。プラトンは、赤ん坊が少し、また少しと母親とのお話で、自分なりの気持ち（ココロ）ができていく途上といってよいでしょう。すなわち、プラトンの「大合宿・大闘論」の時代は、アン・ジッヒとフュール・ジッヒの一大闘争の頃(即自的↕対自的という認識の闘争的往復の積み重ね)である、ととってよいと思います。

「大合宿・大闘論」の実態は論理的には、そのような認識が徐々に生まれそして各人の頭脳へと化していくという大きな過程だったのです。すなわち、それまでの自己中心の認識と対象から与えられる敵対的認識の大合宿という共同体的闘論のなかで、自分を守りぬいてきていた自己中心認識と自己への攻撃としてしか捉えられない、自分には到底受け入れがたいはずの敵対的認識がなんとなく分かり始めてくることによって、自己の認識を守るのみ、だった自己の中で、徐々に敵対的認識を受け止め、そして受け入れられるようになってきます(相互浸透)。これがプラトンの「滅ぼし合う闘論」の実態の変化過程でした。

以上、これがしっかりとフュール・ジッヒ的芽生えとなったのが、(ヘーゲル曰くの) アリストテレスの思弁へと発育していくいわゆる芽生えだったと分かってください。しかし、アリストテレスの「思弁」という、学問の扉を大きく開くための実力へと転化していくこの言葉(概念)は、ヘーゲルが『哲学史』にきちんと記していうように、それまでの古代ギリシャのいかなる大学者もこの「思弁」という扉を開くことができなかったという事実で、しっかり「アリストテレスの思弁の偉大さ」を分かることが大事です。

しかし、残念なことに、ヘーゲルが『哲学史』で説くこの事実を、ヘーゲル以後のどの大学者(これは皮肉)もまともに評価できない(その認識力がない)有様なのです。これは、本当に誰一人とて、なのですから。

思弁という認識(の力)は、問題となってくる大難事の解決の糸口を見つけて、それをときほぐしにかかっていくという実力なのです。この実力が備わっていったのは、アリストテレス以後、トマス・アクィナスとヘーゲルが見事に大きく、であり、ささやかな思弁力者としては、「我思う、故に我あり」のデカルトの認識の実力、加えて、英国の哲学者とされる、ベーコン、ロックの「経験論」、加えてヒュームの「懐疑論」くらいといったところでしょう。でもこれらは、僅かな発想であり、学的レベルとはなりにくいものでした。

このアリストテレスの学的思弁(力)が出立点となって哲学が学問化していくのです。端的には、学問の扉を開くこの認識「思弁」が創出できなければ、学問は単なる森羅万象の寄せ集めレベルで終えるしかなかった、すなわち、「思弁」という認識の実力がアリストテレスの頭脳に創出されていなければ、人類の認識の学問化はならなかったといえる程の、大きな出来事だったのです。

このアリストテレス的認識の発展性（思弁の実力）が受けつがれていくことで、学の道が成っていくのです。それ故、ヘーゲルの説く、「アリストテレスの思弁」なるものの、認識論的理解が、どうしても欠かせないことになります。ここを説（解）くことなしには、ヘーゲル哲学への修学は「画龍点睛を欠く」となっていくのみ、です。しかし、ドイツの哲学者はここを分かる努力をしてこなかったのだ、といわねばなりません。

論理学については、今回作の『ヘーゲル哲学・論理学』に丁寧に説きましたので、ここでは省きます。また、「学形成」の真意は、ヘーゲルは『原論』で私が説くように、体系性に則って学問化すべきだったということです。これで、副題の解説を終わりにします。

(Ⅳ)

以上説いてきた事柄が私に可能だった秘訣は、非常に単純なことにあります。

一般論での解答は「書くことは考えること」です。とにもかくにも、です。とにかく、です。まずは一般的レベルでよいので、書くべき全体を書いて書いて書きまくって、これの起承転結的繰り返しの実践あるのみ、です。転、結とあるように必ず結論的な解答を出すことです。これは仮に「ウソ」になったにしても、です。

そしてそれをもっと説けば、一に、桃太郎のお話の「繰り返し」の過程であり、二に、弁慶と牛若丸のお話の「練りこみ」の実際をイヤ！　という程実践することに尽きます。以上の「書くことは考えること、としての説き直し」を何回も何回も実践することによって、私の実力がつくようになったのだ、これこそが秘訣なのだと、みなさんに度々説くように、です。

私はこのことを、まずは武道空手の実践で修得してきました。それだけにみなさんが、武道空手を修練途上であれば、以上の説き直し的実践の意義は、すぐに分かることです。そもそも、武道空手の突・蹴・受等々の武技は当然のこと、立ち方、間合の詰め方、そして一撃での倒し方等々の技を武技化するには、本来はたった一年の間に、数万回の練習を必要とするものです。しかも真の上達を図るためには、この同じことの「繰り返しと練りこみ」がとても大事なのです。

　この練習は、けっして単なる上達を目指して、ではないのです。単なる上達を目指すのではなく、同じ事柄（以上の立ち方、間合の詰め方、を含めての同じ技の形）をなるべく上達をさせないように工夫しながら、上達させ続ける指導を行うことが大事なのです。これこそが真の上達への道なのです。それだけに、強化合宿では、上達の仕方が上手くいき、まだまだ上達させられる余地が十分にある場合には、そこで練習を中止して、遊びの時間や休みの時間へと気持ちを向けさせるのです。もっと練習したいと望まれてもです。

　この最大の理由は、遺伝子の重層構造（「『南郷継正講義』遺伝子の体系性から生命の世界の発展性の帰結たる人間の遺伝子の重層構造を説く（1）」『学城』十三号、本田克也）にあるからです。大抵の武道指導者は、ここを間違えて簡単に上達のみを希求しながら上達させていくのです。それだけに、弟子たちの三十歳過ぎての上達は、ほとんど望めないことになっていくのです。

　私の指導法は、通常の指導法と異なり、「三十過ぎに本物」の上達になるように、を目指しているからです。「早く上達させて何がまずいのだ」と思う人は、武道ではなくスポーツとしての空手を学ぶべきです。武道空手の目標は、生涯現役のためです。すなわち三十歳どころか、五十代になって簡単に若者にヒケをとるようでは、なんのための武道なのか、なんのための護身なのか分からないとなるからです。

　しかしながら十代、二十代で闇雲に強くなっていった人は、三十代から突然に衰えを覚えることになります。理由は、学問修業を受験勉強レベルで行うのと同じことです。つまりは受験勉強の秀才ばりに、知識過多の頭脳となりはてて、肝心の頭脳の大本である実態としての脳の実力を培うことにはならず、脳を単純に知識の宝庫となるように創出するのみとなるからです。武道空手の場合は、武道としての脳の創出を怠けて、体力を駆使（酷使）しての上達を図っていくことになるからです。

　以上説くように、身体を操る武道空手も、運動神経的な上達を図る修練に重きを置くのではなく、武道空手としての脳の実体化に重点を置くべく努力させなければならないのです。単純に説くならば、脳そのものに、白帯レベルの個々の技を叩きこみ、茶帯レベルの技を叩きこみして、この初心レベルの白帯・茶帯技と体質を脳が忘れないレベルで実態化することが大切なのです。

しかし、ここは現代空手は、どうにも実践できていません。武道と同様に学問への道を志す場合も本来は同じ修練を必要とするのです。でも、ここも誰も実践しようとはしないのです。前々回、そして前回、哺乳類の脳、特にサルに関わって説き始めたのは、読者に、より見事な頭脳の働きとなるべき修練を！　と願ってのことでした。頭脳の働きは、学習された文化の自分なりの働かせ方なのは「確か」なのですが、しかしそれは、三十歳くらいまでは、という条件付きなのです。なぜ条件付きかといえば、それは以下のことに関わります。

頭脳の働きの大本は、それだけを直接に見て取るならば、文化の習得、かつ、その習得のレベルで大半は「きまり」といってもよいと思えるからです。しかし、です。しかし、本物の大本は頭脳ではなく、頭脳の本体である脳そのものにあるからです。端的には、頭脳が脳を働かせるのではなく、脳自体が頭脳なるものを働かせているのです。でも、ほとんどの人がこのことを忘却しているのは、常識です。これは怖いことです。本当に怖いことなのですが、誰もが、ここを分かっていません。分かっていないことが、より怖いことなのです。

みなさんは、自分の文化レベルはそれほど劣ってはいない、それが証拠に一流大学（ではなくてもそれ相当に有名な大学）に合格したのだから、と。それだけの文化レベルを積んできたその自分が、簡単に落ちていくワケはない、と思える、というより信じているはず、だからです。

しかし、みなさんは思うだけではなく、その思うことの中身をまともに考え抜いたことがありますか。思うことは幾度となくあっても、考えたことはほとんどないはずです。理由は、みなさんがまだ二十代か、三十代に突入したばかりのはず、だからです。しかし、説いたように、それは三十歳くらいまでは、のことなのです。

でも三十五歳を過ぎ、四十歳が、自覚できるようになった時には、そうはいかないのです。何回も説きますが、三十歳くらいまでは、自分でも誇れるレベルで、人生問題に挑めている期間ですから。これは簡単には、二十歳くらいまでは、脳が発育し続けているし、その後の三十過ぎくらいまでは、その衰えが自覚できないからです。もっと説くなら端的にはここまで三十歳まで、頭脳の働きの大半は、脳の実力と直接的同一性レベルだったからです。まず、ここをしっかり認めることが大事です。つまり、頭脳の良さと思えた内実は、大半は脳の発育発達のお蔭だったのだ、と。

でも、そのお蔭なるものは本当は二十八歳くらいから次第に消えていき、やがてなくなってしまいます。脳も身体の一部ですから、身体とともに年をとるからです。脳も年をとって当然衰えていきます。「そんなことくらい、誰でも知っていることだ」と、文句タラタラのあなたかもしれません。そうです。これは誰もが知っていることです。衰え始めた人は（!）です。

では、ということで、この「余録」は、この「衰え」を主題にして論じているのだ、と分かってきましたか。

「もしかしたら、そうかもしれないとは思うものの、サルの話ばかり説いているので、それと、これと、どのような関係にあるのか、さっぱり、です」となる人もいるはずです。関係はしっかりありますが、繋がりは見えづらいと思います。同じような内容が、どうにも連続するのは、私の説き方の特徴ですから、ここは、ガマンのしどころです。つまりは私のこの「小論」は内実は何回も説いている「桃太郎の話」の中の「繰り返し」ですし、加えて、「弁慶と牛若丸の話」の中の「練りこみ」ですから。これは単なる何回もの「繰り返し」ではなく、「繰り返し」の中の「練りこみ」が無限にあってこそ

（!）なのですから……。

(Ⅴ)

以下は、現在の私の流派の「一、幹部たちの修練の一端」と、「二、武道空手強化合宿」での女性弟子たちの訓練の一齣です。ここにも「繰り返し」と「練りこみ」がしっかり存在していることを、分かってほしいとしての引用です。端的には、「この修練をバカにしてはいけないよ。特に女性と草食男性は（!!）」ということです。

〔一、幹部たちの修練の一端〕

この度の山中の藪だらけといった場所での特別合宿につきまして、このような修練でもあり、若手との交流でもあり、若手への指導（という程のことはできませんが）の場でもあるというような機会と場所だとしみじみ感じることができました。それ故このような合宿の中身を、時代物作家の誰一人として、まともには書いていないのを不思議と思わされることになりました。

大きくは、これらの年月を越えての農作業の実態、すなわち武芸への大いなる修練となっていく中身こそが、兵法家宮本武蔵の強さの秘密、合気家植芝盛平の強さの秘密だという像を見事に創っていけたとの感があります。またこれこそが、女性の身でありながら、男性以上も

の骨体力、内臓体力、それ以上の脳体力を把持して青春まっさかりの男性と互角以上に闘えている朝霧・神橋両師範の実力の源泉だったのだと理解でき、少々おこがましいですが、より全員と一体で修練に臨むことができたのだと思っています。

少し具体的に述べると、この合宿で切った木の枝（一メートル～二メートル超の大きさ）が一年経って枯れているのをゴミとして処分するために、「移動させて」「へし折ったりノコギリやナタで切ったりして一メートル未満の長さにする」ことを初日は行いました。二日目は、別の枝（ゴミとして出すのではなく土に還すしかないもの）について、大きな穴を掘り、枝を入れ、踏みしめて土を被せて埋める作業を主に行いました。

その他、風で剥がれかけたトタンを切り取り補修したり、電動ノコギリで笹を刈ったり、落ち葉を拾い集めてまとめて、大きな袋に入れたりという作業をも、トラック何台かたる何十個分を分担して行いました。

枝を折る作業や穴掘りなどは、最も力がある者たちはしっかりと活躍できるので、かなり張り切ってやっていました。女性はノコギリの使い方やスコップの使い方、クワの使い方などが慣れていないというか下手というか、だったので、手や足や腰の使い方から始まって、そこから道具の使い方に及び、その道具の手首の使い方など、私が今まで指導いただいてきたことを一つ、また一つと伝えつつ、一緒に行いました。

昔の私と同じように、皆、何をやるにしてもどうにも体重を使わず小手先だけみたいにやってしまえるので、身体の動き、かつ体重を上手く使うよう、足腰の用い方やそれに連動しての手首の用い方などを教えるのに大苦労する有様でした。当然ながら、なかなか伝わりません。しかし、段々と上手くなってきたようには思えました。

私自身の感覚としては、あらためて様々な作業をやってみて、ノコギリの上手な使い方は武道空手の見事な受技につながり、かつ武道合気の体重の使い方そのものなのです。クワ打ちは勿論ですが、スコップでの穴掘りも、対手の体重ごと受け、捌くような防禦技そのものであり、枝をへし折るのも同じく防禦技そのものだと皆に感じとれたように思います。

こういうことを合宿でということではなく、日常として行っていくことが本当は大事なことであり、それをやられた朝霧・神橋両師範の十年もの歩みの見事さ、技量と心の深みが、積み重ねの深遠という感覚で想像することができました。

一方であまりやっていない自分自身の限界というか、身体と心の厚みの小ささがあらためて分かります。指導局時代ご指導いただけたその積み重ねが、確実に自分の中に残っている（そういうご指導をいただけていた）ことも今更ながら分かる思いです。

武道空手の練習など（今の私が）やっても意味がない、武道空手ができるようになるための特段の練習が大事、などの中身を年を重ねる毎に少しずつ身に染み、過去のご指導が今更ながら宝物だったと思えるようになってくる気がしております。

〔二、武道空手強化合宿〕

合宿に参加させていただき、ご指導いただきありがとうございました。

今回の合宿では、短刀を使った初めての練習から、突き蹴りなどの基本技、足を出す練習、技を見られるようにするための練習など、様々な練習をしました。現役として最後の本部合宿でしたが、改めて私は自分のできないことを知り、「自分の五体を思い通りに動かすことの難しさ」を感じました。

初日から行われた「二人組で、音楽に合わせて足を一歩だして手を合わせる（触れてから押す）」練習は、大きく足を出すこと、前膝と後ろ足を張ること、力強く押すことを何度も指摘されました。足を出しつづけるだけでも膝から下が痛くなり辛いと感じましたが、足を一足分大きく（大げさに動かす意識で）出してみると、前に行く力で手の押す力も大きくなったように感じました。ただそれは右手ばかりで左手に力が乗った感覚がつかめませんでした。

短刀を使った型の練習では、「朱雀ツルギの型Ⅰ」「朱雀ツルギの型Ⅱ」を教えていただきました。一日目は物をもって動くこと自体に違和感があり、玄和剣の型其の一で短刀の持ち手を一動作毎に変えるのに苦戦してしまいました。短刀は重さを感じるために刃先を持ちました。「手首をしなやかに使って受ける（動かす）」とご指導いただき、手足を振る際には短刀を持ったまま手首を回してみたりしたのですが、右手の外回しは自分でも驚くほどしなやかに回るのに対し、右手の内回し、左手は両回しともにかくかくとした動きになり決してしなやかとは呼べず、「左右のバランスの悪さ」を感じました。

二日目の早朝練での「タオルを使った練習」でも、「左右のバランスの悪さ」を感じました。タオルを使った二人組のジェンカでは、自分のやりやすいやり方（右足を出して、右手で持ったタオルを振りかぶる）ばかりで行っていることに気が付き、左に持ち替えて左足を出すことを交互に行うように意識しました。右では踏み込み方やタイミングは考えても比較的スムーズに突っ込めるのに対し、左では足を出すタイミングに苦戦し、振りかぶる動作に違和感があり、「相手に攻撃をする（タオルで振りかぶる）ための動き方」というよりも、「左足、手の動かし方」から苦戦している感覚でした。

整列して男性と向かい合って相手にめがけてタオルを振った練習もそうでしたが、自分のバランスの悪さや、いかに左右均等に使ってこなかったのかということを実感しました。

実際に自分の生命が危機的状況に陥った時、右手が使えないような状況の時、どうなるでしょうか。「私は右しかうまく使えないから」と武器を持ち替えたり立ち位置を変えたりする時間もなければ、咄嗟に動けなかったことで生命を落とす瞬間だってあるかもしれません。組手の試合であっても、右手の攻撃しか出せない選手は、護身的現実の場で果たして強いのでしょうか。

「左手で食事をとる」「左手で歯を磨く」などの生活の中でできること（合宿の中で行うこと）の意味や必要性を、現実的になって身をもって感じました。生活の中から意識的に使って積み重ねなければならない程、「自分の五体を思い通りに動かすこと」は容易ではない、と。

二日目の午後練では外で金網の葉やツルを引きちぎる練習、短刀を使った練習をしましたが、自分の五体を操る難しさからさらに物を操る（力を込める）難しさを実感しました。金網の葉やツルを引きちぎっていた時、木の枝がツルのように巻き付いているものがありました。ただ引っ張るだけでは金網ごと揺れて、どうしたらちぎれるのか分からず力任せに行っていた時、朝霧先生が「根元の方を折ってから、ぐるぐると大きくひねる、合気技と同じ」と教えてくださいました。

朝霧先生はひねった後思い切り引いて一発で引きちぎってしまいましたが、その後自分でやってもなかなかちぎれませんでした。合気技と同じということで力任せに引いても意味がないと思いひねり方を何度も変えました。一点が集中してねじれるようにひねって引いてみたら、ちぎることができました。

短刀を使った練習では、大きく太い横たわった木に短刀を当てる、地面に置いた板に腰を使って振りおろして当てる、砂山に先端を突き刺す、目の高さの葉を狙って切り落とす、というものを行いました。木に短刀を当てる練習では膝を曲げたり腰を落としたりと足腰の力を乗せる意識をしましたが、短刀を折るつもりで当てても「カンッ」と中身のないような軽い音が鳴る時が多く、当った後に短刀が軽く振動したように跳ね返されました。稀に「ガツン！」と思いきり当たる時がありましたが、なぜ力強く当たったと感じる音が出せたのか分かりませんでした。砂山に突き刺す練習では、左手で行うと力がうまく込められず狙ったところから大きくそれて辛うじて刺さるかどうか、といった形でした。右手であっても先端が勢いよく突き刺さることが数える程度しかなく、自分の手より先の、物の先端に力を込めるのは難しいことなのだと改めて感じました。

目の高さの葉を狙って切り落とす練習では、葉一つを狙うのが難しく何度も枝ごと倒してしまいました。しかし自分が思っているよりも多くの葉を切り落とすことができました。朝霧先生から「一つを狙うと動きが小さくなるから、大きく振りかぶった上で一つを狙う」とご指導いただき、大きく振りかぶることをまず意識しましたが葉一つには当たりませんでした。しかし「その調子」と声をかけていただいて、先ずは大きく振りかぶること（縮こまらずに技を創ること）が大切だと知りました。

その後に行われた「朱雀ツルギの型Ⅰ」、「朱雀ツルギの型Ⅱ」では、「足を出して着足するその勢いを短刀に乗せること」が、なんとなく感覚的にではありますがつかめかけたように感じました。先端がどうしてもぶれてしまい、それは「的確に急所に当てられていない、仕留められていない」ということだと思い、目の前に相手がいることや自分でここだと決めた場所（会長がご指導の際、立って当てさせてくださった水月の位置）に突き刺すイメージを意識して行いました。練習のなかで朝霧先生に呼ばれ、「昨日は持て余していた、今日はすごくよくなった」とお言葉をいただき、とても嬉しかったです。

朝霧先生もおっしゃっていましたが、短刀を使い様々な練習をしたことで短刀すら持つことに慣れてきて、練習のなかで力を込めることを経験できたのだろうかと思いました。ただ、自分では「こうやって操るんだ」と理解できたわけでは勿論ないため、自身の五体から短刀の先端まで操れるようになりたいと思いました。

身体合わせ修練では、この練習は組手が上達しやすくなる、もっともっと上手くなるためだ、と神橘先生からお話があり、ここもしっかり取り組んでいきたいと思いました。身体合わせ修練を行う際は、一に、必ず足・手の順で、すなわち、まずしっかりと相手の方に足を出しながらそれから手を出す順序で行うことと、二に後ろの踵が絶対に浮くことがないようにすることが大事だということでした。その理由は、手から行ってしまうと、前足が空中に浮かぶ状態になるためどうにも身体に力がこもらないようになるからでした。

また、身体合わせ修練には、誰も理解していないがこれには骨の鍛錬という重要な役割がしっかりあって、骨を鍛えることで相手に攻撃が効き、攻撃や受けをした際に自分の体がダメージを受けないようにするためにとても大切だという話でした。足首・膝・腰を使ってしっかり受けること、その場でつっ立ったままやらないようにすることと、この練習をすることで、受けられるようになるとの話がありました。蹴りが受けられるようになるのはすごい！　と思うのと同時に、これはどうやったらこのように蹴りを受けられるのかと思ったことでした。

約束組手では、円環的な動きで相手の技をからめとるように行うことが大事であり、これは相手の力を自分が勝手に利用して受けることができると、これまた神橘先生からの話でした。

上段突きと中段突きを受ける練習では、びっくりしたことに、なんとスローモーションで行うことになりました。この時の私の認識は「えーッ、そんな…、なんで遅くていいの？　ワケが分からない」というものでした。しかし、このスローモーションで、しっかりと自分の体を動かす形を行うことで、どんな素早い技もやがてはスローモーション的に見えるようになる、つまり技の軌道が見えるようになると説かれ、しっかり技を見るところから始めることが大事なのだと思い返しました。

私は、組手の際に、どうしても相手の技が見えづらく、いつの間にか技を食らったことがあるので、まずはスローモーションで技をしっかり見ることから始めよう、そして速い技も見られるようになろうと思いました。

今回の合宿を経て、自身の五体を思い通りに動かすことの難しさから、さらに物の先端まで力を込めて操る難しさを知りました。自身の五体を操れないままで、身を護ることは出来ないと感じました。自分の出来ないことと同時に、本部の先生方の実力を見て、やはり憧れの気持ちが改めて浮かびました。

卒業まで後半年程度ですが、確りと練習に励み、少しでも自分の身を護れるような実力を付けたい、「あの人は何か違うね」と雰囲気から言われるような人間になりたいと思いました。そのためにも、社会に出るまでにこれからも修練に励んでいきます。三日間のご指導、ありがとうございました。

船山優菜

みなさん。武道空手強化合宿のレポート（執筆は大学四年の女子学生）を読んでの感想はどうですか。ワケが分からない……ですか。それとも面白かったな……ですか。あるいは、武道空手って、こんなことがメインなのですか……。私たちの武道空手会は、講習、合宿、大会、昇級・昇段審査のどれにも、レポートの提出となっています。これは、就職活動へのスタディともなるからです。昇級・昇段審査にすら、口頭試問があるのですから……。当然に大学一年の春から、です。但し、提出しなくてもマイナス点はありません。当然に私を始め、大幹部は全てを読み、評価を下します。この歴史は六十年にも及んでいます。理由は、人間は単なる狼やゴリラでは、社会の中でまともに生きてはいけないからです。

（続）

2　南郷継正著『哲学・論理学原論〔新世紀編〕』を学ぶ（最終回）

瀬　江　千　史

目　次

ならない

(キ) ヘーゲル哲学は観念論であるが、唯物論的実態を内に含む

(ク) 唯物論を把持したから可能となった認識学の確立

はじめに

これまで二回にわたって、「南鄉継正著『哲学・論理学原論〔新世紀編〕』を学ぶ」と題して、本『原論』への学びを書いてきた。今回は最終回となる。

本『原論』は、学者を志す者、すなわち自らの専門分野を学問として体系化したいと志す者にとっては、必須かつ唯一の教科書である。なぜならば本『原論』は、学問としての哲学、学問としての論理学を問い、その完成形態を示すと同時に、そこに至る道程を示してくれている唯一の書だからである。したがって我々には、本『原論』の内容を可能な限り理解する努力をし、その過程を自らの実力として積み重ねていくことが、哲学への第一の導きの糸となるからである。ではそのためには、まずどのような学びをしなければならないか。

それは、本『原論』を読み、文字を読んだだけで分かったつもりになるのではなく、文字として表われることになった著者の認識＝像を、自らのアタマに頭脳活動として、可能な限り描いてみるべく努力をしていくことである。そこで本『原論』を学ぶにあたって、私は次の二段階の研鑽を自らに課すことにした。

まず第一段階は、本『原論』を正確にしっかりと読みこみ、何が論じられているのかを明らかにし、その「要約」をすることである。この要約で大事なことは、単にキーセンテンスをつなぎ合わせて文章を作ることではなく、その文字によって表現された、著者のアタマに描かれていた像＝認識を可能な限り辿り、自らのアタマに少しでもそれに近づいた像＝認識を描く努力をすることである。

次の第二段階は、「要旨」を書くことである。すなわち要約することによって自らのアタマに描いた像をしっかりと見つめ、その中で最も大事なことは何であるのかを考え、その過程で形成された像を、今度は自らの言葉で表現することであった。

前回までは「第一編　現代に至るまでの学問の歴史を俯瞰する」の第一章から第三章までの要約を行い、次いで第一章の要旨を書いたところであった。今回は、第二

章及び第三章の要旨を書いていくこととする。

② 第二章「哲学を本物の学問として完成させるために」の要旨を考える

(ア) ヘーゲルは執筆の順序を誤り学問を構築できなかった

この第二章で重要なことは、ヘーゲルは学問史上初めて本物の哲学としての学問体系を創ろうとした唯一の人であったが、残念なことに、それは成らなかったということである。その理由は大きく二つある。一つには彼が執筆の順序を誤ったために、もう一つはその時代性の故に、遂に学問体系を構築することができなかったということである。我々学問構築を志す者は、このことを重く受けとめなければならない。

一つ目の執筆の順序とは、次のことである。ヘーゲルは三十七歳で『精神現象学』を公刊し、その「序論」は学問形成の道標がその実態となっている見事な論文であった。しかしその後すぐに、四十歳代で『大論理学』を書いたのであるが、このことが大きな失敗となったのである。ヘーゲル自身も後々にその失敗に気づきはじめ、やがて『エンチュクロペディー』を著わすのである。そしてそこをふまえて晩年に、『大論理学』の大改訂も試みたのではあるが、何とも中途半端なもので終わってしまったのである。

なぜ哲学としての学問構築のためには、『エンチュクロペディー』が先でなければならなかったのかと言えば、このレベルの構造論が、学問の土台には据えられなければならないからである。この土台たる『エンチュクロペディー』なしの『大論理学』は、まさに空中楼閣でしかないと言えるであろう。

ヘーゲルが哲学としての学問構築に失敗した理由の二つ目は、その時代性に大きく規定されて、社会哲学が欠落していたことである。そもそも哲学とは、自然哲学、社会哲学、精神哲学を三本の柱として完成させるべき学一般であるが、ヘーゲルには社会哲学の論理構造が見事に欠けていたために（当時のドイツ社会には説くことあたわざる、カイゼルが存在しており、社会の構造を学問化することは不可能であった）、その哲学は欠陥を含み、完成することはなかったのである。

ここで、この第二章でも強調しておかなければならないことは、第一章と同様に、ヘーゲルが本物の学問体系を創ろうとして、結局創ることができなかった理由を、以上のように指摘できたのは、歴史上南郷継正のみであるということである。

なぜ南郷のみがそれが可能であったかと言えば、南郷自身が、自ら武道を学問体系として創出し、その過程で、自然、社会、精神のすべてを対象として学問化する研鑽を積んで、本『原論』第二編に記されているように、「哲学」「論理学」「弁証学」「認識学」を概念化するまでに至っているからである。

ヘーゲル哲学は、そのように自らの学問及びその構築過程の一般論、構造論を把持することなしに、理解することは不可能なのである。本『原論』において南郷が「ヘーゲルレベルの哲学的実力がなければ、どうにもアリストテレスを読みとることが不可能といってよい」と記しているが、ここにその言を借りるならば、南郷レベルの哲学的実力がなければ、どうにもヘーゲルを読みとることは不可能なのである。

我々弟子も、ゼミにおいて『精神現象学　序論』や『大論理学』序文の、何が書いてあるのかまったく理解不能だった文章が、南郷の手にかかると、まさしく快刀乱麻を断つごとく、その意味が明快に浮上してくる感激を毎回のように味わわされたことであった。

(イ) 学問構築を志すならまず一般論を定立することである

さて以上のように、大哲学者ヘーゲルにして、このように最初に学問の道を踏み外してしまい、後で気づいて修正を試みたにしても、結局結果として哲学としての学問体系が完成しなかった事実を見ると、いかに学問の王道を歩いていくことが難しいことなのかに、恐怖を持たざるを得ない。

しかし逆に、過去に我々が辿ってきた（辿らされた）道を思い返してみるならば、それがいかに正当な道であったのかと、しみじみと感じることになる。まず最も大きかったことは、南郷継正が、弁証法を学び始めるにあたって、「弁証法は哲学の生まれかわり」と捉えたことであろう。だからこそ我々弟子は、常々「世界を丸ごと掌に乗せなければならない」「いかなる専門分野も、世界全体からでなければ、解明できるはずがない」、と教えこまれたのである。

私などは当時大学病院で個別研究にどっぷりとつかっていた者であったから、「とにかく白血病を解明したい」との思いだけで、当時の論理学研究会の門を叩いたのであるが、最初から「白血病が分かるためには、血液とは何かが分からなければならない、そのためには人間とは何かが分からなければならない、そしてそこをふまえて医学とは何かが分からなければならない」と、それまで考えてみたこともなかった内容の講義があり、一気にその学問の王道へと、引き込まれることになったのである。

さらにその後研鑽を経て、ようやくに著作を刊行することになった時の、執筆の順序もしかりであった。私の著作の第一冊目として、当初現代社からは、『育児の生理学』を出版したいと言われたのであるが、南郷継正は「それは絶対だめである。最初の本は『医学の復権』でなければならない」と、何時間もかけて、現代社を説得したのであった。

その当時は、私自身も「最初の著作が『育児の生理学』では、医学者としては、あまりにもマイナーに見られるから嫌だな」くらいには思っていたのであるが、後々医学体系を構築していく過程で、医学の一般論、すなわち医学の世界地図たる『医学の復権』を最初に出すことが、どれほどに重要なことであったのかを、しみじみ思い知らされることとなった。すなわち、その後の私自身の研鑽は、すべて『医学の復権』から派生し、すべて『医学の復権』に収斂する、収斂すべきものであることが、後々分かっていったからである。

ゼミにおいて南郷継正は、いかなる分野の人間に対しても、まずは嘘でもいいから自分の分野の一般論を定立しろと言い続けていたが、これは学問を志す人間にとっては、絶対にはずしてはならない重要事だったのである。後になって、南郷継正の『武道の理論』を読んだ時には、ああこれが最初に掲げた武道の一般論だったのだと感激したし、それに対して南郷が師として随所で紹介している滝村隆一の、処女作『革命とコンミューン』を読んだ時は、これは決して国家一般論ではない、このように学問構築にむけて、革命という特殊論から始まったのでは、その後いかに研鑽を積んでもまともな国家論はできるはずがなかったなと、納得したのであった。

以上、学問を完成させるためには執筆の順序がいかに重要か、ヘーゲルはその順序を誤ったために学問体系ができなかったという本章を読んで、アタマの中にモロモロ浮かんできた像について、少しだけ書いてみた。また自らの専門分野を学問として体系化したいなら、いかなる分野であっても、まずは「世界全体を丸ごと」把握しなければならないということも、ずっと言われ続けてきたことである。つまりいかなる分野も、宇宙の誕生以来生成発展し続けてきた全世界の一部でしかないのだから、歴史性をも含めた全世界を把握することなしに、いきなり個別の分野に入ってしまうと、その分野さえも正しく把握することができないということである。

そしてそれに関わって一番厳しく言われたのは、自然科学系の人間は、認識があまりにも偏っている、分かり易くはアタマが硬い、つまり「AはAであってそれ以外ではない」としか考えられず、その変幻自在性を考えられないから、学問ができないということである。つまり自然科学系の人間は、自らの対象である自然物、例えば天体にしても動植物にしてもそれなりの規則性を有する変化をするために、数式にあてはめることができ、しかもニュートン以来数式化することが科学的であるという評価がはびこっているだけに、数式化、法則化する形を主として大きく認識する実力を養ってしまうのである。したがってその結果、多様な変化に富む社会を理解することができず、ましてや数式化に馴染むはずのない変幻自在の人間の心など分かるはずもなく、結果として人間の認識とは何かを研鑽することなど不可能であり、結局人間の認識とは何かをふまえた上で初めて可能となる論理的実力を培うことなど夢のまた夢となり、専門分野の学問化はできないということになってしまうのである。

歴史的に見ても自然科学に偏って認識をつくってしまった、デカルト然り、カント然り、エンゲルス然りであった。このことは、医学を専門とする自然科学系の自らの課題として、これからも認識学の実力を培うことによって、社会科学、精神科学の研鑽に励んでいくしかない。

③第三章「学問とはいわば世界地図を描くことである」の要旨を考える

㋐ヘーゲルは絶対精神の自己運動として学的世界地図を描こうとした

本章においては、学問の確立を人生の目標として定めて出立するにあたって、最も重要なことは、「学問とは何か」の一般図たる「世界地図」を持つことであり、さらにそのためには、「弁証法を基盤においた世界観の把持」が必要であることが説かれている。

そして学問史上、アリストテレスをふまえたヘーゲルのみが、学的世界地図すなわち体系的地図を描く努力をなした人物であるので、ヘーゲルの描いた世界地図がいかなるものであったのかが論じられている。我々学問構築を志す者は、このヘーゲルの弁証法的に描かれた世界地図を理解し、なおかつヘーゲルが観念論者でありながらも、唯物論的に描いた世界地図の内実を、本章においてしっかりと学んでいかなければならない。

ヘーゲルは、森羅万象たる宇宙の生成発展そのものを体系性として創出するために、「絶対精神」なるものを創出し、学的世界地図を、その絶対精神の自己運動の生成発展として描こうとした。そしてヘーゲルの学的世界地図の見事だったところは、絶対精神の自己運動を二重構造の運動として捉え得たところである。それは以下のようにである。

まず絶対精神の最初の運動はというと、本物の世界、つまり我々が知っている通りの現実の世界である、自然、社会、精神の生成発展であった。したがってヘーゲルは、絶対精神がそうやって、ただ無意識のうちに辿った、自然、社会、精神というものを、見事に措定していこうとして、まず自然の歴史として説いていったのである。

次に、その絶対精神の自己運動としての自然なるものは、やがて、人間の心として、精神として目覚めていくことになる。こうして人間の心に目覚め、我々人間は精神だというプライドを持つならば、これまで絶対精神が無意識のうちに辿ってきた生成発展を、意識的に、すなわち学問レベルで説き通してこそ、本当の人間の精神の先祖たる、絶対精神の自己運動となるとした。こうしてヘーゲルが行ったのが、絶対精神の学問としての自己運動であり、自然界を学問化し、社会界を学問化し、精神界を学問化しようとしたのであった。つまり、絶対精神が意識しないでつくってしまった、勝手なキングダム、すなわち「実体王国」に対して、精神の王国として、つまり自然、社会、精神を辿りぬいて、今のキングダムがどういうキングダムかということを、学問として現わそうとしたのが、ヘーゲルの言う学問の王国、すなわち「影の王国」だったのである。

以上のように、ヘーゲルは観念論者だったからこそ、絶対精神なる観念的実体を創出することができ、その自己運動として、弁証法的な世界地図を描くことができた。一方でその絶対精神としての自己運動を二重構造として分けることができたが故に、実体の世界を、これまた弁証法的世界地図として、まさに唯物論的に説くことができたのであり、さらに絶対精神の偉大性を信じる観念論者であるが故に、その実体の世界の弁証法的世界地図を、観念の世界、すなわち学問の世界の弁証法的世界地図として創出しようとしたのであった。

(イ)学問構築のためには唯物論を堅持しなければならない

ここで我々がしっかりと理解しなければならないことは、学問の確立に、観念論と唯物論がどのように関わるかということである。本章においては、単に世界観としての観念論とは何か、唯物論とは何かが説かれているだけではなく、それが学問の構築過程にどう関わっていくのかが、認識論を駆使して詳細に論じられている。したがって、本章冒頭にも説いてあるように、学問の確立を志して出立する際に、世界観を把持しなければならない我々は、観念論の立場に立つのか唯物論の立場に立つのかを、覚悟を持って決めるために、その内容をしっかりと理解しなければならないのである。

さてまず、世界観としての観念論とは何か、唯物論とは何か。観念論とは、我々が生活している森羅万象たるこの世界は、観念すなわち認識（精神）が創造したとする考え方であり、一方唯物論は、世界は永遠性たる物の生成発展として変転しながら存在し続けているものであり、肝心の観念すなわち認識（精神）は、物の生成発展途上における、ある物体の機能の一つとして、事実的に誕生したとする。

では、学問の確立を志す我々は、どちらの立場に立つべきなのか。答はもちろん、唯物論である。人類が二千年以上かけて、森羅万象の事実を次々と究明し、宇宙の生成発展から生命体の発展を解明し、観念すなわち認識は、生命体として最高の発展を遂げた人間の脳の機能であると明らかになった以上、観念が世界を創造したとする観念論の立場に立つことはありえない。したがって、我が研究会においても、当初より南郷継正によって、「学問を確立したければ、唯物論を魂レベルで把持せよ」と、繰り返し叫ばれてきたのである。

なぜそのように「魂レベル」とまで強調されてきたかというと、いくら自分では唯物論の立場に立っているつもりでも、知らぬ間に観念論に陥ってしまうことが、往々にしてあるからである。これは歴史上科学者と呼ばれている人達にも顕著である。例えばアイザック・ニュートンは、物理学者として物体（物質）の運動の法則性を導き出しながら、最終的に世界を動かしているのは「神の指」であるとしてしまったのであり、また精神医学者として有名なジグムント・フロイトも、自らが患者の治療を行った事実からそれなりの理論化を果たした後に、認識を実在する脳の機能とするのではなく、実在しない、自ら想定した精神的な「装置」の機能であるとしてしまうことによって、観念論に陥ってしまったのである。この傾向は近年に至っても続いており、脳外科医として大脳皮質に、口や手や足を司る神経の場所を特定し、局在地図を描いたことで有名なワイルダー・ペンフィールドも、結局脳における心の局在なるものを証明できずに、当人いわく「心は脳の外にあり、脳にある最高位脳機構を通じて脳を働かせているという大胆な仮説」という、観念論的な仮説を提出して生涯を終わっている。これについては『新・頭脳の科学（下巻）』（共著、現代社）に詳しく論じているので、興味のある人は参照してほしい。

以上のように、自らの専門の事実を事実的に究明し、本来なら唯物論の立場に立っているはずの科学者でさえ、簡単に観念論の落とし穴に落ちてしまうからこそ、南郷継正は「唯物論は魂レベルで把持しなければ、役立つようにはならない」と、折にふれて強調してきたのである。

ではなぜ、唯物論を把持しているはずなのに、そのように観念論に陥ってしまうのであろうか。その理由は簡単である。唯物論では答を出すのが難しい問題も、観念論では答がそれなりに出してしまえるからである。

例えば前述したペンフィールドも、大脳皮質に全身の神経の局在地図を作るまでは、脳と神経という実体を扱う実験によって成し遂げられたものの、心すなわち認識という脳の機能であって、目に見えない、手で触ることのできないものに対しては、実体を扱う実験手法ではまったく無力であり、結局心なるものを実証することができずに、「心は脳の外にある」などと、幽霊まがいの観念論的な答に逃げてしまったのである。

確かに「心とは何か」は難しい問題であり、唯物論の立場に立った認識論の実力なしには、答は出ないものである。我々の日本弁証法論理学研究会においても、まずは学問に必須の弁証法の学びから始まり、次にこれもまた学問に必須と言われている認識論を学ばなければならないとして、認識を対象とした学習へと移ったのであるが、南郷が「認識を単に認識として扱っていても認識は分からない。まずは認識が分かるためには、認識をその機能として有している実体としての脳が分からなければならない」として、ゼミは人間の脳の究明に入っていったのである。

しかし当然ながら、人間の脳とは何かが分かるためには、サルの脳との違いが分からなければならず、そのためには生命体にとってそもそも脳とは何か、すなわち魚類においてなぜ脳が誕生したのか、脳が誕生した魚類はそれ以前の生命体とどう違うのかが分からなければならず、結局認識とは何かが分かるためには、数十年をかけて宇宙の歴史から生命体の発展を含んだ「生命の歴史」を措定することによって、明らかにするしかなかったのである。

このように心すなわち認識とは何かについて、あくまで唯物論の立場から解明しようとすると、膨大な学問的な研鑽が必要となるのであり、だからこそそれが不可能であったペンフィールドのように、観念論的な安易な答に逃げてしまうしかないのである。

㈦ 唯物論を堅持することによる認識論的落とし穴

では、唯物論を堅持していれば、学問体系はできるのだろうか。これもまた、残念ながら「否」である。そこにも大きな落とし穴が待ちうけているのであり、それが一体何かを明らかにしているのが、本章である。すなわち本章では、唯物論の立場に立って、唯物論的に考えていくことで、どのような頭脳活動が創出されていくのか、そしてその頭脳活動が、学問構築にどのような問題を孕んでいくのかが、以下のように説かれているのである。

唯物論者は、まず観念なるものを排除する形で、対象とする事実を事実としてきちんと見ていく努力を積み重ねていくことによって、頭脳活動としての認識の実力に、思いや思いこみを排除する力が見事なまでについていくことになる。その結果、事実から離れたと思える認識は、すべてロマンとして拒絶するようになっていってしまう。

したがって、大学の理系の博士論文は「事実のみを書け、そしてそれを客観的に分かるように数値化せよ。それ以上の自分の思いや解釈は書いてはいけない」と指導されるのである。私自身も医学部の博士論文に、数値化した事実を記載し、その考察の部分にごくごく控え目ながら、事実から引き出した論理をちらっと書き加えたところ、「ここは文学的にすぎる」と教授からその部分を削除されてしまったのである。

確かに研究者であればそれでもよいが、学問構築をめざす学者となれば、このような事実から離れられない認識は、致命的欠陥となる。なぜならば、端的に学問体系とは事実を論理化し、理論化し、体系化したものであり、論理とは対象的事実に共通する性質をすくいあげて、頭脳の中に一般化できた認識であって、それは事実とはつながってはいても事実そのものではなく、事実の世界とは質的に異なった世界だからである。それについては、拙著『医学原論』（現代社）に、次のような図を載せておいた。

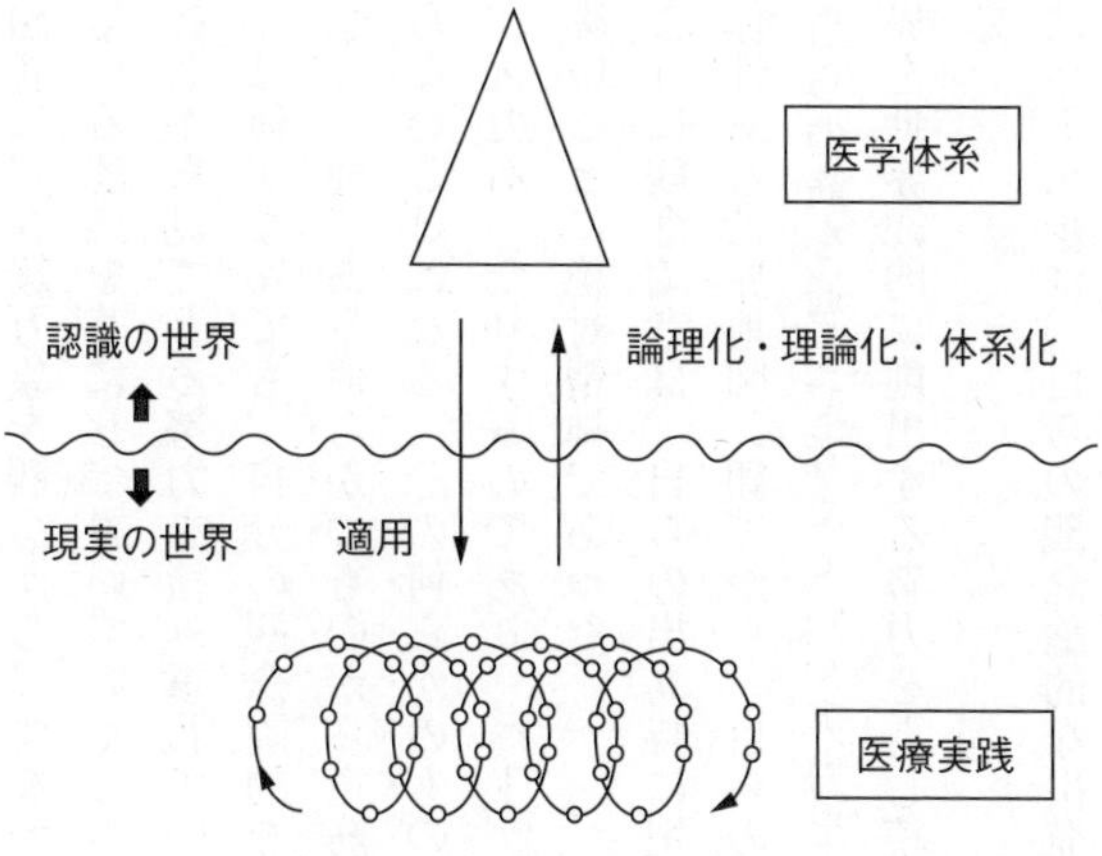

〔図 1〕 医療実践と医学体系

この図で示した現実の世界に関わり事実のみを重視して、論理化、理論化、体系化を理解しようとしない唯物論者は、論理化された認識というものは、事実をぬきにした単なる思いや解釈とは異なり、あくまで事実そのものから導き出したもので事実とつながっているにもかかわらず、そのつながりを見る実力を育てていないが故に、導き出された論理を、ロマンとか、文学的としか言いようがなくなってしまうのである。

以上のように、唯物論を把持して対象を究明していくことによって、学問を構築できない認識の構造ができあがってしまう危険性が、本章において説かれたのである。

(エ) 観念論者は自らの観念から筋を通す実力がつく

「では一体どうすればよいのか。先程は唯物論を魂レベルで把持しろと言っておきながら、唯物論を把持すると、学問を構築できない認識ができあがってしまうとなれば、今度は観念論の立場に立てとでも言うのか」という、疑問、不審、不信が渦巻くかもしれない。そこでまず、観念論の立場に立った場合、唯物論の場合と違って、どのような頭脳活動が創出されていくのかが説かれている内容をみておこう。

観念論者は、森羅万象を観念から、すなわち自らの脳に宿っている認識を基にして説いていくものであるから、事実を観念から見てとる努力を積み重ねていくことになり、それは何がなんでも、自分の観念論的な出発点である、観念の一種である何らかのものから道筋をつけなければならないことになる。その何らかのものは、神であったり、天であったりするのであり、ヘーゲルの場合は、それが凄いことに絶対精神であった。

　このように観念論者は、自らの出立時に把持した、自らの主体性ある世界地図（観）から、自らの知りえた事実に、自らの筋を通して考えていく実力をつけていき、学的世界を世界観的に創出する努力を為し続けていくことになる。

　まさにヘーゲルは、自らの観念論的な出発点に、観念的実体としての絶対精神をおき、絶対精神の二重の自己運動として全世界を説いていったからこそ、学問の世界の世界地図を創出していけたのであった。しかし残念ながらヘーゲルは、その地図に基づいた学問の体系化を成し遂げることはできなかったのである。

　そして新世紀に至って、唯物論を把持して出立し、弁証法的な世界地図を描いて研鑽を重ねた南郷継正によって、このヘーゲルが目指したにもかかわらず、完成することができなかった学的世界地図は完成をみた。それがこれまで説かれてきた、「生命の歴史」であり、「世界歴史」であり、「哲学史」であり、それらすべてをふまえた上での、本『哲学・論理学原論』である。

　ではなぜ、南郷継正にそれが可能であったのか。それは、南郷継正が「魂レベルで唯物論を把持していた」からであるが、それだけではない。南郷がこれまでみてきた唯物論者と違う点は、学問への出立時に、「弁証法的世界地図」を描いていたからである。これについては、『学城第十七号』（現代社）の「巻頭言」に、次のように記されている。

　大学入学時に、私が弁証法は「哲学の生まれ変わり」と錯覚して全学の学習を進めていくようになったように、『学生に与う』の中身を自然科学、社会科学、精神科学の総括性として捉えてしまい、また、『哲学以前』の文言である、「しかし何から始むべきか、何が始めであるか。『始め』とは何か。『何』とは何か……しかし、このまことの『始め』とは何であるか。うるさくも執拗につきまとうこの『何』とは何か。……しかし『何』とは何か。そこに淋しさがあり、迷いがある。いな、淋しさが『何』であり、

迷いが『何』である。しかし『何』なる淋しさとは何か、『何』なる迷いとは何か。『何』は淋しさが淋しさを愛し、迷いが迷いを知ることではあるまいか」の中身を、人類の認識の生成発展史（認識論）として学ぶべし、と捉えて学的道へと出立したことである。

これまでの著作でも随所に、南郷の青春時代からの弁証法への憧れが熱く語られているが、南郷にとってその弁証法とは「哲学の生まれ変わり」すなわち「学一般」を把持して世界の生成発展を説くことがその中身だったのであり、これが学問の出立時に把持した「学的世界地図」であったのである。

この「学的世界地図」を出立時に掲げたからこそ、南郷継正のすべての研鑽は、そこから派生し、そこへと収斂することによって、次第次第にその「学的世界地図」が鮮明にかつ精密になっていったのである。

例えば空手の事実の究明にしても、単にその事実を事実的に究明するのではなく、人類の発展史の中の「武道とは何か」を問うたのであり、その学的体系の一般論である「武道とは何か」から、その事実の構造に入り、その構造を一般論へと収斂するという取り組みがなされていったのである。そして自然、社会、精神に関わるあらゆる対象について、そのような研鑽がなされた結果、「生命の歴史」「世界歴史」「哲学史」として結実し、「学的世界地図」は完成をみたのである。

(オ)学問への出立時に「学的世界地図」を持たなければならない

以上のように、学問への出立にあたっては、唯物論を把持するだけでは不十分なのであり、それとともに自らの「学的世界地図」を持たなければならないということが、本章の主題となっている。我々は、ゼミにおいて南郷継正より「それぞれの分野において学問体系を確立したければ、まずは一般論を掲げよ。それは最初は借りものでもよいから、とにかく最初に掲げなければならない」と、繰り返し指導された。したがって私自身も、一九八六年に最初に発表した論文「医学の復権」において、医学体系の骨子は、病とは何かと治療とは何かが二本の柱となり、それを究明するのに必要な、人間が生きているとはいかなることかを過程的構造的に明らかにした、正常生理学がその基盤に据えられなければならないという、「医学一般論」を明らかにしたのであった。

しかしこのように書くと、もしかしたら次のような質問が出るかもしれない。それは「自分がこれから事実を究明していこうとするその前に、一般論を掲げるなどというのは、それこそ観念論ではないのか。現実の事実と関係なくアタマの中に勝手に、いわば妄想を描くのだから」というものである。

だが、残念ながらそうではない。どういうことかと言うと、「自分の専門分野の一般論を掲げよ」というのは、学的出立時であって、実践家としての出発の時ではないからである。すなわち自らがそれなりに専門とする実践を行い、「さあこれから、論理化し、理論化し、体系化していこう」とする時、分かり易くは論文を書き始める時である。

したがって、それまでに自分がそれなりに事実に関わり、その事実から形成した認識＝像がアタマの中に積み重なっているのであり、その像をアバウトにながめて、全体像すなわち一般論はおよそこのようなものと決めてかかることである。もしそのように、自らのアタマに積み重なっている像をながめても、それを決めることができなければ、人類の文化遺産として残っている先人の一般論を借りればよいのであるが、そのどれを借りるかは、事実に関わって実践してきた自らの認識＝像にフィットするものを選ぶことになる。

つまり、事実に基づいて形成し、積み重ねてきた自らの認識が一般論を定立するのであるから、十分に唯物論的であって、決して観念論の立場に立つものではない。しかもこのようにして定立した一般論は、この後事実で検証されていくのであり、その検証が十分になされた時に、この仮説的一般論はそのままに、あるいは訂正されて、本物の学問的一般論として措定されるのである。私自身も、初めての論文「医学の復権」で医学一般論を仮説として掲げた時は、医師になり悪戦苦闘の実践を十年以上続けていたのであり、その事実に基づいての仮説的一般論であった。

それに対して『医学の復権』（現代社）で取りあげた、日本で初めて「医学概論」を刊行した哲学者澤瀉久敬は、医師としての実践はなく、哲学書にあるデカルトなどの既存の学説から、「医学とは何か」「病気とは何か」を措定していったのであり、その結果それは事実とは解離した観念論的一般論となってしまい、医療実践の役には少しも役立たなかったのである。それでも私は、事実の究明ばかりに突っ走り、理論など一顧だにしない現代の医療の世界に、世界で初めて学問体系としての「医学概論」の必要性を説いた先駆者として、澤潟久敬を大いに尊敬していることは一言つけ加えておきたい。

(カ) 学問の確立には観念論と唯物論を説ききらなければならない

以上本章において説かれている中身、すなわち学問の確立を人生の目標として定めて出立するにあたって、最も重要なことは、学問とは何かの一般図たる「世界地図」を持つことであり、さらにそのためには、「弁証法を基盤においた世界観の把持」が必要であることを、我々はしっかりと分からなければならない。そして本章において記してある、次の文書をしっかりと胆に銘じなければならない。

それだけに大事なことは、観念論に大きく関わる事柄はすべて、物一般を説ききってからそこを再措定的に説き直すことによってこそ、唯物論の立場に立ったことになり、ここからこそ観念的な事物を説くことが始まる（許される）のだと説く過程性を把持しないままならば、これは折衷だろうがなんだろうが、すなわちすべてを観念論と唯物論の区別と連関を説ききった後に説くのでなければ、唯物論的立場からなる学的論理とはならない。

すなわちここに説かれているように、学問の確立を志したならば、ただ唯物論を把持していればよいという単純なことではなく、「すべてを観念論と唯物論の区別と連関を説ききった後に説くのでなければ、唯物論的立場からなる学的論理とはならない」ということである。そして今回本章を学ぶことによって、南郷継正のかつての著作の中の次の一文が、ようやく少し理解できるように思えたのであった。それは『南郷継正　武道哲学　著作・講義全集　第一巻』の「哲学上の実力」として説かれた一文である。

その哲学上の実力とはいったいどのようなものであるかを有体《アリティ》に説くならば、「端的には学問形成上の世界観である唯物論と観念論を、学識経験といったレベルの知識からではなく、学問としての哲学上の実力となるようにしっかりと把握（たとえれば、巨大な寒流たる親潮（観念論）と、長征する大暖流である黒潮（唯物論）をうず潮のようにクロスさせながら逆巻いて流れいく一大潮流（学問としての哲学）を見事に分けきって把握）する実力を当然にふまえたうえでの弁証法の学問としての把握、それをなすことができるような古代ギリシャからの哲学の過程史の理解、すなわち、アリストテレスからベーコン、ロック、デカルト、カント、ヘーゲルへと流れこんでいく怒濤のような学問としての哲学である観念の大潮流を、自分自身の認識の流れのように実力と化し、その実力把持のうえでの科学としての個別分野の学問の形成の過程を論理的・事実的に研鑽《ケンサン》して臨（第一編第二章）」んで、ヘーゲルの『エンチュクロペディ（哲学諸学綱要）』や『精神現象学（学の体系第一巻）』くらいは、あっさりと自分の専門を例にとって軽く講義できるくらいの実力を哲学上の実力といってよいのであり、これがまた学問としての研鑽を積んでいると人に誇りたい学者の専門である個別科学上の実力でもあるといってよい。

かつてこの一文を読んだ時には、「親潮（観念論）と黒潮（唯物論）をうず潮のようにクロスさせながら逆巻いて流れいく一大潮流（学問としての哲学）を見事に分けきって把握する実力」という文言が強く印象に残ったのであったが、それがいかなる内実を持つものなのか、まったく分からなかったのである。しかし今回本『原論』の本章を学ぶことによって、この文言の意味するところが、ようやく具体的な像として少し描けるようになったように思うので、そこを記しておくことにする。

(キ)ヘーゲル哲学は観念論であるが、唯物論的実態を内に含む

まずここで、「哲学上の実力」とは何かが問われ、それは学問形成上の世界観である唯物論と観念論を、学識経験といったレベルの知識で理解することではないと説かれる。ではどのような実力かと言えば、まず「〔たとえれば、巨大な寒流たる親潮（観念論）と、長征する大暖流である黒潮（唯物論）をうず潮のようにクロスさせながら逆巻いて流れいく一大潮流（学問としての哲学）を見事に分けきって把握〕する実力」が必要となる。

なぜかと言えば、学問としての歴史上に実在できている哲学というものは、観念論と唯物論がまさにクロスしながら逆巻いて流れいく一大潮流の歴史そのものだと分かってきたからである。そしてそれがどういうことかが、本『原論』において、ヘーゲルを取りあげて論じられた。

すなわち、「ヘーゲルは観念論者でありながら、彼の哲学は、いうなれば唯物論的哲学の実態を大きく内に含むものであった」のである。つまり「ヘーゲルは本当の内実は本物の唯物論者以上に唯物論的だ、といってもよい人物なのである。何故かを述べれば、彼が絶対精神の中身（内実）として説いている実態は、すべてといって

よい程に唯物論的な展開の形式そのものだからである」。
そしてその中身（内実）が、次のように説かれている。

> このエンゲルスの文言をまともに読めば誰にも分かるように、ヘーゲルは実際には、精神そのものが自然としての物体へと転生し、その物体の自己運動の生成発展として説いている。つまりヘーゲルは絶対精神なるものを宇宙の自然的・弁証法的な自己運動、自然的・弁証法的な太陽系の自己運動、自然的・弁証法的な地球の自己運動、自然的・弁証法的な生命体の自己運動として説いていこうとしているのである。すなわち説いている中身（実態）はそういうことであるのに、文字そのものが絶対精神（この『フォイエルバッハ論』では「絶対概念」となっている）と認めてあるだけに、世界観から説けば観念論的展開だ、ということになるのである。
>
> それ故、唯物論の立場からしっかりとヘーゲル哲学の構造をなす実態を視てとることができれば、これは、すなわちヘーゲルはただひたすら観念論として説いているのではなく、観念論の衣をかぶせて説いているだけであるともいってよい程の中身なのである。つまり事実に関わって説いている実態は、まことに事実的であるといってよいものである。なぜなら実際に説いているその中身は物理学の研究の成果、化学の研究の成果、生物学の研究の成果、認識学の研究の成果であって、これは実際にあったといってよいもの、のことである。しかしそれを、「観念論だ」としてまずは衣をかぶせた上で眺めてしまうから、ヘーゲルの説いている実際たる実態的な事実の中身が視えないことになる。

以上のように、ヘーゲルは唯物論では存在するはずのない、「絶対精神」という観念的実体が、自然としての物体へと転生して生成発展したものとして世界を説いていくのであるから、観念論者であることはまちがいない。しかしその物体の自己運動の生成発展の中身、すなわち「宇宙の自然的・弁証法的な自己運動、自然的・弁証法的な太陽系の自己運動、自然的・弁証法的な地球の自己運動、自然的・弁証法的な生命体の自己運動」として説かれた実態は、「物理学の研究の成果、化学の研究の成果、生物学の研究の成果、認識学の研究の成果」にまともに基づいているだけあって、当然に唯物論的な内実となっているのだ、ということである。

以上のことが分かるということが、まさしく「〔たとえれば、巨大な寒流たる親潮（観念論）と、長征する大暖流である黒潮（唯物論）をうず潮のようにクロスさせながら逆巻いて流れいく一大潮流（学問としての哲学）

を見事に分けきって把握」する実力」なのであり、この実力なしに「唯物論的立場からなる学的論理とはならない」ということなのである。しかしこのように、ヘーゲル哲学と言われるものの実態を学問的に評価できる学者は、歴史上誰も存在しなかった。若きヘーゲル学徒としてヘーゲルに学んだ後、唯物論の立場に立とうとしたエンゲルスも、ヘーゲルの絶対精神を単に「熱病やみの幻覚」と否定してしまったが故に、学問的な発展がなかったのである。

それに対して南郷継正は、「観念論と唯物論の区別と連関を説ききった」からこそ、「絶対精神」という言葉を唯物論の立場から学問レベルで「宇宙＝森羅万象＝万物」とすんなり解すればよいとして、次のように説いている。

すなわちこの世界は宇宙の自己運動そのものなのだから、である。それだけは絶対に間違いはない。唯物論の立場からすると、そういうことになる。このように、唯物論の立場からすれば、全くもって、正しい宇宙の自己運動であるものなのに、マルクス、エンゲルスの系統以外の誰もが、ヘーゲルの絶対精神を宇宙の自己運動、つまり生成発展として説かない、だけのことである。

そして「アリストテレスからベーコン、ロック、デカルト、カント、ヘーゲルへと流れこんでいく怒濤のような学問としての哲学である観念の大潮流を、自分自身の認識の流れのように実力と化し、その実力把持のうえでの科学としての個別分野の学問の形成の過程を論理的・事実的に研鑽して臨」んだ南郷継正によって、ようやくにしてヘーゲルにおいても完成しなかった「学的世界地図」が完成をみるに至ったのである。それは第一章の要旨でも説いた「弁証法的論理」の実力ゆえにであるが、それはヘーゲルが有していた「弁証法的論理」の実力を、はるかに凌駕するものであった。

(ク)唯物論を把持したから可能となった認識学の確立

さて「弁証法的論理」の内実は、詳しくは第二編で展開されているので読者に参照を願うこととするが、簡単には、唯物論を魂レベルで把持し、武道の事実を徹底的に究明することによって培った、重層構造を有する弁証法の実力で、自然、社会、精神のすべてを対象として、その論理を体系化してきたから「学的世界地図」が完成したのであるが、さらに絶対に必要だった、もう一つの実力があった。

それは認識論の実力であり、これは残念ながら、ヘーゲルにはまったくなかったものである。第二編で説かれている学問としての「認識学」は、南郷継正をもって嚆矢とするものであり、これは南郷が唯物論を堅持していたからこそ可能となったのである。

そもそも観念論者は、認識について解明することはできない。なぜなら観念論者にとって、観念すなわち認識は、もともとあるものだからである。認識はもともとあるということから出発するならば、認識がどのようにして誕生したのか、それがどのように発展してきたのかは、問題にならない。

しかし唯物論者にとっては、認識は宇宙の生成発展の途上で誕生してきたものであるから、なぜ、どのようにして誕生したのか、そしてそれがどのように発展してきたのかの問題を、一つ一つ解明していかなければならないのである。そうすると、前述したように、認識＝像の形成を機能として有する脳とは何か、それが人間の脳に特有の機能であるからには、サルまでの脳とは何がどう違うのか、そもそも「生命の歴史」の魚類においてなぜ脳が誕生したのか……等々を究明していかなければならない。

さらには、脳の機能として形成された認識＝像は、確かに誰にでも事実として存在するものではあるが、実体ではないが故に、目で見ることも、手で触れることもできず、研究するには極めて難しいものである。南郷継正はその難しい認識を正面に据えて、単純な外界の反映である日常生活レベルの認識＝像から、武道修行における技化の認識＝像、命懸けの戦いにおける極意の認識＝像、さらには論理、理論、体系という学問レベルの認識＝像を究明し、認識学を構築したのであった。そして、この認識学を学問として構築した実力をもってして初めて、人類の認識の発展過程としての、アリストテレスの認識及びヘーゲルの認識を、まさに像として描ききることができ、学問の発展の過程的構造を体系化することができたのである。これについては、本書の主題となる第二編で、しっかりと学んでほしい。

いずれにしろ我々学問の構築を志す者は、本『原論』にしっかりと学び、その世界地図を自らのアタマにしっかりと描ききる努力をしなければならない。それなしには、個別科学の構築でさえ、夢のまた夢で終わってしまうからである。

以上、「第一編　現代に至るまでの学問の歴史を俯瞰する」を要約し、その要旨を考え、自らの言葉で何とか表現すべく、取り組んできたが、自らのアタマの中に蠢く像を言語化することの苦しみを味わうこととなってしまった。しかし本『原論』をしっかり読み込み、そこに文字として表わされた南郷継正のアタマの像に、少しでも迫っていこうとする「労苦」を重ねることこそが、学的実力をつける方法であると確信するので、この後も第二編の要約と要旨に取り組む予定であったが、次の事情から本稿で終わることにしたい。

それは『学城』第十八号の「巻頭言」で予告されたように、『全集』第三巻『ヘーゲル哲学・論理学〔学の体系講義・新世紀編〕——哲学・論理学原論への招待』が発刊され、その『全集』第三巻は、まさに本『哲学・論理学原論〔新世紀編〕』の「第二編　哲学・論理学・弁証学・認識学を論じる」の内容をより詳しく、かつ分かり易く説いたものなので、その書の方から学ぶ方がよいと判断したからである。（了）

3 現代看護教育に求められるもの（七）

――弁証法・認識論から説くナイチンゲール看護論

神庭純子

目次

（一）本連載は弁証法と認識論の学びの基本を説いている

本連載では、真に実力のある看護者になるためには弁証法と認識論の学びの基本について説いてきています。具体的には、弁証法的に対象をみてとると対象がどのようにみえてくることになるのか、そしてその上で弁証法的に対象と関わると対象への実践のあり方はどのように変わっていくのか、そしてまた、同じように認識とは何かを理解して対象に関わるとどのように実践のあり方が変わってくるのか、ということについて事例を通して説いてきています。

前回は、自宅で転倒し大腿骨頸部骨折をしてしまった七十歳代女性Aさんの入院、手術後の看護のあり方について取り上げました。特に術後のリハビリにおいて、Aさんの認識と身体とをどのように整えることが一般的な看護の視点として大切なのか、ということについて説きました。そして、どのように対象をみてとり、関わることが弁証法的な、認識論的な関わりになるのかということを説き始めたところです。今回はその続きとして、もう少し弁証法の学びになるように焦点化して説いていくことにします。

前回、術後のリハビリに向き合うAさんの看護において、何よりも重要なことはAさんの認識を整えることである、と説きました。「Aさんの認識＝像（感情像）に問いかけて、かつAさんの認識＝像（感情像）に働きかけることによって、Aさん自身の認識＝像（感情像）を回復に向けてのよりよい方向に導いていくということ」が重要である、と説きました。なぜなら、患者であるAさんは身体を病むことによって精神をも大きく病むことになりかねない状況におかれているからです。

では、身体を病むことによって精神をも病むことになりかねない状況とはどういうことでしょうか。術後のAさんの思いを知るために受傷前のAさんの生活からまずみていきましょう。

（一）大腿骨頸部骨折をしてしまったAさんの生活とその思い

受傷前のAさんは夫と二人暮らしの自立した生活でした。夫は日常生活において多少の介護、支援を要する状況であり、基本的な家事としての買い物や料理、洗濯、掃除や畑の世話や地域の活動はもっぱらAさんの役割という暮らし方です。裁縫や読書が好きで趣味を活かした自分の時間も大切にしながら安定した夫婦二人暮らしをしている方でした。自宅の居室で転倒した日は、前日から少し無理が続いており疲労を抱えた中で、夫から頼まれた庭仕事を断れず、少し無理をして活動し「疲れた」と感じながらベッドに入り、少しうとうとした後にトイレに行くために立ち上がったものの意識がぼんやりしていて、足元が不安定になりバランスをとることができずにそのまま転倒してしまった、ということでした。転倒した際は「あっ」と思った時にはすでに倒れていて、起き上がろうとしても強烈な痛みが走り起き上がることができないまま、助けを呼ぶだけで精一杯だったとのことです。何度も何度も大きな声で夫を呼びながら、それでも何とか自分で起き上がり対処しようと痛みに抗って必死な思いであったことをAさんは語ってくれました。

救急車で運ばれる時も移動するたび、体を動かされるたびに強烈な痛みが足に、全身に、脳に響くようで「痛い、痛い」と我慢しきれず声をあげるしかなかったとのことです。骨折と診断されるまでの検査も手術までの数日間も、寝衣に着替えるにもベッドに移動するにも処置を受けるにも、身体を動かすたびに痛みが走り、動かないように努めるものの、動かさなければ動かさないことの苦痛をも強く感じさせられ、なんとも言い難い時間を過ごしていた、というのがAさんが語ってくれた思いでした。

Aさんは、受傷後の痛み、手術前の痛みと苦痛を抱えながら、痛みに耐えながら悶々とそれまでのことを思い起こしているようでした。「なぜこんなことになってしまったのか、あの時の無理がやはり駄目だった、なぜあの時、無理をしてしまったのだろう、なぜ疲れているからと断らなかったのだろう、断れなかったのだろう…、辛い、痛い、痛い…なぜこのようなことになってしまったのだろう…、これからどうなってしまうのだろう…、家族に迷惑をかけてしまう、自宅に残してきた夫は一人で大丈夫だろうか…、手術は大丈夫なのだろうか…、このままもとの生活に戻れなくなってしまうこともあるのだろうか…」、考えても考えても尽きない不安や苦悩が襲ってくるようです。

そのような数日を何とか過ごしてようやく手術を迎え、無事に終えました。しかし続いてそれまでの痛みや苦悩とはまた異なる、術後の新たな身体侵襲に伴う変化を体験することになっているのがAさんの状況だと分かることが大切です。

(三)　身体の病みが精神の病みにつながることを具体性から説く

Aさんの具体性から、「身体を病むことによって精神をも病むことになりかねない状況」ということが少しは想像できてきたでしょうか。Aさんの認識＝像（感情像）に問いかけてみることができてきたでしょうか。なぜ「心を整える」ことが大事になるのか理由を理解できてきたでしょうか。

Aさんの場合でいえば、いつもなら転倒することのない自室のベッドからの立ち上がり時に転倒してしまっているということはいつもとは異なる疲労等により身体がもともと弱まっていた状態だったと考えることができます。そこに転倒、骨折、入院、検査、手術という通常とは異なる初めてづくしの特別な生活が強いられる中で、安静臥床が続き、身体活動は制限され、食事もままならず、睡眠も十分にはとれず、身体はますます弱まっているにちがいないことは想像できることと思います。

認識論的なみてとり方をするならば、身体等の弱まりは全身の感覚器官の弱まりに多かれ少なかれつながるものであり、それは、しだいに感覚する神経の弱まりにもなっていき、結果的には神経のはたらきを統括している脳の疲労にもなっていくものです。脳の疲労にもつながりかねない五感覚器官の弱まりが生じてくるということは、外界の反映のゆがみをもたらすことにもつながり、現実的な像を反映させ、かつ形成させる力の弱まりにもつながるものです。それはまた結果として形成される像のゆがみをもたらしかねず、反映像のゆがみがあるとすれば、自らの対象への問いかけるあり方にもゆがみを生じさせることにもなるだけに、その場合は形成された像のゆがみが多重性をおびてのゆがんだものにもなりかねないのです。

そしてまた、そのようにして頭脳の中に形成された自らの像そのものを反映させる（自らの像をみてとる）力も弱まることになりかねないだけに、やがては脳がつくりだす認識＝像のコントロールができないようになれば、どうしても感情像の乱れが生じることになり、それがしだいに妄想化してしまうおそれさえもあるのです。

そうして自らが意図せず創ることになってしまったその諸々の像に恐怖と不安さえおぼえることになってしまう、それが端的には病む人のおかれた身体の病みや弱まりからくる認識形成力の弱まりであり、像のゆがみの正体かもしれないことを看護者は十分に理解できることが大事です。

少し大げさに思えるかもしれませんが、ここを理解できるかどうかが看護者として患者の立場に立てるかどうかが決まってくるともいえる重要なことです。なぜなら、このような認識＝像（感情像）の特性があることを問いかけて関わることをしないと看護者として大失敗をすることになりかねないからです。

これもまたAさんの事実ですが、実際に「あの看護師さんには何もいわない」と涙しながらその看護を拒絶することを決めることになった場面があったのです。

（四）看護者の一言が患者の孤独と苦悩を引き起こしてしまった一事例

それは、術後の留置カテーテル抜去後の初めての夜のことでした。まだ痛みがある中でリハビリも始まっており、何とか努力しながら必死の思いで入院生活に適応しようとしているAさんでした。痛みも続き、夜になると熱もでており、入院当初の手術前の不安とはまた異なる不安や苦悩を抱えての夜を何とか過ごしていることでした。「本当によくなるのだろうか、このまま痛みが続くのだろうか、身体がだるい、熱のせいだろうか、なぜ熱がでているのだろう、このままよくならなかったらどうしよう……」、不安を押し殺して眠れぬ中で眠る努力をしようとしながら、拭っても拭っても押し寄せてくる不安と苦悩と対話し続けることに疲弊している心情であったことでしょう。

このAさんにはまだ夜間の排泄介助が必要な段階です。そのような中でどうしてもトイレに行きたくなりナースコールを押して看護者の介助を受けて移動することになりました。はじめに行った時はそれほど気兼ねすることはなかったものの次に看護師を呼ばなければならなかった時は、「看護師さんに頼まなければならないけれども手を煩わせてしまうのは申し訳ない、できるだけ我慢しよう、そうはいってもやはり思い切ってお願いするしかない」と、心苦しく思いながらの申し訳なさを感じながら介助を受けました。できるだけ他人に迷惑をかけたくないと願っているAさんでしたが、その夜はどうしてもまたトイレに行きたくなってしまいました。Aさんにとっては、ナースコールを押すことをためらいながらどうしようもできず、申し訳ない心苦しさの中で思い切っての看護者へのお願いでした。

その時の看護者の一言がAさんには忘れられないと言います。「あなた、回数が多いわね」と。この一言はAさんにとっては、看護者を呼んでしまったことに対する強烈な否定であり、批判であり、非難であると受けとめられて、トイレに行くことを否定され非難されたこの一言、看護を受けることを否定され非難されたこの一言、もっといえばこんなことになって入院している自分自身を否定され非難された恐い恐い一言として、強烈に心に突き刺さってしまったのでしょう。Aさんはその時は「申し訳ありません」と伝えることが精一杯で、その後、ベッドに戻った後は、辛くて悲しくて悔しくて、どうにもならない感情が渦巻き続けて、涙がどうしようもなく止まらなくなってしまったまま朝を迎えることになった、ということでした。

「痛い、辛い、どうしてこんなことになってしまったのだろう、どうなってしまうのだろう」、そのような苦悩と闘いながら、唯一の味方であると信じていた看護者からの恐い一言によって孤独のどん底に突き落とされた、そのような心持ちになってしまったAさんは、「もう決してあの人には何も言わない。（自分の人格が否定されるだけに）いや、言ってはならない」、と固く固く心に決めたはずです。

看護者が本当にそのような言葉を伝えたのか、どのような表現だったのかということはわかりません。しかし、Aさんの事実としては、そうであった！　と受けとめてしまった、それだけに深く傷つけられてしまっているとAさんが記憶しているということが、Aさんにとっての事実、真実になってしまい、その不安だった夜の記憶が残されているだけに、その看護者が担当するとなっただけで不安と苦痛が呼び起こされて身を固めることになるという結果にもなってしまっているのです。

以上は、看護において「信頼関係を築く」ことが関わりの形成において第一歩であることは十分に理解している看護者であったとしても具体的な場面において、それが成り立たなくなることが看護者の姿勢と視点しだいで、残念ながら生じてしまうのだという一例です。これが、「身体を病むことになってしまうのだという病むことになりかねない状況」におかれている病む人の問いかけであり、認識の実像なのだと理解してほしいと思います。

（五）ナイチンゲールの説く「身体が心に及ぼす影響」とは

ナイチンゲールは『看護覚え書』（湯槇ます、薄井坦子他訳、現代社）において次のように説いています。

心が身体に及ぼす影響については、多くの言葉が語られ、多くの書物が書かれていて、その指摘のほとんどは正しい。しかし私は、身体が心に及ぼす影響について、もう一歩

> 考え進んでほしいと思う。あなた方だっていろいろな心配ごとに悶々とすることもあろう。ところが健康人であるあなた方には、リージェント街に繰り出したり、田舎に散歩に出かけたり、場所や相手を変えて食事を楽しんだり、その他いろいろな気晴らしが、その気になれば毎日でもできる。あなた方は気づいていないであろうが、それによって、あなた方の心の悩みはどれほど軽減されていることだろう。その一方、これもあなた方は気づいていないであろうが、そのような変化を持てない病人のばあい、心の悩みはますます募り、病室の壁面にまで心配ごとが掲げられているように見え、ベッドの周囲に心配ごとの亡霊が彷徨うのを感じ、そうして、変化という救いの手がさしのべられないかぎり、つきまとって離れぬ想念から逃れることは不可能となっているのである。
> 　胸のなかでは、愉しい想いは抑えられ、なぜか辛い想いばかりが頭をもたげてくる。それは病人自身にとってたいへんな苦痛なのであるが、なぜそうなってしまうのか、自分にもわからない。そこで病人は、その理由を考えて自問自答する。そんな自分自身を不甲斐なくも思う。

　病室のカーテン内の限られた空間の中で、「心の悩みはますます募り」、「なぜか辛い想いばかりが頭をもたげてくる」、「なぜそうなってしまうのか」「その理由を考えて自問自答」しながら、「そんな自分自身を不甲斐なく」思い、ますます「つきまとって離れぬ想念」から逃れられなくなっている、それが病む人がおかれた状況であるとナイチンゲールははっきりと指摘しています。

　ここをもう一度Aさんの場合で考えるならば、ベッド上で安静臥床している身体状態だけでなく、術後の痛み、術後の身体侵襲からの回復、現代の医療では安全で確実で信頼できるものとはいうものの人工骨頭という異物が体内に入れられた状態からその人工物が自分の身体の一部になっていく過程、骨も筋肉も血液も神経も新しいあり方として獲得していくことになる神経のはたらき、脳のはたらきを分かっておくことが大切です。そして、そうしたことに適応していくことが必要であるのに、Aさんとしてはそのような身体状況におかれていることをなかなか受けとめられないことを、看護者としてみてとる努力を改めてなすべきだと分かるべきなのですが……。しかし、そのことが日常になってしまっている看護者には、これは困難なものです。

　そうであるからこそ、看護者としては、全身麻酔による影響からの回復、痛みの抑制や感染症予防のための薬の服用は、内科的にも変化をもたらしている状況であることを常に想像しながらの体内環境、代謝のあり様をしっかりと想像しながらの、具体的なひとつひとつのAさんの様子の観察、Aさんの言動の受けとめとそれに対する看護ということになるべきはずなのです。そのような身体の状況が心に影響を及ぼさないはずがない、という問いかけから、用心深く心の表現となっている患者の声に耳を傾けているのが、本当の看護者の姿だとこの一例から考えることができるのではないでしょうか。

このことは入院している患者だけのことではありません。健康とされている人であっても同じような認識＝像（感情像）に陥ることがあることを知っておいてほしいと思います。

自分の体に、「あれっ、おかしいな」、と明らかな異常に思える身体状況があっても、「もし、万が一、重大な病であったらどうしよう」、という思いが湧き上がり、「もし、万が一」の最悪の事態を考えるあまりに受診することが怖くなり、受診することができず、客観的な判断がないままに、「重大な病かもしれない」という想像が募れば募るほどに誰にも相談できずに悶々と悩むということになりかねない、不安が募るほどに自暴自棄な思いも湧き上がり、自分でもどうしようもなく自分の描いた恐怖に脅かされている。たとえ健康人とされる人であってもそのような経験をしていることがあるということも知っておいてください。看護者がそのような受診者の気持ちを想像することができていれば、ようやく受診してきた患者に、「なぜもっと早くに受診しなかったのですか」、と厳しい言葉をなげかけて患者の心が離れてしまう、ということはおきないと思えるからです。

このことは、病気への不安ということだけでなく、仕事上のことや友人関係での出来事であっても、自分自身の勝手な想像から問題を、現実の問題以上の問題として抱え込み悩み、悶々とするということは、誰もが多かれ少なかれ経験しているはずです。

それが認識の持つ、大きな力の一つであり、アタマでは客観的に事実を確認した方がよいと分かっていても、ココロでは確認するのが怖くてできず、結果として、不安がさらなる不安を呼び起こし、悪い方へ悪い方へと想像を膨らまし、自らの認識をいっそう追い詰めていくことができる、そういう実力をも培ってきてしまっているのが認識の実力の一つである「像を創り出す」という力なのです。このような実力は健康人であっても、自分自身が勝手に作り出せるし、勝手に創り出したその負のイメージから抜け出すことはとても困難なのです。まして、病人であればなおさらにそこから抜け出すことがより困難であることは想像できるでしょう。そうした弱い心になってしまった病人に常に向きあっているのが看護者という存在のはずです。

だからこそ、自力では抜け出すことができない病む人の負の認識を、暖かな明るい認識へと「変化」させることができる看護者の存在が重要になってくる、ということなのです。先ほどのＡさんの例のように、「もう二度と頼まない」という決意を固めるというような結果にならないようにすることが大事だということです。

（六）看護者の目的像と「量質転化」の法則性の意識化が患者の変化を創り出す

ここをもう少し弁証法的に説いてみましょう。看護者は病む人と向き合った時に、どのようになってほしいかの目的像にしたがっての「変化」をどのように意図しているか、すなわち、どういう「量質転化」を結果として創り出そうとしているのかを考えておくことが重要といえます。

「量質転化」というのは簡単には、単純な量の積み重ねが単なる量の積み重ねになるのではなく、結果として質的な変化をもたらす、という変化過程の法則性の一つを示したものでした。つまり、単なる「変化を生みだそう」ではけっしてなく、「どのような変化をどのように生みだそうか、生みだしたらよいのか」、という大きな流れをもつべき（もつことが大事だ）という過程を見事に含んでのものです。それだけに看護者としては、Ａさんにとってどのような変化をどのようにもたらしたいかといえば、術後の経過が順調に推移し、現在は歩くことができないＡさんがしっかりと自分の力で歩くことができるようになり、もとの生活に戻ることができるということです。一度骨折した方は再転倒、再骨折のリスクもあるとされていますから、できればもう二度と骨折することがないような生活を創り出すほどの力を培ってほしいというのが願いのはずです。ここでの質的な変化過程とは、歩くことができなくなったＡさんが手術とリハビリを経て歩くことができるようになる、という変化の過程を辿っていけたらよい！　というものです。そのためには、何をどのように積み重ねていくことが求められるのか、ということを考えられることが弁証法的な学びを知っている看護者の問いかけになります。

ここで分かってほしいことは、このことは前回に説いた、リハビリ開始時の他動的な運動であっても、主体的な取り組み、明確なAさん自身の目的意識性をともなっての「主体的な」他動性であることに意味があると説いたことにつながることだ、ということです。つまり、同じ下肢の動かし方であっても、どのような動かし方を意識的に行ったか、という「量」の積み重ねのあり方が、その後の下肢の運動そのものの「質」に関わってくることを知っているからこその、看護者としての意識的な働きかけが重要だという指摘だったと分かってほしいのです。

しかし、それ以前に看護者と患者との関わりの形成においても「量質転化」を意識化することの大事性が今回の事実から分からされることに気づくことでしょう。それは、たしかによくなってほしいという願いであったはずが、看護の関わりしだいでは、入院生活そのものが「苦痛」という質的転化をもたらしかねないということです。看護者との関係においても、「不信感」という質的転化ではなく「安心感、信頼感」という質的転化をもたらしたい、そのためにはどのような関わりの「量」を重ねればよいのかという問いかけを持ち続けていくことが、看護者の関わる姿勢に大きな変化をもたらすことになるはずです。

（七）看護者との認識の「相互浸透」が患者の心に変化をもたらす

このような量的な具体性が成果という質的転化をもたらすまでの関わりの過程について少し説きましたが、この変化過程のことを弁証法の一法則である「対立物の相互浸透」としてみいだすこともできるのです。ここを独立性としてみいだしている「対立物の相互浸透」という法則は、簡単には「対立物が媒介関係にあると共に各自直接に相手の性質をうけとるという構造を持ち、このつながりが深まるかたちをとって発展が進んでいくこと」（『弁証法はどういう科学か』）といえます。

「簡単には」と注を付しましたが、これには理由があるのです。つまり、「発展が進んでいくこと」ばかりではなく、発展が阻害されたり、なんらの発展も起こらないことすらあるからです。それだけに、発展が阻害されないように対立物の中身を捉えることを怠ってはなりません。詳しくはここでは置くとして、その「対立物の相互浸透」の具体例としては、連載第四回で日常の具体例や看護実践の例を取り上げて説きました。今回の例では、まずはAさん自身の病んでいる身体と脳の機能としての認識形成との関係としてみてとることができるでしょう。

骨折や術後の痛みや身体侵襲からの回復が求められるという身体状況のあり方が、不安や苦痛、苦悩といった認識をもたらし、苦悩に満ちた精神性が、回復に必要な食事や睡眠に影響を与えることから身体の実体と機能の弱まりをもたらし、身体の実体と機能の弱まりがさらに認識をゆがませる結果として、ますます不安や苦痛、苦悩がどうしようもなくあふれてしまう、という病む人ゆえの身体と認識の「相互浸透」です。

そのような中で、身体と認識との関係だけでなく、認識そのものにも二重構造が存在し、自らの認識の中においても「相互浸透」が進んでいくことが今回の病む人の認識でみえてきたことです。自らが創造した不安、苦悩に脅かされながらも、そうした不安や苦悩に抗おうとする自らの認識をも自覚している、という二重性です。

この二重性とは、辛い想いにとらわれている自分に対して、辛い想いばかりが募ってくることがなぜなのかと問いかけ、辛い想いにとらわれている自分自身に対してさらに自問自答しながら、そのような辛さや苦痛に耐えられない自分ではないはずだと叱咤激励しながらも、なぜこんなにも辛いのか、自分はそんなにも弱い存在だったのか、と自らの思いに対する不信感をも呼び起こす、自分の中で二人の（多重の）自己が堂々巡りの対話を繰り返し続けている、ということです。そのような辛い辛い「相互浸透」がなされる結果、ますます加速度的に不安と苦悩が募っていき、結果、自分の心と身体が破壊されていく（量質転化）ような精神状態に陥るという過程における、自己の認識の中での「対立物の相互浸透」の現実なのです。

そしてそれはまた、患者がそのような状況におかれているからこそ、そこに看護者としての関わりの意味と意義を見いだすことができるはずなのです。それは、そのような恐いかつ辛い身体と精神の状態だからこそ、その患者にとっての「外界の反映」としての看護者の存在そのものが恐い、辛い「対立物」とならないように、新たな「相互浸透」を創り出すチャンスになりうると、看護者は考えるべきです。

だからこそ、看護者は、回復に向かう心境に変化させることができるような認識の「相互浸透」をもたらすには、どういう存在としてそこに居ることが求められるのか、そして、どういう言葉をその時その時にかけていくことが、看護者としての関わりとして相手の心に「浸透」できるものになるのか、と問い続ける姿勢を持ちたいものです。このような看護者の問いかけと姿勢があり、かつ看護者の認識をどのように患者に伝えるか、患者の心に届くような言葉で態度で表現で伝えられるかどうかがまた看護者として養うことが求められる技だということができることでしょう。それについては改めて認識と言語の関係性として説く機会を持ちたいと思います。

ここまで説いてきたことは、看護にとってなぜ、その人の「認識を整える」ことが重要であるのか、ということでした。それは、端的には身体を病むことで心をも病みかねないのが患者であるから、その認識をその人にとって望ましい方向に変化させていくことが看護そのものになりうるのだということです。しかしです。その一方で、そのような変化をもたらすどころか、看護者と患者との関係構築さえできない状況におかれることになる場合もあるのだ、ということを説き、Aさんの認識の過程性を、弁証法的にはどのようにみてとることができるか、「量質転化」「対立物の相互浸透」という言葉をあえて用いて考えてみました。

弁証法的な見方、考え方ができる看護者は、対象が変化しつつある存在であることを知っていますし、みてとることができます。ですからAさんの入院中の過ごし方や心のあり方が入院中だけでなく退院に向けて、もっと将来を見据えての生活のあり方に関わってくることを実感として描くことができます。だからこそ、Aさんとの関わりの場面での、Aさんから発せられるAさんの認識の表現である一言一言の重要性をしっかりと受けとめ(受けとめようと努力し)、Aさんに伝える看護者からの一言一言に意味をもたせ、その一言一言がどのようにAさんに伝わっているかを確認しつつ、次なる言葉を紡いでいくという積み重ねを意識化しているはずなのです。その積み重ねが対象との良好な関係性を築き、その関係性を確実に積み上げることができてこそ、それがAさんのよい変化を創り出す看護になりえるのだと信じることができるのです。

逆からいえば、弁証法的な見方、考え方を知らない看護者には、対象の過程性や変化性を受けとめることができないということになってしまうのです。

今回のAさんはその後の看護により、辛い心情を吐露することができ、リハビリのプロセスに順々にしっかりと意欲的に取り組みはじめて、そのプロセスを看護者にしっかりと支えてもらいながら、早期の回復と生活への復帰をとげることができました。入院時には医師から高齢であることから受傷後は回復に限界があるとして要介護を想定しての介護申請を進められ、ソーシャルワーカーからは元の生活に戻ることが目標との家族の言葉にその困難感を指摘されたにもかかわらず、Aさんはしっかりと目標とした元の暮らしを取り戻すことができたのでした。以上説いてきたように、「できないことができるようになる」、という小さな、（しかし、恐い・辛いから大きく脱出できる）「量質転化」を創りだすために、どのような「相互浸透」を意図的に創り出すことが必要なのかとその時々に描きながらの実践を続けることが重要であり、それが、変化を創り出す、持てる力を引き出す看護そのものであり、弁証法と認識論を学ぶ意義であると改めて伝えておきたいと思います。

（八）弁証法の学びは繰り返しの上にも繰り返しが求められる

最後に、改めて弁証法の学びについて理解をすすめるために、『〝夢〟講義』第五巻（南郷継正、現代社）を引用します。

弁証法の学びの大切な点は、復習また復習としての、繰り返しを嫌がらない、怠ることをしないということです。それも同じことの同じレベルでの、です。……

弁証法の学びは、現実の手と足で分かった出来事を、すなわち事実として分かったことをふまえながら、その事実の性質を見てとることであり、そして見てとった事実の性質を変化性、すなわち運動性において思惟する、深く考えてみることが大切なのです。繰り返しますが、弁証法とは事実そのものを直接に見てとることのみではなく、そこをふまえながらその事実の変化（運動）のあり方の性質一般を見てとることにこそあるのです。

端的には弁証法とは、変化を見てとるのではなくて、変化性すなわち変化している性質を見てとることにあるのです。運動性とは運動の性質であり、「どんな運動の性質を持っているのか」であり、かつ、「どんな性質を持った運動をしているのか」なのです。

それだけに、この変化とか運動を見てとるのはそう難しくはないのですが、しかし、弁証法で見てとるのはこの現象面での変化とか運動ではないだけに、とても難しいことになります。もちろん当然のことながらこれは最初は、性質が見えるわけもなく、見てとれるわけのないのですから。当初何が見えるのかといえば当然に「変化しています」「運動しています」という事実が見えるだけです。

とはいうものの、これすら初心者には難しいものといってよいでしょう。だから最初に大事なことは、まず、その変化を見てとれるようになることであり、その運動を見てとれるようになることです。

こんな小さな「繰り返しの上の繰り返し」を飽きることなく（どんなに飽きても）続けていくことが弁証法のいわゆる達人（専門家）になる唯一の方法です。

以上は、弁証法の学びは、同じことの同じレベルでの学びの「繰り返しにつぐ繰り返し」がとても重要であるということの指摘です。「繰り返しの上の繰り返し」とあるように、看護の事実を弁証法と認識論の基本の学びをふまえて説き続けていくことが、弁証法をものにするための道なのだと改めて考えさせられます。そしてまた、弁証法というのは事実レベルの変化ではなく、変化のあり方の性質一般をみてとるものであるということも理解しておくべきことです。

本来であれば弁証法という言葉を用いなくても見事な看護というもののあり方を構造に分け入ってみてとったならば、そこには対象の変化性をみてとった対象理解と、対象の性質に沿った支援を見いだすことができる、として説いていくことができるものであるといえます。

しかし、今回もあえてくどいほどに弁証法に関わる言葉を用いています。それは、弁証法の学びはじめには、教科書的な言葉の理解からが必要であり、看護という専門分野においてあてはめて考えることを続けていくという学びのプロセスを意図することがみなさんに弁証法の学び方を理解してもらうためには必要なのではないかと考えたからです。弁証法が弁証法としてあるのではなく、対象の現実性の中に弁証法性を見いだしていく、看護の具体性の中に見いだしていくことが学びの過程においては重要だということを理解してほしいと願っているからです。

（続）

4 哲学・論理学研究余滴（九）

――ヘーゲル『哲学史』をふまえてアリストテレスの〝思弁〟への端緒につく過程を考える（3）

悠季 真理

目次

はじめに（前回までのまとめと補足）

本研究余滴では、学問を志す人たちのために、アリストテレスの学的認識の形成過程について論じてきている。なぜならば、学の出立に当たっては、いかにして自らの認識を体系化可能なものとして創出していけばよいのかを、人類の学問形成への歴史を振り返りつつ、およそなりとも分かっておく必要があるからである。特に前々回（第十七号所収）からは、ヘーゲル『哲学史』におけるアリストテレスの評価をふまえつつ、アリストテレス原典の重要箇所について、本来どのように読み解いていくべきなのかを説いている。

まず簡単に前回までの内容を振り返っておこう。ヘーゲル『哲学史』においては、アリストテレスの特徴について、「かえって諸部分はばらばらに並列しているように見えるのであるが、それでもなおそれらの諸部分は本質的に思弁的な哲学の統体性を成している」と述べられていた。これはどういうことを意味するかと言えば、学問史上、アリストテレスの段階で初めて「思弁への端緒についた」ということである。これは学問構築へ向けての頭脳活動の論理的思いの第一歩の段階であり、〝思う〟から〝思う〟の中身を整序できていくという段階への、すなわち思弁力への端緒をなしえたということである。そしてこの〝思う〟の中身を整序できていくとは、頭脳の中に次々と描かれていく諸々の像の中から、ある像を選びだしていくというレベルから、選び出す像が統体的な段階へと高まっていくということである。これはその像をしっかり止めておくということ、そして止めて見続けることを超えて、止めた諸々の像が連関・連結をなすようになってきたのだ、発展的になったのだ、ということである。

筆者は、このアリストテレスの〝思うから思弁へのレベルアップ〟とはいかなることなのかを、アリストテレスの『自然学』の原典を繙きながら、読者にもイメージを持ってもらえるように、ある程度の具体性をもって説いてきたと思っていたが、あれではまだまだ丁寧に説いてはいなかったと反省している。以前も説いたように、この『自然学』では、パルメニデスやゼノンなどのエレア派の見解、すなわち（言葉の意味を補って訳せば）「全てのあるもの（ありとあらゆるもの）は一つ（にまとめられるもの）であり、（このことは）不変不動（のごとくに正しいの）である」との見解が取り上げられ、この意味するところが一体どういうことなのかが考察されていく。大きく見れば、『自然学』全体の展開が、このエレア派の説についてのアリストテレスなりのレベルでの解答（エレア派の言わんとしていたことは、こういうことだったのではないか、こういうことだったはずである）になっていくと言えるのである。

以上、アリストテレスには、「全てのあるものは一つである」と言われるところの「ある」とはいかなることなのか、そして「一つ」とはどういうことなのか、そしてまた不変とは、不動とはいかなることか、そしてそこを問う流れの中で、そもそも変化するとはいかなることか、運動するとはどういうことなのか、という問い、つまり全てをひっくるめて一般性レベルで物事に問いかける頭脳が芽生えてきたのだ、ということである。

アリストテレスは、このエレア派の見解については、これまで自身が扱ってきた諸々の事実（天体の運動、あらゆる気象とそれに伴う地上の変化、また地上での動物や植物、そして人間までの生きとし生けるものの全て）から得られた知見のあれとこれとを比べてみたり、あれらとこれらとをまとめてみたり、そうやってやがて総動員していきながら考えていく。当初は、事実レベルのさまざまな像ばかりが浮かんできて、なかなかにエレア派の意味するところが摑めない。全てのあるものが一つになるとはいっても、その一つになるところの〝ある〟とはそもそもどういうことなのか、最初の〝ある〟とそれはどう異なるのか、というその意味が分からずに悩んでいったが故の思弁が可能になり、像のまとめとしての正当な結論、すなわち、一つ一つの一つ一つは思弁していけば、全てをまとめた一つになる、という論理としての把握が分かっていったのである。

例えば、人間について考えた場合に、人間とは何かと問うとしても、人によっていろいろな意見が出てくることになろう。例えば、人間には色白い人もいれば色黒い人もいる、であるとか、あるいはまた背の高い人もいれば背の低い人もいる、などといったように。確かにそれはそうなのだけれども、ただ人間とは何ぞやを問うとなってくると、そういう色の黒さとか白さ、背の高さとか低さ、等々はあまり関係がないようにも思われてくる。それは一体なぜなのか。なぜ関係がないように思えてくるのか。アリストテレスは自らの頭脳の中で、関係がないと思えてしまうのはなぜなのかと問答しつつ、その理由を何とか見つけようとしている自分を発見することになる。

色黒いとか色白いというのは、確かにその人その人の持っている性質だが、例えばそれらの人間は、人間としては同じ生活をしている。人間は、色は違っても同じ生活をしているので、色の白黒を言っている場合とは、何かが違い、何かが同じようだと気がつく。ではどこがどう違い、どう同じなのかを言ってみろ、と言われれば、そうだなあ……なかなか明確に表現するのも難しいのだが、両者とも人間の何かを表して言っているのは間違いないのだが、一方は違いを見てとり、他方は同じことを見てとることが分かってくる。すなわち、ただあの人は色黒いとか、この人は色白い、等と言う場合は、それぞれ個々の人に付帯する性質にのみ着目して言っているのだ。それに対して、人間は共存して生きている、労働して生きている、学習して成長している、と言っている場合には、見渡す必要もなく全ての人の一生に当てはまることに着目しているのだ。このようにして、アリストテレスの頭脳の中で、対象を諸々に観察していくうちに、普遍性という程ではないが、何かの共通性的な事物に着目して、どうにも似ているようだな……との意識が芽生えるようになり、さらにそこから、これは同類なのだ、と思わなければならないと次第にはっきりした意識となっていくのである。

こうして、見てとれる全てのものが本来は一つに括れるのだということが、まともに分かってくる流れとなるのである。ここで一つのものだ、とは一般性レベルではまだなく、何かそれなりにまともな摑みどころがあると思えるもののことである。

ここで特記しておきたいことがある。それは、学問への道を志すのであれば、誰であっても以上のようなアリストテレスの頭脳活動が辿っていった（すなわち、このような頭脳への道の）あり方を簡単に通り過ぎてしまってはならない、ということである。なぜなら、ここのアリストテレスの苦難の辿り方、これこそが、この過程こそが、事実から論理化していくその出発点であったのだ、ということであり、人類の頭脳が、その後二千年以上かけて、学問体系構築が可能となっていくまさにその原点となるところだからである。もっと説けば、この人類の思弁的能力を自らの努力でなしえた人は、トマス・アクィナスとヘーゲルだけ、つまり、たった二人のみだったという歴史的事実が存在しているからである。

そのたった二人の一人たるヘーゲルがしっかりと指摘している、「思弁への端緒」ということをふまえてこそ、アリストテレスの原典を見直すことができ、そうしていくことで初めて、表面の文字には決して現われようもない（そのため多くの文献研究者にはなかなかに読み取ることが困難な）こうしたアリストテレスの頭脳活動の端緒から見事に花開くまでのありさまが、如実に浮かび上がってくるのだということを、ここであらためて強調しておきたい。

今回は引き続き、「あるものは一つとまとめられるもの、一つとなるものであり、このことは不変不動であるかのごとくに正しい」ということについて、アリストテレスがどのように考察していったのかを説いていく。アリストテレスは、まさにありとあらゆるあるものは一つのものとして捉え得るのであるという論理を、不変であり不動であるというのは、どういうことなのか、このことに変わりはないとは何か、それは同時に逆のこと、つまり変化するとはどういうことか、動くとはどういうことかを考えることにもなっていく。そしてこれはもっと進むと、いわゆるゼノンの運動否定論もこの一連の議論の一環でなされることになっていくのである。

ただし、このアリストテレスの運動、変化についての考察が理解できるようになるためには、その前に把握しておかなければならない大事なことがある。それは何かと言えば、アリストテレスは自らが扱っている全ての対象を、一体どのように一つに括られるものとして捉えるようになっていったのか、端的には、自然界にあるもの（生きとし生けるものの全て）について、どのような連関を通して一つになるものの像を描くようになっていったのか、ということである。アリストテレスなりの一般性に近づくことになったそれなりの像の中身を押さえておく努力をしなければ、それらの変化について、運動についてどう捉えていくことになったのかも決して理解できることはないと言ってよい。

そこで今回は、アリストテレスが描くようになっていったところの、自然（すなわち生命）とはどういうものなのかの像の形成について、ヘーゲル『哲学史』をふまえつつ論じていきたい。

一　アリストテレスの説く「自然」とは

アリストテレスは数多くの動物や植物を研究していく中で、しだいにそれらの中に同じように見て取れる〝何か〟を求めていくようになる。つまりアリストテレスの頭脳の中には、おぼろげな普遍性レベルへの像が描かれつつあったのだが、それは一体どのような像だったのであろうか。筆者は学生の頃にアリストテレスの自然学関連の原典を読んでいったのだが、当時はそれらの文字を読みはしても、その背後に描かれつつあったアリストテレスの頭脳の中の像に迫っていくことはなかなかにできなかった。例えば『自然学』を開いてみると、およそ自然界に存在するものについては次のように説かれていた。以下は出隆による訳文である。

自然によって存在するものども〔自然的諸存在、自然

物〕は動物とその諸部分や植物や単純な物体、たとえば土、火、空気、水などである……。そして、すべてこれらは、自然によってでなしに作られ存在するものどもにくらべて明らかな差異を示している。……

すなわち、或るものの「自然」とは、これ〔自然〕がその或るもののうちに第一義的に・それ自体において・そして付帯的にではなしに・内属しているところのその或るものの運動しまたは静止することの原理であり原因である、とのことを示している。……

すなわち、自然は、それ自らのうちにその運動・転化の原理をもつところのものども〔自然物〕の各々の基体であるところの第一の〔最も直接の〕質料を意味する。しかし、他の仕方では、自然はそのもの〔自然物〕の型式であり、その説明方式における形相である。（『アリストテレス全集3　自然学』第二巻第一章、岩波書店）

なおまた、自然というのに二義、すなわち質料としての自然と型式〔形相〕としての自然とがあり、そして形相の方は終り〔目的〕であって、その他はこの終りのためにであるからして、形相そのものは、その他のものどもがそれのためにであるそれとしての原因〔目的因〕であらねばならない。

（同前、第二巻第八章）

これらの箇所を見てみると、アリストテレスは、自然に存するものを人間が技術によって作ったもの（寝台や衣服等々）と区別して、自然はそれ自らの内にその運動・転化の原理を持つものである、と記しており、そこまでは分かる気がするのだが、その後に記されている〝各々の基体であるところの第一の質料〟であるとか、「自然はそのものの型式であり、その説明方式における形相」である、となると、一体どういうことなのか、よく分からない……との思いがあった。それで古代ギリシャ語の原典で該当箇所を見てみるものの、ἡ πρώτη ἑκάστῳ ὑποκειμένη ὕλη とあり、生き物各々の根底にある第一のヒュレーとは？　動物の体を形作る元の素材のようなものなのだろうか？　とか、ἡ μορφὴ καὶ τὸ εἶδος τὸ κατὰ τὸν λόγον　とあるが、このモルフェーとは動物の姿形のことを意味しているのか、でも「ロゴスに従ってのエイドス」とあるからには、単に見たままの（つまり現象している）生き物の姿形ということではなしに、いわゆる我々の言語で言うところの「実体」に近い意味のことなのか……と何ともよく分からなかったことである。

　こうしたアリストテレスの原典を読めるようになるには、然るべき学習、修学を積んでいく必要がある。それは決してやみくもに、先行研究論文の解釈を読み漁る、などということであってはならない。大事なことは、古代から現代に至る人類の学問の歴史の大きな流れを俯瞰し、その中に古代のアリストテレスを位置づけて理解していくことである。人類の学問化へ向けての歴史の中で、古代ギリシャのアリストテレスは学問構築可能となる頭脳が形成されてくる最初の段階であって、人間の一生で喩えるならばいわば赤ん坊時代であると言ってよい。その赤ん坊時代だけをどんなに見つめてみても、人間とは何か（つまり人間一般）は分からないのと同様に、アリストテレスの原文だけをどんなに仔細に読んでいっても、そこで説かれていることの意味がどういうものなのか、人類の学問化への歴史の中で、どう位置づけられるのか、そしてどういう意義を持つのかといったことは分かりようもない。

　古代ギリシャの原典を読んでいく際に大事なことは、学問の体系化が目指されるようになる段階（近代のドイツにおけるヘーゲル）をある程度理解しつつ、そこから学問の原基形態ができてくる古代を見下ろしてみることである。そのことが原典を理解するための突破口となっていく。

　そのため、本稿においても、アリストテレスの自然とは何かについては、ヘーゲル『哲学史』を繙きながら、ヘーゲルの捉えた自然とは何なのかをふまえた上で、アリストテレスの原典に戻るという流れで、アリストテレスの自然についての像の形成過程の内実に迫っていきたい。

二　ヘーゲルによるアリストテレス自然学の評価

（1）ヘーゲルの説く「思弁的」とは

　ヘーゲルはアリストテレスのいわゆる自然哲学について、『哲学史』の中で次のように特徴づけている。

　彼〔アリストテレス〕の自然哲学。アリストテレスの自然学研究はすぐれて哲学的であって、実験的ではない。——彼はそれぞれの対象の特定の概念を次々と問い求め、諸々の見解を挙げて、なぜそれらが不十分なのか、それぞれは〔本来〕単一のものとしてどう悟性的に〔論理性レベルで〕規定できるのかを示していく。アリストテレスは彼の自然学においていわば経験的な態度をとる。彼は一つの対象における全ての事柄——たとえば時間、空間、運動、暖かさ、諸経験、諸現象——を取り上げる。これが他ならぬ思弁的なもの――いわば表象の内にある諸契機の総括（gleichsam ein Zusammenfassen der Momente, die in der Vorstellung sind）となっていく。だからアリストテレスは完全な経験家と言えるが、同時にまた思惟する経験家（ein denkender Empiriker）でもあるのである。……

　彼は以前の哲学説である経験的な［レベルに止まっている］観念を論駁し、経験的なものの中から保持されねばならないものをしっかりと把握する（er hält fest, was aus dem Empirischen beibehalten werden muß）。そして彼はこれらの規定の全てを結びつけ、その結びつきをしっかり把握することによって概念を創り上げる。彼は経験的であるように見えながらも、実は最高度に思弁的なのである。このことはアリストテレスにまさに特徴的なことである。彼の経験はまさしく全体的（total）である。すなわち彼は……規定することを省略せず、その時々で次々にある特定の規定のみに固執してしまうこともない。彼の経験はとりわけ一体的（in einem）である。……空間から経験的な諸規定を忠実に取り除くとする。するとこの概念は最高度に思弁的となる。経験的なものは総合的に捉えられると（in seiner Synthesis aufgefaßt）、思弁的概念となるのである。

（*Vorlesungen über die Geschichte der Philosophie*, 悠季真理訳、［　］内及び傍線部は引用者、以下同）

　ここにおいてヘーゲルはアリストテレスのうちに我々が読み取るべき実に大事な点を示してくれている。すなわち、アリストテレスは、経験するものを常に、部分的にではなく、全体的、一体的に捉えようとする、ということである。それはどういうことかと言えば、「経験的なものの中から保持されねばならないもの」をしっかり把握することによって、である。それではこの「保持されねばならないもの」とは一体何であろうか。それは、対象としているものの全てを見渡していき、それらを括っていって（総括していって）、全てに同じように見えてくるところのありよう、つまり普遍性レベルの像に相当する。

　ヘーゲルはこうしたアリストテレスの頭脳活動を、「経験的であるように見えながらも、実は最高度に思弁的である」と言う。原語では、in höchsten Grade spekulativ とあるが、ここでヘーゲルのいわんとしていたことは、当時（古代ギリシャ）の段階としては、人類史上最も高いレベルに達したという意味合いでの表現であろう。ヘーゲルの時代から見下ろすならば、まだアリストテレスのやっていることのほとんどは、経験したものを具体レベルのままに取り上げてそれらを総括するのもなかなか困難で苦労している状態だが、それでもやがては思弁へと至るその取っ掛かりには確かに着いているのだ、ということをヘーゲルは見逃さなかったのである。ただ、ヘーゲル以前の人々は、アリストテレスのこの思弁への端緒についたという点を誰も読み取れていない、理解できていない。ここをヘーゲルは暗に批判しつつ、自分こそがアリストテレスの学問的実力を初めて正当に評価できたのだ、と主張してもいるのである。

（2）ヘーゲルの説く「目的」の概念とは

それでは、経験的なものの中から保持されねばならないもの、その中身とは、一体何だったのであろうか。ヘーゲルは続けて次のように説いていく。

（a）自然についての規定、普遍性。彼の『自然学』から少なくともその主要概念にだけは触れておこう。……アリストテレスによると自然の理念においては、二つの規定が本質的に重要とされている。Ⅰ目的の概念と、Ⅱ必然性の概念である。アリストテレスは物事をいきなりその根底において捉える。これは必然性（causa efficientes）か合目的性（概念、causa finales）かという、当時から継承されてきた古い二律背反であり、相異なる見地である。

自然物の概念については、二通りの観察法があることが注目されねばならない。第一に外的な必然性――これは偶然といっても同じことであるが――からする観察法で、その場合、一般に自然物は外部から規定されるというように、したがって自然的原因から観察されるというように理解されている。

もう一つの観察は目的論的なものである。しかし合目的性には二通りの見方、つまり内的なものと外的なものとがある。近代の教養にあっては目的といえばまず外的な合目的性が優勢で、自然は長らくその見地から観察されてきた。……アリストテレスの自然についての概念は今日のものよりも優れている。というのは、彼にとって重要なことは、目的を自然的事物そのものの内的な性質である（die Bestimmung des Zwecks, als die innere Bestimmtheit des natürlichen Dinges selbst）とみなしたからである。（同前）

ここでヘーゲルは、アリストテレスが自然とは何かを考えていく際に、二つの規定を重視していたと述べている。一つは〝目的〟（Zweck）の概念であり、もう一つは〝必然性〟（Notwendigkeit）の概念であるという。この必然性という訳語は少々分かりづらいが、より原語の意味に近く訳せば、〝不可避的なる外的な作用因〟などとなろう。ヘーゲルは、近代の自然研究においては、自然現象の要因を探究するに、外的な原因ばかりを求める方向にあるが、本来的には自然的事物そのものの内的性質にこそ着目して、事物そのものの内にある目的性を見て取れなければならないとし、それをなそうとしたアリストテレスを高く評価するのである。

なお、ここでの目的（Zweck）とか合目的性（Zweckmäßigkeit）といった言葉についても、アリストテレスの原典に即していくと、本当はどういう意味を持つものなのかを今一度考えてみる必要があろう。アリストテレスのいわゆる「目的因」は、後世の人々によく「目的論的自然観」などと称されている。とりわけ中世スコラ学派においては、アリストテレスの自然哲学を取り込みつつ、究極的にはこの自然界の一切は神によって定められたあり方にしたがって運動、変化しているとして、自然の摂理が唱えられるようになった。そうした考え方は、近代以降の技術の発展によって形成されてきたいわゆる「機械論的自然観」と対比されて、次第に痛烈に批判されるようになっていった。例えばデカルトは、その著『哲学の原理』28節において、被造物の存在理由を探る際には、神ないし自然が立てた目的からではなしに、作用因を検討すべきであると説いている。

そしてデカルト以降の人々は、スコラ学派の唱えた目的論的自然観を避けていき、その代わりに動植物や人間をも一種の機械とみなすような考え方をする傾向が強まっていく。

しかしながら、こうした目的論的自然観vs機械論的自然観といった対立関係でのみ捉えていては、アリストテレス本来の学問的意義をしっかりと掬い取ることは不可能であろう。

アリストテレス自身は、数多くの事実（動物や植物などの、生まれて成長していくありさま）をよく観察していって、そこからの論理化を図っていくわけであるから、ヘーゲルの言う合目的性とは、唯物論の立場から捉え返せば、自然物の持つ生成発展性ということになるであろう。ヘーゲルは続けて次のように説いていく。

> アリストテレスの考え方の要点は、自然を生命として捉えたこと、つまりおよそ自然というのは、それ自身の内に目的を有し、それ自身において統一されており、自らの活動の原理であって、別物に変わるというのではなく、自己に特有の内実にしたがって変化のあり方を定めてい

き、そのことによって変化しながらも自己を維持する、そのような生命として捉えたことである。彼はそのとき自然に内在する内なる合目的性にはっきり着目し、必然性をこの合目的性の外的な条件と見たのである。（同前）

ここでヘーゲルは、アリストテレスの捉えた自然とは何かを、実に簡潔に見事にまとめているように思われる。それによれば、自然とは生命であり、生命はそれ自身のうちにいわゆる目的を持ち、その目的に向かって自己を実現していく存在である。自己を維持しつつ自己を生み出していく（再生していく）存在である、とする。生きる、ということの本質レベルの把握が、素朴ながらも（いまだ生命体の内部構造は見てとれない時代であっても）アリストテレスの段階で芽生えてくることが示されているのである。ここでのいわゆる目的とは、現代の我々から捉え返すならば、本能に従って、代謝しながら、つまり地球との一体性を保ちながら、自己を自己として維持しながら成長していき、次世代を生み育て、自らは衰えて死んでいきつつも（大地に還っていきつつ）、次の世代へと生命を繋げていく（生命を次世代へと維持していく）、ということであるといえよう。ヘーゲルはこのアリストテレスの自然（生命）の概念について、さらに次のように説いていく。

アリストテレスのこのような表現のうちには生命の概念が含まれているが、このアリストテレスの自然ないし生命の概念は今日ではすっかり失われてしまっている。近代の自然や生命の考察法は、圧力、衝突、化学的関係などといった、およそ外的な関係に基礎を置いてばかりなのである。

カント哲学に至ってようやくアリストテレスの概念が復興されてくる。すなわち生き物はそれ自身が自らの目的であり、自己目的と考えられねばならない。なるほどこのことはカントでは主観的な形式を持つにすぎず、まるで私たちの主観的な理由づけのために語られているかのようではあるが、それでもそこには、生き物を生み出す自己目的は結局自己を生み出し自己を実現するものであり（ein Selbstzweck, der das Hervorbringende ist, sich herforbringt, sich erreicht)、このようにして有機的世界の全体が保たれるという真理がある。——それゆえこれがアリストテレスのいう完成態であり、現実態でもある。（同前）

この箇所では、アリストテレスの自然（生命）の概念というものは、自己のうちに自己を実現していく可能性を有しており、それを現実化していく活動であると説かれている。そしてこうした捉え方は、近代にはすっかり失われてしまったが、それがカントによって復興されたとも記されている。ここでアリストテレスそのものから少し話がそれるが、カント自身は確かに『判断力批判』にて、ヘーゲルの指摘するように、アリストテレスをふまえたとも取れるような生命観を説いていた。すなわち、有機的存在者は「自分自身を伝播しつつ形成する力」を持ち、「一切のものが目的であると同時にまた相互的に手段となるところのもの」であって、それは機械的組織によるだけでは到底説明し得ない、ということである。

カントも後半生においてはアリストテレスを学び始めていたのであろうか、との思いも抱くと同時に、またヘーゲルの説くことになる絶対精神の自己運動（自己を生み出していき再び自己に還っていく）も、それが構想されてくるに至るには、アリストテレスを学んで、カントもふまえていった過程があるのではないか、と思われてくる。

話をアリストテレスに戻そう。カントやヘーゲルの記述をふまえつつ、アリストテレスの原典に戻っていくと、そこには従来の文献研究の枠組みで考察していたのでは決して見えなかったことが新たに見えてこよう。すなわち、単に機械論vs目的論の対立関係の中にアリストテレスを置くのではなく、これはまさしく論理能力の萌芽に関わる問題として捉え返せることになる。すなわち、諸々の自然の事実をどう捉え返していくことが、自然の論理化、生命の論理化へ繋がっていくのかということ、この過程的構造が原典の背後に視えてくるということなのである。

三　ヘーゲル『哲学史』をふまえてアリストテレスの『自然学』を読み直す

(1) アリストテレスの文章の背後に見えてくるものとは

ヘーゲルは、アリストテレスの自然についての結論的な内容を実に見事に要約してくれている。しかしながら、アリストテレスがいかにして、自然の（当時なりの）概念を説けるレベルに到達したのか、ということについては、どうも十分に説ききれていないようである。先に引用したように、ヘーゲルはアリストテレスの自然概念の重要な要素として、「目的」と「必然性」とを挙げ、「アリストテレスはいきなり問題となっている事柄をその根底において捉える（Aristoteles fasst gleich die Sache in ihrem Grunde）」と述べている。しかしながら、筆者としては、fasst gleich……と言われると、どうにも違和感を覚えるのである。

確かにアリストテレスの諸著作は、現代でいう学問としての論文体のごく素朴な形態と言ってもよく、まず最初に一般論的な結論らしきものが示されることが多い。しかしながら、これはあくまでも、最終的に、アリストテレスが対象をおよそ一般的に説けるようになったということである。実際のアリストテレスの研鑽過程を推測するならば、そうした対象の一般的な把握ができるに至るのは、到底一朝一夕で可能なものではありえず、相当に大変な労苦の連続であったはずである。

例えば、生き物のうちに有する目的性ということにしても、確かに全ての生き物において、例外なく必ず自らのうちには自らを完成態へと向かわせる性質があるのだ、ということがはっきりと視えてくるまでには、それ相当の大変な労苦があったのではなかろうか。

こうしてヘーゲルの『哲学史』を拠り所にしつつ『自然学』をあらためて開いてみると、アリストテレスの文章の行間というより背後に、まったくもって錯綜した議論、討論が、という以前に混沌とした対話のありさまがそこはかとなく現れてくるのである。

そのアリストテレスの文章の背後にあるものとは何なのかを少し説いてみよう。先のヘーゲルの説明をふまえて『自然学』を見ていくと、次のような文言が出てくる。

> 自然にあるものとは、自らの内にある何らかの始まり〔アルケー〕から、連綿と移ろい変わりゆき、何らかの終わり〔テロス〕に到達するかぎりのもののことだからである。
>
> (*Physica*, 199b15-17)

ここには、ヘーゲルがアリストテレスの一番大事な点として挙げていた、「目的を自然的事物そのものの内的な性質とする目的の捉え方」が、確かに示されている。だがこのあたりのアリストテレスの文章を見ていくと、その背後にいろいろな事実をもってしての疑問や反問の投げ合いが、おそらくかなり混乱しながらなされていた様子が感じられるのである。まずはこの引用箇所に至るまでの文章の一部を少し引用してみよう。

次のような難問がある。自然は「何かのために」とか、こうあるのがより良いからという理由でそのように作用するわけではないのだ、としてはどうしていけないのか。むしろ、ちょうどゼウスが雨を降らせる場合と同様で、それは穀物を育むためにではなく、必然的なことであるように（なぜなら、上昇した蒸気は冷やされざるを得ず、冷やされた蒸気は水になって降ってこざるをえないが、その結果として穀物も育つにすぎないからである）。同様に、ある人の穀物が脱穀場で〔雨に濡れて〕台無しになったとしても、雨は穀物をダメにしようとして降ったのではなく、たまたまそういう結果になった、というだけのことではないのか。――とすれば、自然界に存在する〔事物の〕さまざまな部分についても、それと同様であるとしてはどうしていけないのか。（同前、198b16-b24）

ここでは、自然界にあるものの内には、「何かのために」そうなるとの目的性があるのだとの説に対して、そうではなく、たまたまそうなっただけではないのか、との反論が記されている。例えば、雨が降るのは穀物を育むためであるというが、そんな目的などはなくて、たまたま蒸気が冷えて雨となって降ってきただけのことではないか、ということである。自然界のいろいろな事象は、そうした偶然性によって生じるだけなのだとの見解であるが、これに対してアリストテレスは次のように答えていく。

さて、こうした議論や他にもこれに類した議論があれば、そうしたものが難問と言えよう。しかし、そうしたあり方などあり得ない。

なぜならば、自然における全ての物事は、いずれも常に決まって、偶然による物事や、自ずから〔勝手に〕生ずる物事は決してそうはならない、ということが挙げられる。すなわち、冬に頻繁に雨が降っても、それは偶然によるものとも突発的なものとも思われないが、シリウス星の季節〔真夏〕にそういうことがあればそう思われるし、またシリウス星の季節に炎暑になってもそうは思われず、それが冬に起こればこそ、そう思われるのである。そこで、物事は突発的であるか、それとも何かのためであるかのいずれかであるとするとき、上述のような事柄は突発的なことでもなく、自ずから〔勝手に〕起こったことでもないとすれば、それらは何かのために生じたということになろう。ところが、そうした事柄は全て自然によるものであり、そのことは当の異論を唱えている人たち自身も認めざるをえないはずである。したがって、自然によって生じたり存在したりしているものの内には、「何かのために」〔目的性〕があるのである。

（同前、198b32-199a8）

　ここでアリストテレスは、自然における事象が何かの偶然性で生じるということに反論している。例えば、雨が降ることで穀物が育つということについても、たまたま雨が降ってきたから穀物が育ったのだということでは決してない。雨というのは、毎年毎年の流れを振り返ってみると（彼が生きた地中海世界においては）、通常は冬に多く降り、夏になるとほとんど降らない、といったサイクルがある。そういう循環の中で穀物は雨水を吸収すべき時期に吸収していって、芽吹き、育っていくものである。小麦にしても、大麦にしても、オリーブにしても、ブドウにしても、イチジクにしても何にしても、それぞれを毎年毎年の大きな流れで見ていくと、それらは各々が生育するに必要な雨（水分）を取り込みながら確かに育っていっている。そういう性質、生命力を有している、ということがいずれにも共通に見てとれる。逆に、そこには例外があるだろうか？　と自問してみる。そしてこれまで見てきたありとあらゆる植物の生育のありさまを思い起こしてみる。そうして思い浮かべたものの一つ一つに、例外がなかったかどうかと何度も問い直し、確かめていく。やはり、確かに例外なく見てとれる。アリストテレスは、これまで自身が観察してきた諸々の植物のありさま、それらが養分や水を吸い込んで成長していき、やがて枯れていくありさま、それらの全体を思い起こしながら反論するようになっていくのである。

　先に引用したヘーゲル『哲学史』に記されていた、アリストテレスは自然を一体的、全体的に捉える、との文言を思い出してもらいたい。この一体的、全体的という意味は、自然界全体を見渡して捉え得た一体性ということである。すなわち、どんな植物なり動物なりを見ていく場合であっても、それらは自然界全体としての季節の巡りの中での、それぞれが必要な時期に必要なものを取り込みながら、己を育み、次世代を生み、生きていく、……という動植物のありさまを摑んでいったということである。

　これに対して、「たまたまそうなっただけではないのか」と反論する人たちというのは、なぜそう反論するのであろうか？　とこれまたアリストテレスは考えていくことになる。彼らの主張は確かに、それだけを聞くと正しいかのようにも思えるけれども、しかしだからといって、あれもこれもが偶然に起こる、と言われると何かしっくりこない。そんなはずはないのではないか。それだとここまで小麦にしても大麦にしても、毎年育つはずがない。なぜ雨が降るのが偶然なら、同じように日照りももっと偶然に起こってもよいではないか。では彼らのどこがどうおかしいのであろうか……と考えてみると、彼らは全体から、その時々で自分勝手に、ある一部の自然現象のみを切り取って見て判断しているだけなのである。つまり、自然を全体で一体として捉える実力がないのである。だから、雨が降るということ、日が照るということ、実がなるということ、小麦が根から養分を吸収するということ、馬が草をはむということ、子を産むということ、……それぞれが全て繋がりなく、たまたまそうなる、勝手にそうなる、運が良かったからそうなった、というだけとしか見えないのである。

おそらくアリストテレスは、そうした人々からのあらゆる反問に対して、当初はなかなかに答えられなかったであろう。しかし彼は、皆との対話、討論を積み重ねていく中で、自然全体を一体として見ていくようになることから、つまり自然の論理化を（当初は知らず知らずのうちに、やがては少しずつ意識的に）図りながら何とか反論をしていくようになる。

（2）相手の反論に答える努力の過程で自然を総体的に捉える力が培われていく

ここでもう少しこの一連の文章の背後にあるアリストテレスの頭脳活動のありさまを考えてみたい。おそらくアリストテレスは（そしてその討論相手も、まだ先達も）、物事の原因を探っていくに当たって、当初から偶然性とか目的性といった区別もしっかりできない、元々はそれらの違いも明確には意識できないような、相手も自分も混乱した状態だったのではなかろうか。例えば、小麦はなぜこの時期に育つのか、あちらの場所ではあまり育たないのに、こちらではなぜ育ったのか、等々という問いが出てきたときに、それは種をまいてから成長するまで、およそこのくらいかかるのだとか、この場所はよく日が照るが、あちらの場所は日当たりが悪いからだとか、諸々の理由が挙げられる。

そういう中で、どうも一口に、植物がよく育つことの原因とか、馬などの動物がよく育つことの原因などといってもいろいろとある。ある場合には、あの年はなぜかほとんど雨が降らなかったからよく育たなかったのだ、という理由で納得することもあるけれども、また別の場合には、雨ばかり降って日がほとんど照らなかったので、よく育たなかったなどという場合もある。ある程度は雨が降ってくれないと、そしてある程度は日が照らないと、小麦も育たない。

そうした諸々の自然現象を見ていく中で、小麦が枯れてしまったのはたまたま雨が降らなかったからだ、などという場合、つまりその時々の偶然性で物事が変化する場合と、然るべき時期がきて実がなってやがて枯れていく場合、子供を産んで年を取って衰えて死ぬ場合、つまりそれぞれの寿命を全うして生命が尽きる場合、などとの違いがはっきり意識されてくる。

その中で、ある程度の偶然性に左右されつつも（雨は例年より少なめだったけれども、全部が枯れるわけではなくて、少しは小麦も育った、など）、変わらないいつも通りの生育のあり方を見てとることもあったであろう。

そうした植物、動物の諸々の生きていくさまを見ていく中で、だんだんに偶然的な作用による変化ではない、いずれの植物にも動物にも見られる、確かなあり方が見て取れるようになっていく。およそ植物とはこういうふうに成長して育っていくものである、そういう性質を有するものである、動物とはこういうふうに育っていくものである、いずれの生きもののうちにも、自らを成長させていく生命力が宿っているのだという普遍性レベルの像が描けるようになっていく。そうすると、今度はその普遍性レベルの像から問いかけて個々の事実を見る、ないしは相手の出してくる見解を考えるようになっていく。それを繰り返していく中で、動植物についての普遍性レベルの像がしっかり定まってくると、それがいわば物差しとなって、そこからいろいろと（相手が出してくる）個別の事例についての判断ができるようになってくる、という流れになっていく。

アリストテレスの頭脳の中において、当初は混沌としてほとんど討論にもならないような段階から、しだいに何と何とが対立するのか、そしてそれはなぜなのかを明確にしていき、つまり議論を整序できる頭脳になっていき、相対立する見解を闘わせていく、闘論できるようになるまでの一連の過程が、アリストテレスの文章の背後に読み取れる。そして闘論の積み重ねでようやく、対象（ここでは自然全体）の持つ普遍性を捉えられる頭脳が創出されてくるのだということ、このことをこそ、我々はアリストテレスの原典から掬い取らなければならないのである。

おわりに

こうしたアリストテレスの討論、闘論を経て、当時なりの自然の概念を創出していく過程を考えていく中で、思い出されたことがある。それは何かと言えば、ヘーゲルの哲学史なり世界歴史についてのシュヴェーグラーの見解である。ヘーゲルは自らの説く哲学の歴史を、それまでの諸々の資料的な歴史書とは一線を画して、哲学の歴史の根底に貫かれる論理性を掴み、それを説こうと努めた。簡単には、精神が古代の幼い段階から思弁力を培う方向へと生成発展していき、やがて近代ゲルマンの段階に至って学の体系化へと向かっていく筋道を視て取ろうとしたのである。

しかしながらシュヴェーグラーはこうしたヘーゲルの説く歴史について、その著『西洋哲学史』の中で、「このような見地は原理としても正しくないし、歴史に照らしても維持されがたい」と批判している。その理由としては、歴史は「大体においては理性的な連関をなしているが、細かい点となると無数の偶然のたわむれ」であるからだとしているのである。彼は、ヘーゲルが視て取ろうとしていたところの、歴史の根底に貫かれる論理性と、個々の現象的事実とを一緒くたに同レベルで捉えてしまっており、次元の異なるものということが全く理解できていない。古代において、アリストテレスのいわんとした自然の論理性を全く理解できない人々と、このシュヴェーグラーの姿が全く重なって見えてきたことである。

あるいはまた、かの「個体発生は系統発生を繰り返す」との説を唱えたヘッケルもまた、ある意味ではこのシュヴェーグラーと同様に、ヘーゲルの論理的実力、思弁能力を継承しきれなかった一人であった。ヘッケルは、自らの打ち出したテーゼについて、ベアなどの現象的事実レベルの反駁にまともに答えられず、個体発生の持つ、そして系統発生に含まれる運動の論理を導き出す実力がつけられないままに、相手と同じ土俵で、自らの説く「初源型」の修正と二次的変異の導入という苦し紛れの答えを出すに終始するしかなかった（詳細は浅野昌充・悠季真理著『「生命の歴史」誕生の論理学』現代社を参照）。これなども、アリストテレスをなかなかに理解し得ない古代の論争相手の姿とまさに重なってくるように思えるのである。

こうしたヘーゲル以後の哲学研究、自然研究の歴史を振り返ってみても、あらためて、アリストテレスからカント、ヘーゲルへの学問の大道を押さえることなしには、アリストテレスの原典の意味するところも全く理解できないのだと思わされることである。

今回取り上げた、自然的事物を巡ってのいわゆる偶然性とか目的性についての議論というのは、文字通りの偶然性か目的性かといった議論として捉えて終わらせてはならない。ここで我々が理解しなければならないのは、後世にいわゆる目的論的自然観と称されるところのアリストテレスの自然（生命）についての見解は、根本的には、自然界全体の諸々の現象を総括していきながら、その根底に常にあるところの〝何か〟を見極めようとしていく、つまり論理化をし始めていく頭脳活動の現れとして捉え返さなければならないということである。

次回は引き続き、自然（生命）について、それの運動・変化とはいかなるものかを巡っての議論を取り上げていく。

（続）

5　出隆『哲学以前』を問う（五）

――哲学への道とは何かを知るために

西林　文子

目次

（1）新たな思いでの出立を志して

本稿は、哲学への道とはいかなるものかを分かるために、出隆の『哲学以前』（新潮社）を取り上げながら、私の思いや想いを説いてきたが、前回は図らずも初回からの本稿の全体を説き直す形で再出発したのであった。なぜならば、出隆の『哲学以前』を何度も何度も熟読し、そこで説かれている出隆の言葉の背後にある思いや想い（像）を描くために、出隆の研鑽過程の事実を問うていった過程で、少しずつどうにも腑に落ちないところがでてきてしまったからであった。

私は昔、『哲学以前』の冒頭の寓話には、単なる知識的な言葉の羅列ではなく、哲学とは何かを求めて分からない苦しみが詩的、文学的に表現されていて強烈に惹きつけられたのであるが、本稿のために、執筆後も繰り返し読み直すことになってみると、出隆が寓話として表現された中身がいったい何であるのか、すなわち哲学とは何かを希求して、何とか古代ギリシャ哲学まで遡っていくことになった過程であったこと、そしてなぜ遡ったのかを、驚いたことに出隆は最後の最後に至るも、全くと言ってよい程に論理的には説明していなかった（！）ことにようやく気づかされたのであった。そしてそのことによって、出隆がなぜ古代ギリシャ哲学にまで遡ることになったのかを、論理として説く努力をすることがなかったから、というより学問とは何か、論理とは何かを知らなかったからではないのかということが、少しずつ見えてきたのであった。

本来ならば、出隆は自身が哲学とは何かをヘーゲルのように論理レベルで学的に希求して、歴史に残る哲学者の生き様をふまえながら、そこから書物の中の記述を総合的に何とか本物の学問になるべく、すなわち古代ギリシャ哲学に行き着く過程を、なぜ古代ギリシャ哲学まで遡らなければならないのか（遡らなければならなかったのか）の理由を、「それは何か」と自ら真正面に問い返すことを繰り返し繰り返し、何となくでも答が見つかるまで問うことが大事だったのだと思う。そうすれば、その構造が「歴史そのものに尋ねること」であり、もっと言えば、自らが来た道を何回も何回も辿り返すことが弁証法の量質転化の過程であり、かつ、生成発展の構造であり、これこそが本来の哲学への道だと、何となくであっても分かっていったはずだと思えるのである。

さらに、以上の道を辿りながらさらに学び返すことが本来の哲学への道だと分かってくるようになれば、「昔ギリシャで哲学と呼ばれたものは、今日われわれが一般に科学或いは学問と呼ぶものとほとんど同じ範囲の知識の群を指していた……」と出隆はしっかり学んで知っていたのであるから、では、そこで「何から始めればよいのか」がまともに見えてきたはずなのにと思えたことである。

「何から始めればよいのか」ということで分かっておかなければならない大事なことが二つあると思う。一つはあらゆるコモンセンスの基礎となる知識、すなわち一般教養的な学習をきちんと修めるべき、ということである。なぜなら哲学は、端的には全世界に関わる学的知見をいわば掌に乗せるべく論理体系化することがまずの目標であるからである。そのためには社会科学、自然科学、精神科学の論理の修学が可能なための一般教養の実力をつけることである。端的には、カントの説く「啓蒙」の中身に加えるに、ヘーゲルの説く古代ギリシャ学者の修学の中身である。もう一つは、それをまともに実践することの中身である自然、社会、精神の発展を一般教養の実力化として学ぶ流れの中で、浮上してきた問題がなぜ問題となったのか、それが人類の発展にどのような意味を持っていたのかとの問題意識と自分なりの解決法を提出できていくことだと思う。

これは始めて見ればすぐに分かることであるが、大変なことなのである。しかし、そこが哲学への道の「始め」であることも、始めていけばこそ分かっていくことなのであろう。

では、なぜ出隆はカントの説く「啓蒙」に加えて、ヘーゲル的修学（古代ギリシャ学への学び）という一般教養的実力への努力をなそうとしなかったのだろうか。出隆は旧制高校時代にシュヴェーグラーの『西洋哲学史』を基本にして、西洋の哲学と言われている書物という書物をいわば手当たり次第に読んでいったことから、これは、もしかしたら知識欲の赴くままか、「読むべし」と説かれたからの読書だったのだろう。そう思えるのは、東京帝国大学哲学科で学んだカント哲学の「二律背反」や「物自体」についての出隆の理解はどうにも浅いように感じられるし、本物の学問であるヘーゲル哲学についてては理解しようとの努力はおろか、それ以前に感情的に毛嫌いしていることに驚かされたからであった。

少し厳しく説けば、出隆はカント哲学やヘーゲル哲学という歴史上に残っている哲学なるものを、自分が分からないまたは分かりたくない、という感情のままに（？）あっさり捨てたままの幼い実力だけで、古代ギリシャ哲学に遡ってしまったように思える。学問に必須であるカント哲学やヘーゲル哲学をしっかり学んだ上で古代ギリシャ哲学まで遡っていれば、出隆はカント哲学やヘーゲル哲学までの実力を借りて何とかそこ（古代ギリシャ哲学）へ辿り着くことが可能となって、そこからアリストテレスの実力を思い知ることになり、ヘーゲル同様の哲学への道を辿ることができたかもしれないと残念に思えたことである。

以上、前回までを今一度辿り返して、自分の実力向上を図ってみた。今回は、その再度の辿りの上で、「太古の森にさ迷い鳴き続ける一羽の梟」から辿り直してみたい。なぜなら、以前は『哲学以前』を学べば学ぶほど、寓話の中に出てくる「太古の森にさ迷い鳴き続ける一羽の梟」とはいったい何を意味するのかという、私の中で大きな謎となっていたことが、少しはもっと理解できようか（！）と思えるからである。

（2）出隆が説く「太古の森にさ迷い鳴き続ける梟」とは

まず「梟」について説かれている『哲学以前』の冒頭の比喩を引用する。

　初めに『道《みち》』があって、これをたどって知らず識らずここまで来たものらしい、がしかし今はその道も霧の彼方に包まれたのか。初めに『行《おこな》い』があって、それでここまで来たらしいが、今はそれさえ覚えていない。よほどの道をたどって来たらしい。色々の行いをやって来たらしい。美しい花の野や怖ろしい野獣の谷、静謐な沼湖や暗闇の森を経験してきたように思う。がそれらは夢の旅路であったろうか。『まこと』のこととは思われない。

　とにかく、空腹と疲労とを感じながら、心は今、深く太古の処女地に踏み入って淋しく迷いに迷っている。迷いの森、淋しさの曠野《こうや》を感じている。この感じこそは『まこと』のもののようである。この処女地の懐に抱かれたとき、初めて淋しさが淋しさを愛し、迷いを迷いが知った。この愛とこの知とは『まこと』のもののようである。――この処女地こそは一切の初めではあるまいか。ここから一歩を踏み出せはすまいか。

　しかし、このまことの『初め』とは何であるか、『何《なに》』とは何であるか。うるさくも執拗につきまとうこの『何』とは何か。――ここに処女地に来て初めてまことの初めがわかったように思われる。まことの初めは初めではなくて、むしろこの『何』そのものである。しかし『何』とは何か。そこに淋しさがあり迷いがある。否、淋しさが『何』であり、迷いが『何』である。しかし、『何』なる淋しさとは何か、『何』なる迷いとは何か。『何』は淋しさが淋しさを愛し、迷いが迷いを知ることではあるまいか。

　『何《なに》』は愛欲《あいよく》であり知欲《ちよく》である。『何《なに》』は一《いち》を二《に》とする者《もの》、統一《とういつ》を分裂《ぶんれつ》さす者《もの》である。愛する者と愛される者、知る者と知られる者、主観と客観、かかる分裂はこの『何』によって原因された。『何』の発動によって処女地に原人アダムとイヴが出現した。――処女地の森では、このことのある以前から一羽の「梟《ふくろう》」が鳴いていた。その声は彼方此方《かなたこなた》に迷い歩きつつ、静かな森や谷に淋しさを作っていたが、「梟」みずからはそれを聴《き》かなかった。愛欲知欲の木の実は彼の大きな眼の前にあったが、その美しさは彼に見えず彼をさそわなかった、彼の嘴《くちばし》はこれを喰ったが彼はその味も愛しも憎みもしなかった。彼の嘴は永遠にこの果実をついばみ彼の咽《のど》はこの森で限りなく鳴くであろう、しかし淋しさも迷いもなく鳴くことであろう。……自然の梟には淋しさも迷いもなかったが、植林以来開拓を進めた文化の地には、淋しさと迷いが運命づけられた。

ここで出隆が説いている「梟」がいったいいかなる意味を持っているのかが、私には何とも分かりようがなかったのである。それが本稿第三回での次の一文であった。

> 出隆は、古代ギリシャ哲学（太古の処女地）から始めればよいのだと信じはしたものの、ここから始まる道、すなわち、哲学を希求すべき道がいかに苦難の道であるのかということを心底感じさせられ、その思いを、罪を背負って生きることになった『創世記』のアダムとイヴに喩える。だが、この喩えはなんとも貧しいものである。梟は「愛欲知欲の木の実を」食べたがどうにもならなかった。しかし人間たる梟はそれ故に「淋しさ」と「迷い」が運命づけられたと表現し、その茫洋たる孤独感を表すその情景が、出隆の「太古の処女地」における心象風景であるように思えたのであった。
>
> ここに描かれている「梟」に関して知識として分かるのは、「梟」は古代ギリシャの知恵と学問と戦いの女神たるアテナの聖鳥であり、学問の神の象徴ということである。一方で分からないのは、出隆が説く自然鳥たる「梟」は、「淋しさも迷いもなく鳴くことであろう」と説いていることである。自然鳥たる「梟」自体どうして持ち出したのかである。

このようなことが私の疑問であった。有体には、出隆が自然鳥の「梟」を出した意味が私にはどうにも分からなかったのである。

私のアタマの中の「梟」は、ヘーゲルの『法の哲学』の中の「ミネルヴァのふくろうは、たそがれがやってくるとはじめて飛びはじめる」（ヘーゲル著、藤野渉・赤沢正敏訳『法の哲学』、「世界の名著44ヘーゲル」所収、中央公論社）という有名な一文から描いた「梟」そのものであった。ヘーゲルがここで説いている哲学は、時代時代という歴史の大きな流れを説くのであり、いかなる学問もその大きな流れの時代の末期、すなわち黄昏になってどうにか一つの大きな成果が出てくるのだ、ということである。ヘーゲルの説く学問という「ふくろう」は時代時代のそれなりの完結を意味しているのである。それ故に、そこから描いていた私のアタマの中の「梟」は、当然ながら自然鳥の梟ではない。だから出隆の人間に見立てまがいの梟は太古の森で「愛欲知欲の木の実」を食べて「淋しさ」と「迷い」を知ったとすることに、大きな違和感があったのである。だが、私はそれも無謀にもその「淋しさ」と「迷い」を知った人間の、その英智の象徴（喩えとして具現化させたもの）を、「太古の森をさ迷う梟」と思うことにしたのであった。

そう見立てることになった私の「梟」と違い、出隆の説く「梟」は「愛欲知欲の木の実は彼の大きな眼の前にあったが、その美しさは彼に見えず彼をさそわなかった、彼の嘴はこれを喰ったが彼はその味も愛しも憎みもしなかった」となすのである。つまり、自然鳥のような性質をもつ単純な梟そのものであった。このことに私は非常に困惑することになった。

「なぜ、学問の喩えである『梟』を自然鳥としたのだろうか、もっと言えば、出隆の『梟』の言葉の背後にある出隆のアタマの中は、いったいどのようなものだったのだろうか」と疑問が次第に大きくなってきたのである。

ここで私に思えたことは、出隆が自然鳥とした理由の一つは、『哲学以前』を刊行した頃の出隆はヘーゲルを学んではいなかったために、ギリシャの黄金のフクロウは知っていても、ヘーゲルの「ミネルヴァのふくろう」そのものを知らなかったのでは……ということである。これは『自伝』（出隆著作集7・8、勁草書房）などを読む限り、出隆が『哲学以前』を刊行する頃までに、まだヘーゲルの『法の哲学』は訳されていなかったと思えるからである。ただ、当時の出隆はヘーゲルの『法の哲学』の一文を知らなくても、古代ギリシャの太古の森に他の動物ではなく「梟」を持ち出しているから、古代ギリシャの「梟」が学問と戦いの神の象徴という意味は知っていたはずである。

（3）出隆が「太古の森にさ迷い鳴き続ける梟」に重ねた思いや想い（像）とは

では、出隆の「梟」の具体的な意義がヘーゲルの学問的な意味を持たないとするならば、出隆のアタマの中の「梟」はいったいどのような意味なのだろうかと、さらに疑問が湧いてきたのである。

出隆が説く「梟」は、文字としては文化としての「梟」ではなく自然鳥のようではある。すなわち「その声は彼方此方に迷い歩きつつ、静かな森や谷に淋しさを作っていたが、『梟』みずからはそれを聴かなかった」「彼の嘴は永遠にこの果実をついばみ彼の咽はこの森で限りなく鳴くであろう、しかし淋しさも迷いもなく鳴くことであろう」と出隆は記しているからである。だが、このあまりにも淋しい情景の記述に違和感を覚えたのは私だけではないはずである。ここをいくら読んでも単なる自然鳥には思えないからである。

それだけに、なおも読み返してみると、出隆は冒頭の「寓話」の後で「梟」について次のように説いていたのである。

知識を慕わなかった昔は、世界は楽しく美しく見えもしたのに。——しかしいまさら、さきの梟になれようか、少年の日に還りえようか。すべては消えて帰らぬ去年の雪ではないか。ことに、過ぎ去りしもの失せ逝《う》《ゆ》きしものが、より美しく思い出されるのが世の常である。梟には梟の苦しみがあろう、幼年者にも幼年者相応の悩みがある。梟を無欲無知と見るは見る者の見方であり、幼年者を無邪気と呼ぶは恐らく老い逝く者、忘れやすきものの粗雑に言い放つ形容詞にすぎまいと思う。しかし、苦悩の伴うは事実である。……

このように出隆は、「梟」と幼年者をいわば同じものとして、自らの学への苦悩と、自らの人生途上にジワジワと心が無上に傷ついた嘆きと併せて、これらの二つが同時に重なって襲ってきた時期の、逃げ場も逃げ様もない辛さを説いていたのに気づかされたのである。端的には「寓話」の中の「梟」の情景は自然鳥ではあるが、その梟の鳴き方がどうにもこうにも自分の学の停滞に泣く思いに思え、かつ、出隆のその思いは自分の幼子の病の苦しみを耐えがたく見ている自分の思いそのものとなしているのではないだろうかと思えたことであった。それだけに、「すべては消えて帰らぬ去年の雪ではないか。ことに、過ぎ去りしもの失せ逝きしもの」と説くしかなかったのであろう。そのように考えた時、今まで『哲学以前』の中で違和感を抱いていた二つのことが大きく浮上してきたのであった。一つは「改版の序」の内容であった。「改版の序」は次のようにある。

改版の序

はじめてこの書が出たときに、長女多実子は京橋の某病院に入院していて、私から絵本の説明をききながら仮名文字が一通りは読めるようになったものである。この子は、その後は全く丈夫に育って、この春からは女学校に通うほどになった。ところで、今度この書が新たに組みかえられて出ることにきまって間もなく、この子はその後、はじめて重症で牛込の島さんの病院に入院した。数日間の小康が続いていたときに、この組みかえの最初の校正刷がきたので、私はかつてのことを思い出して、最初の出版のときのことを、この子に話しなどした。それして病気でないなら校正もやらせるのにと思った。それなのに、病床につきそって私が校正などせねばならなかっただけでなく、校正が全部終わらないうちに、この子は逝った。

　私の名ではもはや生まれ出ないでよし生かしたくもないこの本は、今また再び生まれでようとしている、そして私たちと共に生きていてくれねばならないこの子は、どこか近いようで遠いような国に行って、なかなか帰りそうにない。私はこんな本を出したりなどすることをやめて、あの子をさがしに行きたい。へたをすると行き違いになるような気もするが、生きのこらねばならないのもつらい。

　この書にはこんな因縁話があり、この書については、こんな感じを私はもっている。しかし考えなおせば、次のように言うことも許せる。――恥ずかしいものをなおも世にさらけ出すを恥じるが、しかし恥じてはならない。「あの子」は私より先に進んだ、そうした人々にはこの書は無用である。しかし、まだあの子ほどにも進んでいない「多くの他の子」がのこっていようから、出さないわけにもゆかない。

　ちょうどその夜から四週間を経て、

　一九二九年六月二十日夜、小日向台にて　出　隆

（新潮社、旧漢字旧仮名遣いは適宜新漢字新仮名遣いに改めた）

私はこの「改版の序」を読んだ時、当然ながらの違和感を抱かざるを得なかった。なぜなら、一般的に「序」や「まえがき」は、どのような事情や目的でその書を出版することになったのか、あるいは、読者にどのように読んでほしいのかを本文の内容を簡単に示しながら説くものである。ところが、「改版の序」の内容が、改版当時の出隆のあまりにもの個人的心情のみであったからである。

　少なくとも『哲学以前』の初版の「序」には、その書を著すことになったいきさつが説かれていた。具体的には、当時のドイツの新カント派の学者の論文を「哲学とは何ぞや」と訳し、その訳書への反響や誤解に対する弁解の書として、哲学を教えるのではなく、その知り方（哲学すること）を示そうとする試みであること、また出版を勧められている「西洋哲学史」がまだ脱稿できないからこの書を出版するという理由が書かれており、初版の「序」は序文として確かに妥当だと思えるものである。念のために、しっかりと引用したい。

　この書は、後に来る人々の前に立っておこがましくも私の行った二つの講話に基づくものである。すなわち、

第一の論文は初め某宗教学校高等科学生に対し哲学概論を講ずるに当たり新生としての哲学的精神を与えんとして序説したものであり、第二のは先夏某地の思想問題講習会において人間の諸態度を説述した講演の要旨に基づくものである。今私が多少の閑を得てこれらの講話を修正増補しもって哲学の何ものなるかを知らんと欲する人々の要求を――その要求を改変することによって――満足させようと努めた微力の結果がこの書を成す二つの論文である。

この書は、それ故に、哲学に関する一つの著述であるが学術論文集ではない。むしろ――浅学な私には不適当なあるいは不遜なことではあるが――多少の教育的意義を加味した哲学入門書であり一般に入り易からんとする通俗書である。だが私は、たとい哲学の社会化民衆化をならば欲するにしてもその通俗化を欲する者ではない。しからばこの書の公刊は啓蒙運動ともいうべき通俗普及事業の一つではないのであろうか。

もし次の如き事実を実感《リアラーズ》しなかったならば、おそらく私はこの書の公刊を思い立ちなどしなかったであろう。すなわち、さきに私は、ヴィンデルバンド論文“was ist Philosophie”をそのまま『哲学とは何ぞや』と題して訳出したが、その公刊に際して予感した通りの反響が痛ましくも累々訳者の耳に入った。というのは、安価な小冊子としてしかもその表題を『哲学とは何ぞや』とするならば、それは『哲学早わかり』の別名とも解され易いから、殊に哲学に対する需要の多い現今のことであるから、結局、わが親愛なる同国語の読者――特に地方に住してただ表題と広告文とのみをもって書籍を選定よりほかに途なき気の毒な読書家――を裏切り欺くことになりはすまいかというにあった。この予感は、しかし遂に杞憂に終らなかった。結局それ故に、私は多くの読者を欺いたのではあるまいか。

ここに本書公刊の第一の最も主なる理由がある。要するにこの書は前の訳書に対する弁解の書である。「哲学はわからない、要するに哲学とは何ぞやである」と言った人々に対してこの言のある所以を指示すると共に、「哲学を今少し平明に知りたい」と願う人々に――あえて哲学を教えんとするのではなくて――その知り方（哲学すること＝Philosophieren）を示そうとする試みである。人は哲学を知る以前に哲学する仕方を学ばねばならない。だが今は之でやめよう、総ては本書の内容が読者諸君と協力することによって答えるであろうから。

終わりに、公刊については今一つの理由がある。それは出版書店主大村君に対する私の義務である。私はさきに私の専門とする哲学史の研究が遅々として進まないため、むしろ不完全ながらも、（出版ということにはげまされて）一つの西洋哲学史を編著しようと決心した。そして、すでにその以前から私に何かの著述を求めていた大村君にその出版を約したが、さて纏めようとすると種々の難問に逢着して今や到底自著脱稿の日の予測し難きを認めた。この書は破約に対する謝罪の一小部分である。

一九二二年　秋　　　著者

ところが「改版の序」の内容は、引用しているように突然的変化となっている。一言では、「改版」の校正の途中で長女を亡くし、「私はこんな本を出したりなどすることをやめて、あの子をさがしに行きたい。へたをすると行き違いになるような気もするが、生きのこらねばならないのもつらい」と深い悲しみと嘆きが記されているのである。この相違はいったいどういうこと、どうしてそうなったのだろうかを問われるべきである。

ここでまず『自伝』を見てみたい。この書の初版が刊行された時に長女は五歳であり、入院までしていたことから病弱だったことが分かる。その後、元気になったものの、改版の校正時に一三歳で亡くなった。また本書によると、「学校でバレー・ボールの球だかなんだかが胸にあたって二日ほど痛みを訴えていたが、それがためかどうか、急性肋膜炎で入院し、数日後、……息を引きとった」とも記されている。確かにバレー・ボールの球か何かが胸に当たって、肋骨を骨折したことから急性肋膜炎になったのは事実だったのかもしれない。だが、それだけの原因で健康な子が数日後に亡くなってしまうということが果たしてあるのだろうか。これは本当には知らず知らずのままに白血病や結核でも患っていたので、相当に身体は当然、心すらも大きく弱まっていたのではないか、と推測できよう。

以上の二つに分けられる諸々の事情を勘案してみると、「太古の森をさ迷う一羽の梟」に重ねた出隆の思いは、自らの学的研究の挫折が、当然ながら幼い長女の苦しみの姿と二重写しになったものではなかっただろうかと私には思えてきて仕方がなかったのであった。「その声は彼方此方に迷い歩きつつ、静かな森や谷に淋しさを作っていたが、『梟』みずからはそれを聴かなかった」という淋しさは、自らの学の悩みと病弱な、そして改版の時には亡くなった長女を二重に重ねているように思えて、何ともいたたまれない気がしてきたのであった。

それに『哲学以前』の中で、もう一つ気になっていた一文があった。初版本では、通常「献辞」が書かれる本の最初のページに記された一文である。献辞とは通常「……に捧ぐ」などと、家族や著者がその書を読んでほしいという人物、あるいは、昔であるならばデカルトやカントならば君主や貴族の名などを挙げるのが普通である。そのような冒頭の一ページに、なんと出隆は次のような恐い一文を記していたのである。

　この書を、真に哲学せんとして旅立つ者への門火《かどび》とする、彼の亡霊が再びさ迷い帰らざらんがために――。

　この一文を読んだ時、「彼の亡霊」という言葉がどうにも分からなかったのである。出隆が『哲学以前』という書を、真に哲学せんとして旅立つ者が出発する門火にしたいというのが、どうにも不明であった。門火とは死者への火であり、亡霊がさ迷わないための灯である。どうして門火が哲学への道へ旅立つ者へのものとして用いられているのか、である。それだけに私は「彼の亡霊」について、哲学への道を歩こうとすると必ず「哲学とはいったい何なのか」という疑問が生じ、その疑問が解けない苦しみを「彼の亡霊」と文学的に表現したのではないかとだけ思っていたのだが、実はこれも思うだけで具体的にはよく分からなかったと言ってよい。なぜなら、「彼の亡霊」がもし「哲学とは何かが分からない苦しみ」であるなら、『哲学以前』は「哲学とは何か」という問いには答えてくれていないので、「再びさ迷い帰らざらんがために」とはならないのだ、とのレベルで捉えていたからである。

　何回となく繰り返し辿り返した現在では、出隆が再びさ迷い帰らないようにしたい「彼の亡霊」とはいったい何のことなのだろうか、しかも通常、誰か個人の名を挙げて記すような最初の一ページに、なぜ「亡霊」などと記したのだろうかが、次第に鮮明になりつつある。それは以下である。

　このような疑問を抱いて「改版の序」をまじめに読み直してみると、「彼の亡霊」がどうにも「太古の森でさ迷い鳴いている一羽の梟」と重なってきてしまうことになる。つまり、出隆の「彼の亡霊」の思いや想い（像）は病弱な、早くに亡くなってしまった長女であり、この最初の一ページの一文はいわば長女の魂と、それに加えるに自らの哲学への魂的断念への鎮魂のように思えてきたのである。

　このように説くと、『自伝』にもそんなことは記されていないと言う人がいるだろう。しかしながら、自伝というものを読む時には、気をつけなければならないことがある。それは、『自伝』でも著者がすべて本当のことを書いているとは限らないということである。なぜなら、本当に人に言いたくないことは自伝としては書かないものである。本当に人に知られたくないことは語らないというのは、誰しも経験があると思う。ましてや公の本になるのなら、なおさらである。つまり、本当に語りたくないことは『自伝』でも書いていないと思って読まないと、本当のことが見えてこないと思うのである。そこを見てとっていくには、全体の筋道を通していくことであり、全体の筋道を通していってこそ書かれていないことが見えてくるということである。

（4）学問への道を歩いていくための修学の努力とは

このように説いてくると、次のような疑問を抱く人がいるかもしれない。「出隆が公であるはずの『改版の序』に亡くなった長女への深い嘆きと悲しみを切々と説き、長女への思いを『深い森にさ迷い鳴き続ける一羽の梟』に込め、『彼の亡霊』として鎮魂の意味を込めたというのは、それほど長女への思いが強かったということであり、その心情は分かる気がするが、それをなぜ取り上げるのか、そのことが何か問題なのか」との疑問である。ここはすでに説いておいた。

すなわち、長女の夭折と自身の哲学への道の諦めというか、自らの哲学への実力の幼さとの二重写しそのものを、亡霊という言語で表現していると、とるべきなのである。

なぜなら学問というより哲学への道は、心情的には断崖絶壁を素手でよじ登っていくような、どうにもならない情けないことだからである。事実的に言えば、哲学への道は既存の知識を書き連ねたり、自分勝手な解釈を書いたり、単に事実を挙げることでもなく、先に説いたように、カントの「啓蒙」、ヘーゲルの古代ギリシャへの学びを論理として捉え返していく努力そのものだからである。これは十年、二十年では不可能である。もしかしたら、それでもまともに実力がつかないことを思い知らされる年月の連続と言ってよいものがある。

それでも実子を亡くした出隆に対して残酷な物言いだと非難する人がいるかもしれないが、出隆の学問への道を歩くための修学の努力に関して疑問を抱くことが戦後にもあったからである。第二次世界大戦の後、観念論者であった出隆は唯物論者に転向した。出隆は戦後、日本共産党に入党した後に記した「唯物論者になるまで」

（出隆著作集4『パンセ』所収、勁草書房）の中で、次のように説いている。

私は戦争の始まる頃から哲学というものに疑いをもち、また人から哲学者とみられるのがいやだったのですが、さらに哲学というものが戦争中にいかに無用なものであるか、またはいかに勝手に戦争の太鼓に使われるものであるかをみて、全く自分の職としている哲学というものがいやになっていたのです。

ここでは、哲学が戦争中に無用なものであったことを思い知って哲学がいやになったように確かに説いているが、「哲学というものが戦争中にいかに無用なものであるか」という言葉の背後にある出隆の思いや想い（像）は一体何だったのだろうか、と大きく疑問に思わされたのである。

そしてもう一つは通常、観念論者から唯物論者への転換はありえないことである。だが、そのありえない程のことを出隆は実行していったのである。これは学者としては死そのものであるが、そのことをさせるほどの何かが戦争中にあったのではないかということである。そこで思い至ったことは、出隆の長男が二五歳の東京帝国大学在学中に「学徒出陣」で満州に送られて、戦病死したことであった。将来を期待していた長男が、戦争によってその命を奪われたのであった。そのことが観念論者から唯物論者へと転換させた大本の要因のように思えるのである。理由は、長女の夭折で哲学をいわば断念しえた事実があるからである。

このように説くと、そんな思いや想いはどこにも説かれていないと言われるかもしれないが、それも先程説いたように、本当に言いたくない個人的感情は『自伝』などでもあまり書かないということである。しかし戦後出隆は、ある教育復興学生決起集会で次のように学生に訴えていた（「学生諸君に訴う」出隆著作集3『エッセー』所収、勁草書房）。

もし、わずか数年前に、今日見られるほどの学生諸君が団結ケッ起して、戦争はいやだ！　と叫ばれたなら、あの侵略戦争は防止されたに相違ない。「むざむざ犬死するのはいやだ！」というのは利己主義の声だ、亡国民の声だとおどしつけられ、沈黙させられて、諸君や諸君の先輩は戦争にかり立てられた。……

第二次世界大戦当時、学生たちが団結決起して「戦争はいやだ！」と叫んでいたならば戦争は避けられたなどと、その時代に生きた出隆が本気で思っていたわけではないと想う。私にはこの言葉は、多くの若人が戦争で命を落とすことを阻止できなかったこと、もっと言えば長男を戦争で亡くしたことへの深い悲しみと悔恨からほとばしりでた言葉でしかないように思えるのである。

説いてきたように、『哲学以前』の寓話の中の「梟」の情景は、私にとって『哲学以前』における最大の謎であった。今回、その言葉の背後にある出隆の辛い思いや想い（像）がようやく見えてきたと説いてよい気がしている。

　想い起せば二十年以上前に『武道と弁証法の理論』（南郷継正著、三一書房）で、『哲学以前』は「哲学とは何か」を分かるヒントが与えられており、さらには、「哲学がいかなるものであるか、の解答のほとんどがある」と説かれていたにもかかわらず、その意味するところが全く分からず愕然とした私であったが、年月を経てもう一度私なりに真正面から取り組んでみたことにより、少しその意味するところが見えてきたように思え、今回でようやく何とかその「解答」が意味している全貌に到達した気がしている。よって、今回で「出隆『哲学以前』を問う——哲学への道とは何かを知るために」を終わりとしたい。

（了）

6　学問への扉から学問への道を『〃夢〃講義』に学ぶ（四）

北條　亮

(1)

前回の後輩との『〃夢〃講義』の勉強会では、私の『〃夢〃講義』の学び方を追体験してもらい、自分の学び方の違いを実感してもらいました。そして勉強会の最後に、私はあえて次の課題を出しませんでした。それは、私のアタマの追体験を後輩が自主的に何を勉強してくるか知りたかったからです。すると見事に（?）私が予想していたこととは全く別のことを勉強してきたので、それはそれで面白いと思い、後輩のその勉強してきた内容とそれに対する「思い」を傾聴しました。

実際に後輩が何を勉強してきたかというと、『〃夢〃講義』の一言一言をじっくり丁寧に読むことがワクワクして楽しくなり、次に進んで『〃夢〃講義（5）』を読んだそうです。私は「ほう、先へ進んだか……」と思いながらも、喜々として話す後輩の姿をなんとなく見ていました。後輩の話は次のようなことでした。『〃夢〃講義（5）』の「第一編　認識的「技」の論理の過程的構造を説く　第一章「〃夢〃講義」の学びによる認識の重層化の構造　第二節「〃夢〃講義」連載の意義と書物の意義　第三節「連載」による認識の形成――弁証法の三法則の多重の連関とその構造」を読んでた、とのことでした。そしてしめくくりとして後輩は次のように話しました。

自分はこれまであまりにも自分勝手に『〃夢〃講義』を読んできていることが前回分かり、ここの章に登場するAさん、Bさん、Cさんのそれぞれの読み方を読んで、ああ自分はまさにAさんだったと思いました。18ページに次のようにあります。「①Aさんは自我が強烈なあまり、『連載』の認識を自分の認識の中に自分流に取りいれて合体させてしまいます。②Bさんは、本当かなと思いつつ、でもそうかもしれないとして自分に合体させます。そして③Cさんは『そうなのだ！』と信じて自分の認識を大きく揺るがせてしまいます。」ここを読んで、Aさんはまさに自分だ、と心にぐさりと刺さりました。

後輩が自分の思いの丈を一通り話し終えたあと、私は「実感するのはとても大事なこと。『〝夢〟講義』を読んで自分のことで分かっていけるようになって素晴らしい」と前回からの学びの労をねぎらったところで、「では、私は前回の勉強会のあと、どこを勉強したと思う？」と聞いてみました。すると後輩は「『武道哲学講義』（南郷継正、現代社白鳳選書）ですか？　『武道哲学　著作・講義全集』（南郷継正、現代社）ですか？」と聞き返しました。「いいや、私は『〝夢〟講義（4）』のあと、『〝夢〟講義（2）』に戻った」と答えました。すると後輩はまた目を丸くして固まってしまったので、私が『〝夢〟講義（2）』に戻って勉強したその理由を、アタマの中の像の展開として説明しました。

「そもそも『〝夢〟講義（4）』で私たちが勉強したところは、『読者からの『〝夢〟講義（2）』の内容に対する質問』に答えている内容でしょう。だから私は今一度、『〝夢〟講義（2）』に戻って、『〝夢〟講義（2）』を読み直した」と言って、『〝夢〟講義（2）』を一緒に見ていきました。「第一編　初学者に説く『弁証法とはなにか』　第一章『弁証法とはなにか』を弁証法的に説く　第一節弁証法とはなにか　第二節　弁証法の対象は世界全体（森羅万象）である　第三節　弁証法の起源は古代ギリシャの学問形成過程にある」まずはここまでを一文一文丁寧に追っていき、弁証法ができあがってくる過程的構造が説かれている所など特に熱をこめて読みあわせていきました。そして私が「こんなレベルで弁証法が説かれているけれど、これは『〝夢〟講義（2）』だよ、第二巻ですでにこのレベルの内容で弁証法が説かれていたんだよ！」と興奮気味に話すと、後輩は大きな大きなため息を何度もついていました。それは言葉にできない色々な思いがアタマの中でぐるぐるしているようで何も答えられないと思うような沈黙でした。

そして私は続けて「第一節から第三節まで通して読ん

でみて、この『章』の題名が「『弁証法とはなにか』を説く」ではなく、「『弁証法とはなにか』を弁証法的に説く」とあえて「弁証法的に」と書かれている凄さ、分かる?」と聞くと、「ああ本当に！　弁証法の歴史が説かれ、弁証法の誕生の過程が説かれ……弁証法的、確かに弁証法的です！」と感動しているように見えました。

「文字だけで読んでいたら全く分からなかった……像を描くと弁証法的、歴史的、過程的……文字は違っていても全部『同じ』と思うことができます」とも言っていました。

その後、せっかく後輩が『〝夢〟講義（5）』に目を通してきたというので、その箇所を一緒に読みました。そこでも、Aさん、Bさん、Cさんは確かに登場しているのですが、ここでの本当のポイントは「連載」と「書物」の構造についてと、弁証法の三法則についての関係だったので、それについて順次説明しました。

「まず、第三節の中にある『以上が、第四巻の弁証法の問題への簡単な解答です』という文章があるけれど、これは『〝夢〟講義（4）』のどこに当たる部分?」と私が質問すると、後輩は「えっ…?　あ…どこ?　どこですか……。何となく第四巻全部かと思っていました」と答えました。私は、「私はここに自分で該当ページを書き込んでいるよ。244ページだよ」というと、後輩は慌てて『〝夢〟講義（4）』を取り出しそのページをめくりました。そしてその少し前の242ページ「第六編　弁証法の過程的構造を説く　第三章　上達への過程的構造を説く　第一節　体系化された書物と認識との相互浸透による学びの重層構造化とは」の所を丁寧に読んでいきました。

そこでは「連載文」と「一冊として合成された書物となった小論（連載の一つ一つ）」を読む読者の認識の違いが説かれ、連載文はモザイク的認識として合成されかねないが、その号その号によって重点がしっかり説かれている、一方書物となった小論は必ず立体的に構成されたものになっていて、読者の認識もその書物によって直接に立体化されている自分の実力となる、よりよい方法は、連載分を毎号毎号しっかりと読み続けて力を養い、その養った力によって一冊の書物となったものをより立体性を持ってモノにできる成果を得ること、と説かれています。

問題は、その次の文章です。

さてここで、弁証法の三法則がどうからんできているのかを読者のみなさんは考えてみませんか。ここは難しくいえば、弁証法で説くところの「量質転化」と「相互浸透」と「否定の否定」の三重の関連かつその構造の問題となります。もっとも、そんな難しいことを！と思うみなさんは、ここはやらなくてもあまり損はしません。以上で、今回の本論は終わりです。

後輩とここの文章を読んだとき、後輩は「全く気づかなかったです。読んだはずなのに。しかも4巻には答が書かれていなかった……」と言いました。そして私が「そこで『〃夢〃講義（5）』の先程の『題名』をよく読んで。『第三節「連載」による認識の形成――弁証法の三法則の多重の連関とその構造』。ほら、これはまさに『〃夢〃講義（4）』の『答え』でしょう」と話すと、後輩は「まただ……ああ題名すらきちんと読んでいませんでした……」と唖然としていました。

そして私は『〃夢〃講義（5）』20ページを指さして「『連載一回』だけでも、量質転化の構造及び過程が、簡単ながらでも以上に説いたようなものになります。それだけに、これに『連載二回』、それにまた『連載三回』が加わるとなると、その量質転化の構造は当然のこと、過程すらが過程性を把持することになるから大変です。でも、ここの構造及び過程を過程性をもって説くことができてこそ、真の『弁証法』であり、かつ『弁証法的認識論』となっていくのだと分かってほしいものです」と、ここに答があることを示しました。そして私はいつものように「ほら、『〃夢〃講義』の読み方が雑」と言いました。

私は、ここでさらに気づくことになりました。それは私のこの『〃夢〃講義』の読み方と後輩の『〃夢〃講義』の読み方の違いこそ、まさに『〃夢〃講義』を書物として体系的に読むか、一節一節を連載分レベルで読むかの違いだということでそして後輩に、「だから私は常に、『〃夢〃講義』を勉強するとき、『〃夢〃講義』の全目次を書き出した紙を目の前において、その日勉強するところを全体の中の一部と位置づけてきた、とはじめに言ったでしょう」と付け加えての説明をすることになりました。

（2）

『〃夢〃講義（5）』の「第一編　認識的『技』の論理の過程的構造を説く　第一章『〃夢〃講義』の学びによる認

識の重層化の構造　第四節　頭脳の働きを見事に――『〃夢〃講義』の学びを」において、南郷先生は『〃夢〃講義（1）』の「まえがき」を引用されます。そこでは、「本書の冒頭にあたって読者の志（〃夢〃）の問題として、次の「いわゆる小論」を読み直してもらいたい。これは『〃夢〃講義』第一巻の「まえがき」そのものである。ここにはみなさんのこれからの人生にとって、とても大事なことを説いている」と述べられます。なぜここで『〃夢〃講義（1）』の「まえがき」の引用なのか、を考えながら今一度丁寧に読み返しました。

以下に要約しました。

> この『〃夢〃講義』は、若いまだ青春真っ盛りのみなさんに、ぜひとも読んでもらいたい内容が全頁にわたって説いてある。
>
> 端的には、青春時代でなければ学べない（本当の大人になってしまってからではどうにもならない）学びたいと願ってもどうにも学ぶことができなくなってしまう問題についてしっかり説いてある。簡単には、青春時代のみなさんの頭脳の働きをより見事にするための学び方について、他のどんな著作にも説かれたことのない部分を中心に詳しく説いてある。
>
> 頭脳の働きとは、易しくはアタマとココロの働きであり、難しくいえば頭脳活動のこと、これについて学問的・理論的に、つまり体系的にはまだ、きちんと説いた書物はもちろん、青春時代の若い人たちに向けての体系的な書物とて歴史上に存在したことがない。
>
> そこで南郷先生が青春時代に悩みに悩んだアタマとココロの問題を理論的・体系的に説くことにより、若い世代のみなさんが自分たちの人生問題、社会問題であまり悩むことなく問題を解決して生きていけるような能力（頭脳活動）を育てていってほしいと願っての本書の出版である。自分の問題より他人の問題により深く関わっていく看護学科・心理学科の学生たちに大きく的をしぼっての展開となる。また副題に「看護と武道の認識論」とあるのは、南郷先生が武道家として50年以上も武道・武術の指導に明け暮れたことにより、大きく「アタマとココロ」の問題が解けるようになったこと、看護のアタマとココロの養成が、武道・武術のアタマとココロの養成と大きく類似している部分に目をつけ、武道への道を志す若い人たちに向けての書物ともしたかったからである。

〃夢〃講義とありながらそれが頭脳活動＝アタマとココロの働きなのか、それが認識論となるのか。

学問の歴史上、学問の中の学問とされる哲学の大きな柱の一つに、「頭脳活動とは何か」を扱う部門があり、その部門を学問的に古くから認識論と称していた。頭脳の働きは古くは「アタマの働き」であるとだけ考えられてしまう傾向があり哲学の大きな柱である認識論も「アタマの働き」を中心に究明されてきた。しかし究明がすすむにつれ、人間はアタマだけではなくココロでも育つから、ココロの部分が欠けていては人間性というものの理解が難しくなってくるということがしだいに分かってくる。そこで、このニッチとして心理学が誕生したが、心理学はココロの究明ばかりに走ったので、これだけでやはりアタマの問題が大半を占める頭脳の働きを理解することは無理だった。それだけにお互いが歩み寄ることが求められるが、学問としての認識論を学ぶ人たちの頭の古さから、事実レベルから一歩も踏み出せない心理学の幼さから、現在でも共存はかなわず、互いを無視するしかない状態なのである。

以上が頭脳活動＝頭脳の働きを研究する学問を認識論と称する理由であり、旧来の認識論ではココロをまともに扱えないだけに、現在はまだココロの問題は心理学的レベルの実力として把持しなければならない理由である。

頭脳活動＝頭脳の働きと夢の関係について。結論からいうと、そもそも夢とは脳自体の生理的な一つの運動が創出するものである。ここで脳自体の働きとしないのは、夢は脳自体の働きというより、脳自体が〝働かされ〟た結果といった方が正解だからである。詳しくは本論で展開する。

この夢なるものは、頭脳活動の中のココロの働きが主に関わる。本書は易しく説いてあるが学問レベル以下ではけっしてない。世界のいかなる学者の夢講義よりも学問レベルをしっかり保っていくためにまずは基本的な事柄をしっかりふまえることから始まることになる。

読者のみなさんは、本書を学ぶことによって、夢の活動はもちろん頭脳活動＝頭脳の働きの世界的レベルを学びとることになることを約束しておく。

何度も丁寧に読み返したのですが、結局の所、私にはなぜこの『〝夢〟講義（5）』第一編第一章の中で『〝夢〟講義（1）』のまえがきの引用がなされたのか、その意図が分からぬままでした。しかし、その先に何かヒントがあるかもしれないと思い、読み進めることにしました。

（3）

もやもやした気持ちを抱えながら、私は『〝夢〟講義（5）』「第二編　弁証法性の学びの過程的構造を説く　第二章『〝夢〟講義』の論理展開の構造に学ぶ　第三節『〝夢〟講義』全三巻に何を学ぶか――ある読者の論評文」を読みました。

題名に出てくるこの読者である大学医学部の先生の小論・論評は、「南郷先生の『〝夢〟講義』をしっかり読みとるためのダイジェスト的解説でもある」と書かれてありましたので、今一度、『〝夢〟講義（1）〜（3）』を、この論評に沿って学び直しました。すると以前に南郷先生からご指導いただいたまま、ずっとどういうことか分からずにいた「『〝夢〟講義』から降りないといけない」ということが、もしかしたらこういうことなのかな、と思うに至りました。それは、私がこの論評を素直に読み、そこで引用されている『〝夢〟講義（1）〜（3）』の本の中の該当箇所をそれぞれ見比べながら読み進めていたときのことでした。

論評の「〔2〕『〝夢〟講義』第一〜三巻の体系的構成を概観する」の所で、第一巻の「まえがき」の引用、そして第一巻の内容については第二巻の「あとがき」から引用され、つづいて第一巻の「目次」が引用されています。

第一巻の内容について、第二巻の「あとがき」にあるように、「読者のみなさんの『頭脳の働き』をより見事にしてもらうための学びとして、『第一巻』には認識論の基本について説いておきました。なぜ認識論なのかは、『頭脳の働き』すなわち『アタマ』と『ココロ』の働きを学問レベルで研究するものが認識論という名の学問だからです」と説かれています。

次に「目次」の詳細について引用された後、この論評の先生は次のように述べられています。

「このようにしてざっと目次から拾ってみると、認識論の基本について、南郷継正は恩師としてきた三浦つとむの『認識と言語の理論』（勁草書房）を念頭に置きながら説いていることが、およその内容として分かる。そして『あとがき』では『認識と言語の理論』で三浦つとむが説こうとしたはずの、核心の部分が引用されている（第一巻では引用のみで、その内容については第二巻、第三巻で展開されることになる）。」

ここを読んだとき、私はこれまで何度も『〝夢〟講義』を読んできたつもりでいましたが、今までの私の学びですっぽり抜け落ちていた所に気づきました。

それこそ「三浦つとむの認識論の学び」です。南郷先生が歩んでこられた道を再措定して歩み返しているつもりでいましたが、一番の基本であるこの三浦つとむの大事な学び、弁証法ともう一つ、認識論の学びが、私にはすっぽり抜け落ちていたのです。『認識と言語の理論』は「言語」の所で『〝夢〟講義』の中でたびたび引用されていたので私は「知っていた」はずですのに、ここを「考えた」ことはあっても「思う・考える」ことは唯の一度もしていないことに今、気づきました。「ああ、こういう風に自分勝手に学んでしまっているんだ」と改めて反省しました。

これまで三浦つとむの『弁証法はどういう科学か』は基本書として、知識の習得と実践と、真剣に取り組んできました。しかし、『認識と言語の理論』についてはどうでしょうか。単に「書物にその内容を学ぶ」という意味ではなく、私の中での学びの過程における位置づけ、という意味で、全く真剣に学んでいませんでした。私は今回、論評の先生に導かれて改めて『〝夢〟講義（1）』の「あとがき」を読んだ時、本当に自分のアタマを金槌で殴られたような衝撃を受けました。

少し長くなりますが、大事なところなので引用します。

私の「アタマとココロ」の研究は五十年以上の実践があると説きましたが、これには大変な努力の積み重ねを必要としたものでした。この研究を始めた頃の私には、夢の問題については参考にしたいと思っても、できるものといえば、フロイトの「夢論」だけだったと思います。でも私は、フロイトだけはとうてい読む気になれませんでした。若い頃の私には失礼なことに、なにか、彼は精神病を患っているような、そんな思いにさせられたものですから……。

しかしやがて、恩師と仰ぐことになる（私淑としてでしたが）著作に出会える日がやってきたのです。ある日偶然に立ちよった大塚駅（東京）の脇の小さな書店で、その本はまるで私を誘っているかのように、大きく引きよせてくれたのです。それが発刊されたばかりの『認識と言語の理論（第一部）』（前出）でした。

この著作は私に大いなる勇気を与えてくれることになり、その後の研究はそんなに苦しいものとはなりませんでした。その著作のなかで、恩師となる三浦つとむは次のように夢のことを説いてくれていました。

「夢とよばれるものは、健康な正常の人間の生活の中で必ずあらわれてくる所の精神現象であって、夢を見ることそれ自体は何ら病的ではない。しかも夢には、はなはだ不合理な・妄想と呼ぶのがふさわしいような・奇妙な存在や事件があらわれてくる。われわれは経験でこのことをよく知っているから、どんなに奇妙な夢の話を聞かされたときも、その夢を見た人間を精神異常だなどとは思わない。夢は、こういうものを見たいと望んでも見られるとは限らないし、また、こういうものは見たくないと望んでも見せられてしまうという点で、自分の自由にならぬ精神現象である。どの点から見ても、夢は精神現象の中の例外的な存在であるといわなければならない。」

「それゆえ、この自覚してみる夢とねむって見る夢との関係を無視し、中間項をとびこえて、夢と現実の世界の忠実な反映とを直結する発想は、それが唯物論の立場に立とうと不可知論的であろうと混乱をひきおこさずにはすまないのである。」

恩師と仰ぐことになるこの三浦つとむの文言は、私の研究心を大きく大きく刺激してくれることになったのでした。とはいっても、このころの私は夢を中心にすえていたわけではありません。当時の私には、なんといってもやはり弁証法が第一で、認識論がその次でしたから……。

そうする流れのなかで、月日は春秋をくり返し訪れさせてくれていき、私の「アタマとココロ」の研究はいつしか頭脳活動の研究へと大きく学問化することになっていきました。これにも恩師となっていった三浦つとむのお陰があったことは当然のことです。

というより恩師の弁証法の学びを抜きにしては、まともな学問への出発は精神的に不可能だったといえます。もちろん、学問の道は当然に、もう一人の恩師である滝村隆一抜きではありえなかったことも事実です。

こんなにも、こんなにも南郷先生の「熱い思い」のつまった文章……。今の今まで気づくことがなかった自分に驚かされます。どんなに素直なつもりでも、絶対に問いかけ的になってしまう人間の認識の必然性を感じずにはいられません。このような自分にかなりのショックを受けましたが、それと同時に、「あ、これが『〝夢〟講義』から降りていくことなのではないか?」と思いました。

(4)

この頃になって、南郷先生は「ようやく『〝夢〟講義』をまともに読み始めることができたな」とおっしゃいました。しかし私には、今までの『〝夢〟講義』の学び方と、このレポートでの学び方の違いが分からず、どういうことかをお聞きしたところ、「これまでみたいに一つ一つ要約していくのもいいが……一番大事なことはまえがきとあとがきにあるんだ」とおっしゃいました。私は、「そうか、うん、確かにそうだな……」と思いましたが、その日の晩から、では具体的にどのように学んでいけば良いか分からなくなってしまい、つい昨日まで、『〝夢〟講義』の一節ごとに要約していたものを一旦中止することとは決意しました。しかしその後どうしようか、どう学ぼうか、と数日間思いを巡らせていました。「どうしようかな、どうしたらいいのかな」と思いながら外を歩いていました。歩きながら、「とにかく歩みをとめたらダメだ、とりあえず読み続けよう。悩んでいないでとにかく読み続けよう」と思い、今までのように筆写するレベルで読み込みを続けました。すると『〃夢〃講義（5）』「第三編『技の創出』の過程的構造を説く　第二章　技の創出における弁証法性を説く　第三節　弁証法の学びの多重性・多重構造——繰り返し学ぶことの意義とは」で次のようにありました。

「弁証法の学びは何回繰り返しても、しすぎるということはないのです。」「繰り返せば繰り返すことが多いほどに上達する（相互浸透による量質転化が進む）、その結果として頭脳の働き、すなわち理論レベルでの頭脳活動がきちんとよくなっていくものだからです。」

「弁証法の学びの大切な点は、復習また復習としての、繰り返しを嫌がらない、怠ることをしないということです。それも、同じレベルでの、です。」

「弁証法の学びは、……必ず自分の手と足とで現実の世界の中で実際に動いてみるしか方法はないのです。」

「弁証法の学びは、現実の手と足とで分かった出来事を、すなわち事実として分かったことをふまえながら、その事実の性質を見てとることであり、そして見てとった事実の性質を変化性、すなわち運動性において思惟する、深く考えてみることが大切なのです。繰り返しますが、弁証法とは事実そのものを直接に見てとることのみではなく、そこをふまえながら、その事実の変化（運動）のあり方の性質一般を見てとることにこそあるのです。

端的には弁証法とは、変化を見てとるのではなくて、変化性すなわち変化している性質を見てとることにあるのです。運動性とは運動の性質であり、『どんな運動の性質を持っているのか』であり、かつ、『どんな性質を持った運動をしているのか』なのです。

それだけに、この変化とか運動をみてとるのはそう難しくはないのですが、しかし、弁証法で見てとるのはこの現象面での変化とか運動とかではないだけに、とても難しいことになります。もちろん当然のことながらこれは最初は、性質が見えるわけもなく、見てとれるわけでもないのですから。当初何が見えるのかといえば当然に『変化しています』『運動しています』という事実が見えるだけです。

とはいうものの、これすら初心者には難しいものといってよいでしょう。だから最初に大事なことは、まず、その変化を見てとれるようになることであり、その運動を見てとれるようになることです。

こんな小さな『繰り返しの上の繰り返し』を飽きることなく（どんなに飽きても）続けていくことが弁証法のいわゆる達人（専門家）になる唯一の方法です。」

ここを読んで、南郷先生が私に、「ようやく『〃夢〃講義』をまともに読み始めることができたな」とおっしゃった意味と、今後の学び方について、また、『〝夢〟講義(5)』の「第一編　第一章『〝夢〟講義』の学びによる認識の重層化の構造　第四節　頭脳の働きを見事に――『〝夢〟講義』の学びを」で『〝夢〟講義(1)』の「まえがき」が引用された理由が私なりに見えてきたように思いました。

「弁証法とは事実そのものを直接に見てとることのみではなく、そこをふまえながら、その事実の変化（運動）のあり方の性質一般を見てとることにこそある」
「当初何が見えるのかといえば当然に……事実が見えるだけ」
「これすら初心者には難しい……。だから最初に大事なことは、まず、その変化を見てとれるようになることであり、その運動を見てとれるようになること」

つまり、『〝夢〟講義』に書かれているこの「弁証法の学び方」をこのまま「『〝夢〟講義』の学び方」として読んでみると、当初は、一つ一つ筆写や要約することによって、『〝夢〟講義』に書かれている「事実」を読みとることが大事、というか初心者はそれしかできない。しかし次の段階では、『〝夢〟講義』の「論理（構造）」を見てとれるようになることが求められるのだと思いました。

それが今回、『〝夢〟講義(1)』のまえがきとあとがきを読んだことで、はじめて見えてきた、三浦つとむの『認識と言語の理論』と『〝夢〟講義』のつながり、それがあるのだということを実感した、つまり事実レベルで見えたというレベルだと分かりました。ですから私の学びの次の段階としては、三浦つとむから南郷先生の『〝夢〟講義』にいたる発展の過程を含む『〝夢〟講義』の「論理（構造）」を見てとれるような、そのような毎日の学びをしていくことなのではないかと、私なりに思うに至りました。この学びを続けていき、後輩への指導も続けていきたいと思う今日この頃です。

（この項終）

7 「医学原論」講義（十六）
――時代が求める医学の復権

瀬江千史

目次

(一) これまでの要旨

本講義は、医学が対象とするあらゆる事実を、論理化し、理論化し、体系化した「医学体系」とはいかなるものであるのかを、その構築過程をも含めて論じてきている。前回は、医学体系の中で最も重要と言ってもよく、またその構築に長い年月を費やして労苦を重ねた理論である、「病態論」の構造論について説き始めたところであった。

ここで目次を眺められれば分かる通りに、本論文の前回までの用語を少々訂正したい。理由は、概念についての論理構造の発展が、それなりに果たされてきたからである。それゆえ用語を、少し変えることにした。具体的には「病態論の構造論」を、「病態論の構造の論理」として いることである。これによって、より正確な概念化をなしえたからである。

そしてまずは、「病態論」の構造の論理が、医学体系の全体像の中でどのような位置づけになるのかを理解してもらうために、学問へ向けての出立当初よりこれまでの、論理化から理論化、さらに体系化への道筋を、簡単ながら示したのであった。すなわち医学体系とは、「病態論」と「治療論」の二つの大きな柱となる理論と、その二つの理論を構築するための基盤となる「常態論」から成ることを一般的に提示し、「常態論」の理論化に取りかかった。そして、これまで学んできた解剖学と生理学の事実を、「生命の歴史」の理論を用いることによって論理化し、理論化して、「人間が生きているとはいかなることか」を「常態論」として構築したのである。

次に「病態論」に取りかかり、教科書に記載されている病気の知識に加えて、自らの診療実践で取り出した、病気への過程をも含めた生の事実を正面に据え、「常態論」を基盤として、「病気とは何か」の一般性の論理を導き出したのであった。さらにその導き出した病気の一般性の論理が正しいかどうか、すなわちその「病気とは何か」が、本当にあらゆる病気に貫かれている一般性なのかどうかを検証していく過程で、「病態論」の現象の論理が論理化されてきたのである。

そして次は「病態論」の構造の論理に取りかかる予定であったが、諸々の事情により、それまでほぼ手付かずであった「治療論」への取り組みを優先することになった。「治療論」の構築過程では、「病気とは何か」の一般性の論理から、そのいわば裏返しである「治療とは何か」の一般性の論理は容易に導き出すことができたが、問題は「治療論」の構造の論理であった。つまり自らが実践してきた治療の事実、及び教科書に記載されている治療の知識を、書き切れないほどに並べてみても、それらをどう論理化していったらよいのか、すなわちどのような共通性に着目して括っていったらよいのか見当がつかず、大いに苦しむことになったのである。

しかしながら、「治療論」の構造の論理を苦しみながら構築する過程で、自ずと「病態論」の構造の論理も浮上してくることになった。これは、治療とは病気を回復させる過程であるから、治療の構造が病気の構造に規定されるのは当然のことであったのであるが……。以上のような、長い長い研鑽を経て、ようやくに今回、「病態論」の構造の論理を論じていくことになる。

（二）病態論の構造の論理

⑴ 構造とは何か

さてここで、「病態論」の構造の論理の中身に入る前に、まず構造の論理というもののイメージを描いてもらうために、そもそも構造とは何かを説いておこう。

構造とは、そのものをそのものとして成り立たせている骨組みであり、現象しているものの背後に隠れているものである。例えば建物で言えば、建物を支えている柱であり、鉄骨である。これは屋根や壁、窓や戸のように、外部からは見えるものではないがその建物を支えるために、なくてはならないものである。

また例えば、会社で考えれば、その会社が会社として存続していけるための組織（しくみ）である。すなわち大会社であれば、大きなビルの中で何千人もの社員が働いており、目に見えるのはその社員達が働いている諸々の姿体のみである。しかしその社員達はバラバラに自分で好き勝手に行動しているわけではなく、それぞれの組織としての部門に配属され、社長をトップとする組織の指揮系統に従って、会社を存続・発展させるために、一体となって働いているものである。この社員達が立ち働いている現象の背後に存在し、会社を会社として成り立たせている組織が、いわゆる構造なのである。

学問体系の構造論もそれに似たもので、それぞれの個別性・特殊性を有している現象のすべてを、同じ骨組みとして成り立っている体系性で支える、構造としての論理性があって初めて、すべてが本質論とつながってくるのであり、こうしてようやく学問が理論体系として実在できることになるのである。

⑵ 病態論の二つの構造の論理

では、「病態論」の構造とはいかなるものか、それには大きく二つの論理がある。一つは「病態論」のいわば縦方向を支える骨組み的論理であり、もう一つはいわば横方向を支える骨組み的論理であって、とりあえず前者を（狭義の）構造の論理、後者を過程的構造の論理と呼ぶことにする。

その二つの構造の論理を、まずは簡単に示すなら以下

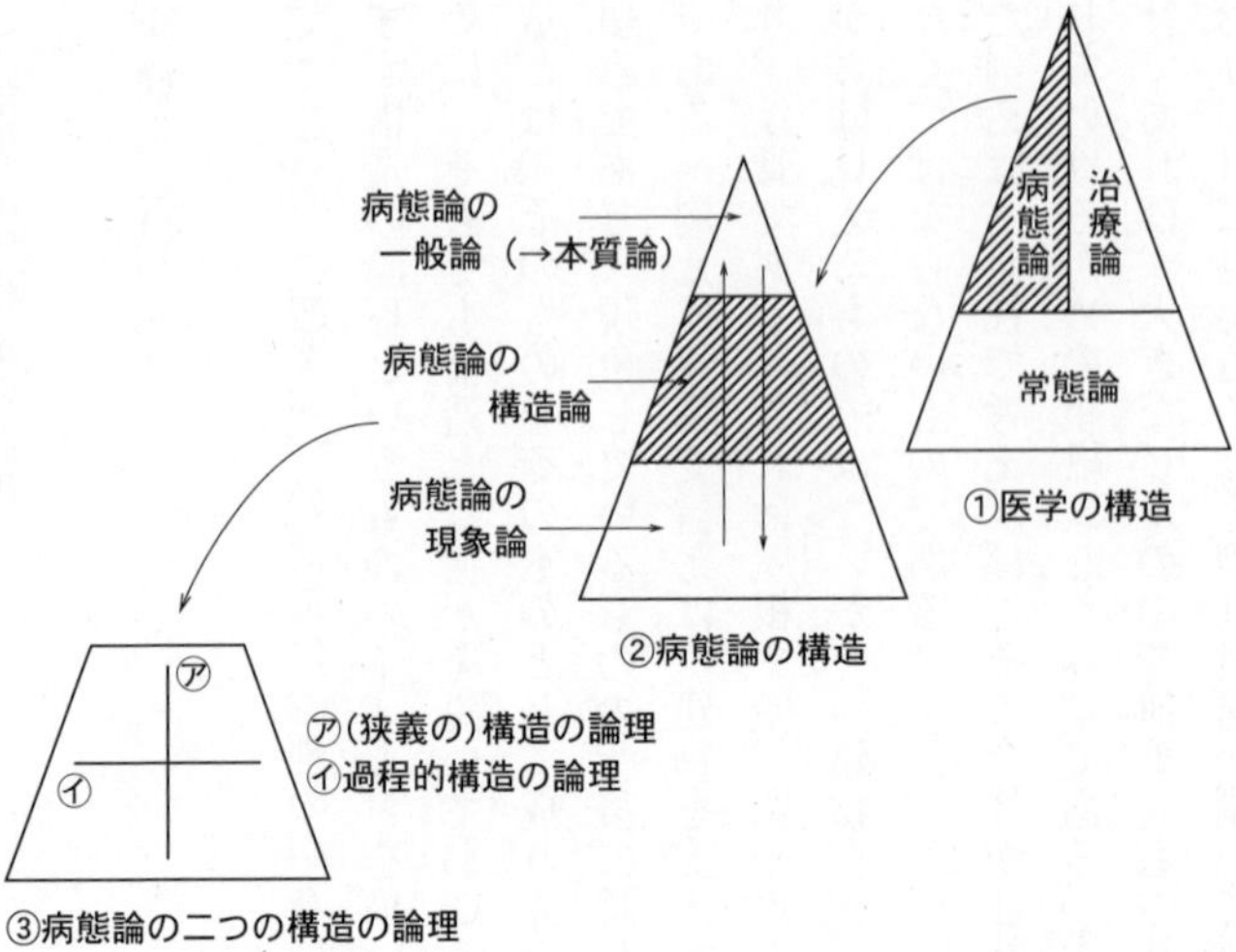

〔図１〕　病態論の構造の論理

となる。

一つ目の、いわば縦方向の骨組みとなる、（狭義の）構造の論理（〔図１〕の㋐）は、病気の現象の論理構造をさらに論理化したものである。「病態論」の現象の論理は、〔図２〕に示すように、十三の論理から構成されるのであるが、これをさらにたばねて論理化する、すなわちそれぞれの性質に着目して括り、一般化するとどうなるか。

それは大きく三つに括ることができるのであり、一つ目は、①から⑦までの病気の論理に共通する一般性を論理化した「代謝系の病気の論理」であり、二つ目は、⑧から⑩の病気の論理に共通する一般性を論理化した「運動（感覚）系の病気の論理」であり、三つ目は、⑪から⑬に共通する一般性を論理化した「統括系の病気の論理」である。

このように、「病態論」の（狭義の）構造の論理（㋐）は、三つの論理として構成されるのであるが、この基盤となる理論は、当然に「常態論」である。すなわち「常態論」においてこれまで繰り返し説いてきたように、人間の生理構造は〔図３〕で示した、代謝器官、運動器官、統括器官と論理的に把握できるからであり、だからこそ

病態論

本質論

病気とは，人間の正常な生理構造が，外界（の変化性）との相互浸透において，徐々にあるいは急激に量質転化して，歪んだ状態になったものである。

構造論

㋑ 過程的構造の論理

正常な生理構造の機能と実体が，外界との相互浸透によって，どのように歪んでいったのか

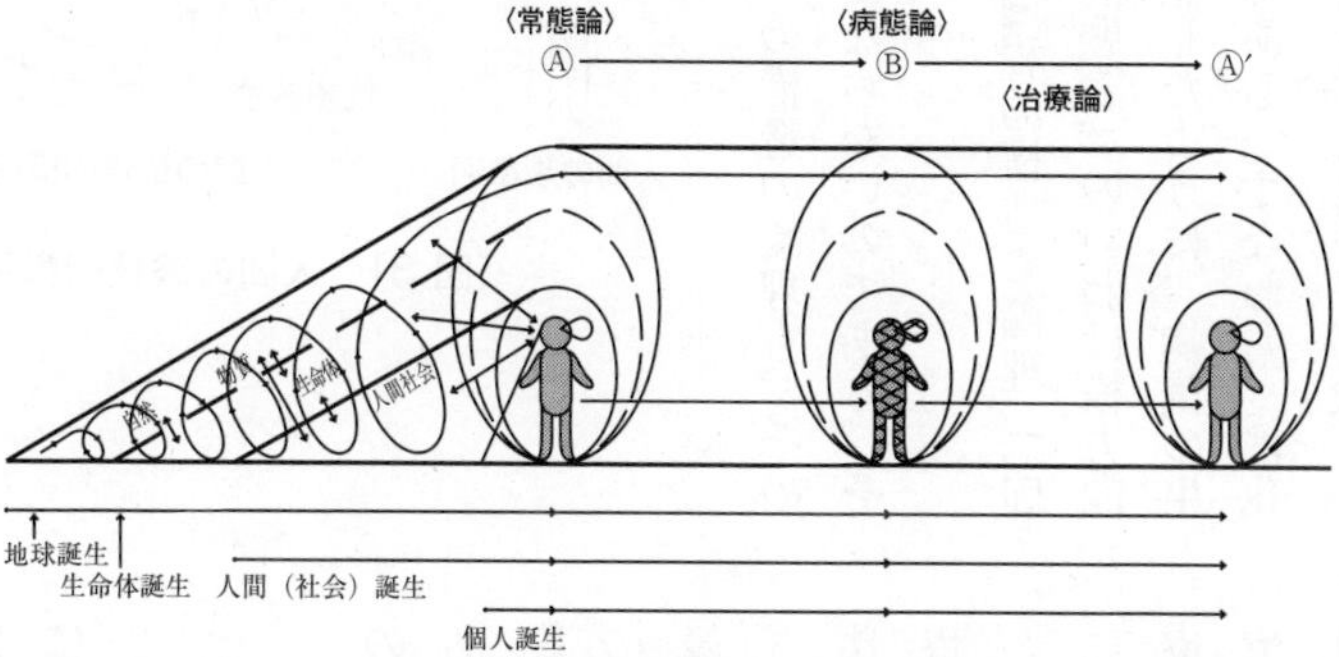

㋐（狭義の）構造の論理（身体の構造にのっとった病気の論理）

いかなる生理構造の歪みなのか，その歪みは他の構造とどのような相互規定的，相互浸透をもつのか

統括系の病気の論理

運動（感覚）系の病気の論理

代謝系の病気の論理

現象論

① 消化吸収系病気の論理
② 呼吸系病気の論理
③ 循環系病気の論理
④ 肝臓系病気の論理
⑤ 腎臓系病気の論理
⑥ 生殖系病気の論理
⑦ 皮膚系病気の論理
⑧ 筋肉系病気の論理
⑨ 骨系病気の論理
⑩ 感覚系病気の論理
⑪ 脳系病気の論理
⑫ 神経系病気の論理
⑬ 内分泌系病気の論理

〔図 2〕 病態論の構造

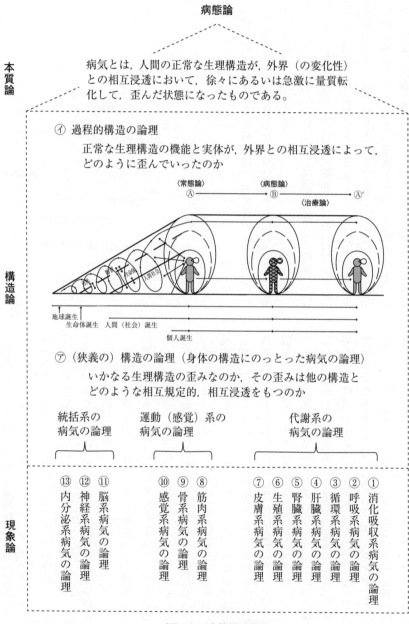

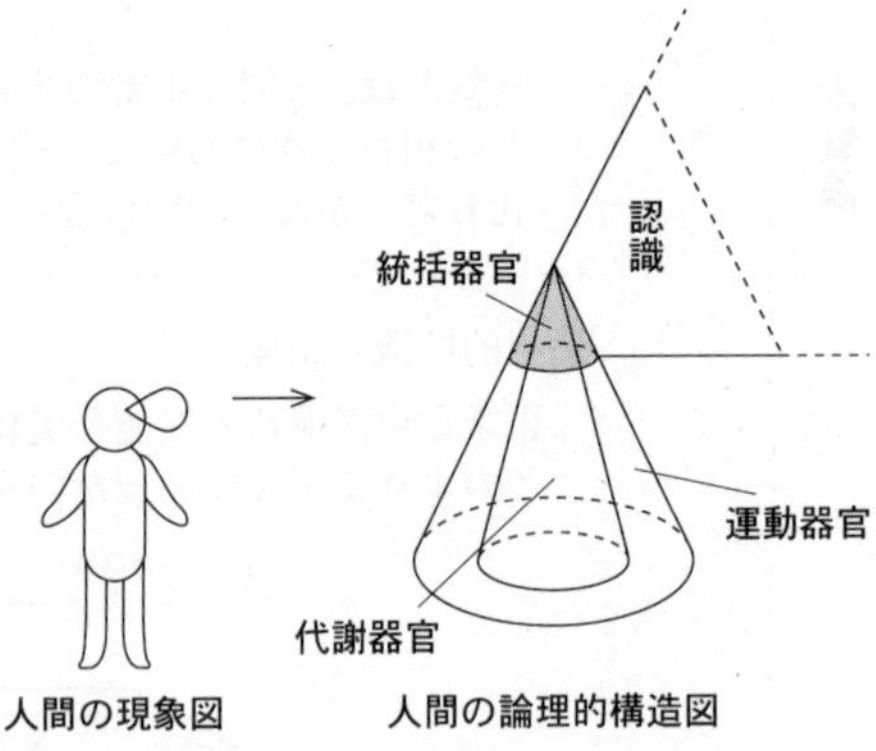

〔図3〕　人間の論理的構造

生理構造の歪みである「病態論」の構造の論理も、そのように集約的に論理化しなければならないのである。それがなぜかは、後述する。

では、二つ目の「病態論」の過程的構造の論理（〔図1〕の㋑）とは何か。これは「病態論」のいわば横方向を支える骨組みの論理であると記したように、病気の生成発展の過程を論理化したものである。すなわち、消化吸収系の病気であろうと、筋肉系の病気であろうと、あらゆる病気に共通な、病気としての生成発展の過程的構造があるのであり、それを論理化したものである。

これまで繰り返し提示してきた、「医学体系の全体像」で言えば、〔Ⓐ〕から〔Ⓐ′〕への過程を、より構造に立ち入って説いたものとなる。そしてこれは、前回まで論じてきた、「治療論」の構造の論理の重層構造の基盤となる論理である。

すなわち病気の発展というものは、「生理構造の機能の歪み」から「生理構造の実体の歪み」へと至る過程があり、それも「歪みかけた段階」から「歪んでしまった段階」への過程性を有するものである。したがって病気の治療においては、いかなる病気に対しても共通な「一般的治療」を基盤にして、その上に正常な生理構造のどこが、どのように、どの程度歪んだのかに対応した「特殊的治療」を重ねていかなければならないという、「治療論」の構造の論理の重層構造が導き出されたのである。

そしてこれは、冒頭にも説いたように、すでに明らかになっていた「病態論」の構造の論理に基づいて、「治療論」の構造の論理が導き出されたのではなく、逆に治療の膨大な事実を正面に据えて、それをどのように論理化していったらよいのか、つまりどのような共通性に着目して括っていけるのかに苦しむ過程で、ようやく「病態論」の構造の論理が浮上してきたのであった。

(3) 一般性の論理と現象の論理をつなぐ構造の論理

以上、「病態論」の二つの構造の論理について、まずは簡単ながら提示した。ここで強調しておきたいのは、この構造の論理というものは、最初に導き出した一般性の論理と、次に措定された現象の論理との間の上り・下りを、気が遠くなるほど繰り返すことによって、ようやくにして浮上させることのできる論理であるということである。

先程二つの構造の論理について説いた時には、現象の論理を貫く共通性を導き出しながら、論理化を進めていく過程（すなわち上る過程）を示したのであるが、それができるためには一般性の論理を導きの糸としなければならない（すなわち下る過程が必須となる）のである。これがどういうことかは、前々回、日常生活において「加湿器を選ぶ」時の例を用いて、その思考過程を具体的に説いておいた。

「病態論」の構造の論理であれば、「病態論」の一般性の論理すなわち「病気とは人間の正常な生理構造が、外界（の変化性）との相互浸透において、徐々にあるいは急激に量質転化して、歪んだ状態になったものである」との論理を掲げ、この論理はいかなる構造を持つものなのか、分かり易くはどのような内容を含んでいるものなのかを明らかにしようとする過程で、ようやくにして導き出されるものである。

そしてそのためには、この一般性の論理がすべての現象の論理にどのように貫かれているのかを、具体的に検証していく必要があったのである。すなわち、病気とは「人間の正常な生理構造が……歪んだ状態になったものである」から、そもそも人間の正常な生理構造をどのように把握しなければならないのかが問題となる。そうすると、「常態論」で説いたように、高等動物である人間は、それぞれに分化した器官が、それぞれの役割を担って働きながら、全体として一体となって生きていくことを維持している、すなわち恒常性を維持していくしくみを有していると、捉えなければならない。

そうであるならば、一部分の生理構造の歪みは、その部分のみに留まるはずはなく、必ず多かれ少なかれ全体の歪みを引きおこすものであるから、その連関、すなわち相互規定的相互浸透についても論理化しておかなければば、とうてい「病態論」と呼んでよい理論にはならないのである。

したがって、例えば消化吸収器官が歪んだ場合、他の代謝器官はどのように歪んでいくのか、さらに代謝器官が歪めば、運動（感覚）器官及び統括器官はどのように歪んでいくのかを、事実としてではなく、論理として提示しなければならなくなったのである。こうしてようやく、「病態論」の一般性の論理と現象の論理をつなぐ構造の論理の一つの柱となる、（狭義の）構造の論理が導き出されたのであった。

次に「病態論」の一般性の論理の「……外界（の変化性）との相互浸透において、徐々にあるいは急激に量質転化して……」の部分はいかなる構造を有しているのか、分かり易くはどのような中身を持っているのかを、論理化しなければならないことになる。

これについては、「医学体系の全体像」を提示して以来、具体的な事例で数限りなく検討してきた。そして医師であれば誰でも経験するような事例を用いて、正常な生理構造が、外界との相互浸透によって歪んでいく過程を、詳細に論じたのが、『医療実践方法を論理の学に(1)』（聖瞳子、高遠雅志、九條静、北條亮著、現代社）であった。このように、「病態論」のもう一つの構造の論理である過程的な構造の論理も、一般性の論理と現象の論理の間を上り・下りすることによって、まずは両者をつなぐ論理として導き出すことができたのである。

以上のように、「病態論」はその構造の論理を導き出すことによって、ようやくにして学問体系の理論としての形態が整うこととなっていく。なぜなら学問体系というのは、すべてに筋が貫き通されていなければならず、一般性の論理と現象の論理だけでは、その筋を明らかにすることはできないからである。つまり一般性の論理と現象の論理をつなぐ構造の論理を、以上のような過程の構造の論理も含めて措定できることによって、全体としての筋がしっかりと通されることになる。

さらにもう一つ、学問体系の理論に構造の論理が必須となる理由がある。それは構造の論理がないと、学問体系の理論を実践に使うことができないということである。医学体系で言うならば、構造の論理が措定されていないと、医療実践論として役に立たないということである。

これは喩えて言えば、山に登ろうとして手にした地図に、山の麓の道と、山頂付近の道しか示されていないようなものであり、これではとても山に登ることはできない。つまり、山の麓から頂上に至る道筋がしっかりとつながって示されるようになってこそ、地図としての役目を果たすのであり、それと同様に、構造の論理が措定されていてこそ、医学体系の理論は具体的な医療実践を導くことができる指針となりうるのである。

このような観点からするならば、先述したように、「病態論」の構造の論理が、「治療論」の構造の論理を導き出そうと苦しむ過程で、ようやくにして浮上してきたのは、理由があってのことだったのである。すなわち、医師は患者を目の前にして、日々その治療に悩むことになる。例えば検査結果で、血糖値やHbA1cが糖尿病と診断してよい値を示していたり、甲状腺ホルモンが、甲状腺機能亢進状態と言ってよい値を示していても、果たしてこれは薬剤を直ちに使用すべき段階なのか、それともまだ使わない方がよい段階なのか等々と悩むことになる。このような悩みから、病気の生成発展を理論化する必要に迫られ、その結果「治療論」の構造の論理の構築と直接に、「病態論」の構造の論理が浮上してくることになったのである。

(4)（狭義の）構造の論理

① 現象の論理を論理化して構造の論理を創出する

ではここから、以上の二つの「病態論」の構造の論理を、より詳しく論じていくことにする。まずは、（狭義の）構造の論理である。

この構造の論理は〔図2〕を見てもらえば分かるように、「病態論」の現象の論理をさらに論理化していったものであるが、現象の論理はそこに示されているように、それぞれの器官ごとに病態を論理化したものである。そもそも現象とは、象（カタチ）として現われているものであるから、「病態論」の現象の論理であれば、象（カタチ）として現われている器官ごとの歪みを論理化したものになるのは当然である。

このように目に見える器官ごとに括っていくのが分かり易いからこそ、医学の教科書のほとんどが、目次を見れば分かるように、器官別の記載になっているのである。しかし残念ながら、現代に至るも医学書は、器官別に病気の事実が羅列してあるだけであって、いささかも理論どころか論理化もされていない状態のままである。すなわちこれは現象論にもなっていないというのが現実なのである。

　それに対して「病態論」の現象を論理化したとは言っても、それらが別々の論理として説かれているだけでは、例えば消化吸収系の病気の論理はそれとして、神経系の病気の論理はそれとして独立して説かれているだけでは、どうにも体系化したとは言えないのである。なぜなら体系化とは、すべての論理が、一本の筋で貫かれていなければならない、すなわち論理的同一性を当然とするものだからである。

　したがって、創出した現象の論理を、さらにそれらの論理のそれぞれの共通性に着目して一般性として括った、つまり論理化したのが、「代謝系の病気の論理」「運動（感覚）系の病気の論理」「統括系の病気の論理」だったのであり、これが「病態論」の一つの構造の論理となったものというべきである。

　もちろん、ただ単に現象の論理を括って名前をつけただけではなく、その構造の中身をしっかりと論理的に説かなければ、構造の論理を抽出したとは言えないのであるから、以下に少し論じることにする。

②人間の身体の構造化への過程

　さて「病態論」の構造の論理を「代謝系の病気の論理」「運動（感覚）系の病気の論理」「統括系の病気の論理」としたのは、前述したように、「常態論」で示した人間の身体の構造〔図3〕にのっとったものであった。ではなぜ「常態論」で、人間の身体をそのように構造化しなければならなかったのかと言えば、これは人間が生きているとはどういうことかを理解するために必要だったからである。

　すなわち人間の身体の構造を、代謝器官と運動器官、及びその両者を統括する統括器官として把握し、統括器官の中枢である脳の一つの機能である認識が、本能に加えて、すべてを統括していく存在が人間であると論理化することによって、あらゆる生命体の中で特殊な存在である人間が、生きかつ生活していくことの実態を学問的に理解することができるようになったからである。

　もちろんこのように、人間の身体を論理レベルで構造的に把握することができたのは、これまで繰り返し説いてきたように、措定できた「生命の歴史」によるものであった。ここを簡単に説けば、以下である。

　人間とはあくまで、地球上に初めて誕生した単細胞生命体が、それぞれの特殊性ある生命体としての、何段階かを経ることによって進化でき、その結果最高の発展形態として存在できているものである。ということは、人間の身体には、いかに複雑な現象を示しているように思えても、そこには単細胞生命体と共通な生命体としての一般性が必ず貫かれているのであり、またさらにそれに加えて、地球との相互浸透によって進化してきたそれぞれの発展段階の特殊な性質が、これまた重層的に遺伝子レベルでしっかりと貫かれているのである。したがって我々としては、結果として完成形態として複雑化した人間の身体を構造化するためには、この「生命の歴史」の一般的論理を遡って把握することが必要だったのであり、そうすることによってこそようやく可能となったのだ、と読者に明示することが大切である。

まずここで説くべきは、いかなる生命体をも貫いている、生命体の一般性とは何かであり、これは端的には代謝という概念で説かれるべき運動形態である。それは非生命体が、「変化していく」という一方向性の運動形態であるのに対して、生命体は、「変化することによってこそ変化しないことが可能となった」という特殊な運動形態を有する存在として地球上に誕生したのであり、その代謝の構造は「外界を取り入れ、自己化し、排出する」という運動形態なのである。ここを我々は学的概念として「代謝」となすことにしたのである。

以上説くように単細胞生命体においては、代謝と運動とは直接的同一性であった。だが、地球は物理現象（物理構造）としての変化過程を、当然ながら把持している。それゆえ単細胞生命体は、自らを地球の物理的変化にも対応して生き延びるために、多細胞化したのである。端的に説けば、それは一つの細胞で代謝＝運動のすべてを行っていたものが、なんともおもしろいことに、その機能を二重化していくことになる。その二重化とは代謝を担う部分と運動を担う部分への二分化である。簡単にこを説けば、より複雑な代謝をするためには、より複雑な運動をしていかなければならないし、より複雑な運動をするためには、これまたより複雑な代謝をしていかなければならないので、ここを、それぞれを専門的に担う細胞へと分化していくことで解決していったのである。

この詳しい過程は、『看護のための「いのちの歴史」の物語』（本田克也・加藤幸信・浅野昌充・神庭純子、現代社）を読んでもらうことにするが、こうして生命体は、変化し続ける地球に適応するために、魚類以降の高等生命体へと発展してきたのである。

すなわち、必要とされる高度な運動を専門的に担う器官と、同じく必要とされる高度な代謝を専門的に担う器官へと分化し、しかし一つの生命体として生きていくために、その複雑化した両者をしっかりと統括する必要があり、統括を専門とする器官も分化したのであった。この体の構造は、魚類から両生類、哺乳類へと発展しながら受け継がれ、哺乳類の最高の発展形態である人間にも当然に、より発展した形態で受け継がれてきているのである。

③人間の身体の構造化はなぜ必要か

人間の身体は、以上のように論理的に構造化して捉えるべきことを説いてきたのであるが、みなさんはもしかしたら「それがどうしたの？　何かあたりまえのことを言っているだけなのでは……」と思うかもしれない。しかし決してそうではない。その証拠に、人間の身体をこのように構造化、すなわち論理化している医学書は、今に至るも一冊も存在していないのである。

それだけに私自身、「常態論」を構築する過程で、このように論理化することができるまでに、なんとも膨大な年月を費やすことになり、それは苦闘の上に苦闘を重ねることになったのであった。具体的には、「そもそも内臓とは一言で言えば何なのだ」と問われても、答えることができなかったのである。つまり内臓と呼ばれる器官を、「血液を循環させる心臓があり、栄養を消化・吸収する胃腸があり、吸収した栄養素を化学合成する肝臓があり……」とあげつらうことはできても、ではそれらの器官に共通して貫かれている一般性とは何なのか、すなわち内臓としての論理性とは何なのかを、何年も何年も導き出すことができず、大いに苦しんだ過去があったのである。

やがて「生命の歴史」を措定していく過程で、ようやくにして「そうか……内臓というのはつまりは代謝を担う器官なのだ。内臓と呼ばれる諸器官は、あわせてすべてで、人間が生きかつ生活していくための代謝を担っているのだ」と理解できた時には、どうしても破れなかった壁を、つき抜けた感覚を、おそらくはアリストテレスの「驚駭」のレベルで味わうことができたと思っている。すなわちこれが、事実の世界から論理の世界へと足を踏み入れる第一歩であったのであり、この論理の世界への第一歩が学問体系を構築するために必須である、概念化の道への第一歩となったと言ってよい。

しかしこのように論理的に、まともに説いても、「内臓は代謝器官であり、人間の身体は、代謝器官、運動器官、統括器官と構造化することが大変であったことは分かったような気がするが、そうすることは一体どんな意味を持つのか。そのように把握するとどんなよいことがあるのか、逆にそうしないと何が困るのか」との、さらなる疑問が出るだろうと思う。

その疑問に対して、前述したように「学問体系というものは、すべてが学的論理という大きな一本の筋で貫き通されていなければならない」との一般論で、まずは答えることになる。加えてそのためには、大きな論理のそれぞれの下部の論理が、それぞれに独立した形で説かれては絶対にだめであり、それぞれの下部の論理の連関を論じていき、最終的に一つの大筋にならなければならない、というのが答えになるのである。

もう少し具体的には以下となる。

④ 生理構造の歪みは全体との連関の中でのみ理解しなければ誤謬となりかねない

そもそも人間の身体のいかなる部分も、それだけで独立して存在することが不可能なことは、常識そのものである。例えば人間の身体から、直接に心臓を取り出したり、同じく肝臓を取り出したりなどすれば、取り出したそれらが死滅してしまうのは当然のこと、取り出された人間もまもなく死に至ってしまうのは、小学生でも知っているレベルである。

それはなぜかと言えば、「生命の歴史」の論理で説いているように、人間の身体は、あくまで「一つですべて、すべてで一つ」だった単細胞生命体が、複雑に分化していった長い四十数億年もの過程を有するものであり、さらには事実的にも、身体のすべての細胞が一つの細胞であった受精卵から生じてきたものであるから、当然にすべてが元々からつながりあって生きてきているのであり、有機的なつながりなしに生きることはできない存在だからである。すなわち身体のいかなる器官も、その器官は人間が生きかつ生活していくのに必要な、代謝の一つの機能、運動の一つの機能、あるいは統括の一つの機能を担っているのは必然なのである。それだけに、部分は必ず全体とのつながりにおいて理解しなければ、本当のことが分かることはないのである。

したがって、どのような生理構造がどのように歪んだ状態なのかは、必ず身体全体とのつながりにおいて理解しなければ、病態の把握を誤ってしまうことになろう。ところが医学生は、病理実習などで、死後病理解剖で切り出してそれぞれにホルマリン漬けにされた臓器を丹念に見て、病変部分を分かることが病気を知ることだ、とばかりに教えられ続けてきているために、あろうことか「病気は病変部分をしっかりと見てとればよいのだ」、と錯覚してしまいかねないのである。本来なら、そのような変化は、生きている身体の中のどの部分でどのようにして生じ始めるのか、そしてそれがどのように変化して病変と呼ばれるものになってきているのかを、それこそ全体とのつながりで理解できることが、病態を理解することであるにもかかわらず、である。

これについては歴史的に有名な事実がある。それは病理学者として有名なドイツのルドルフ・ウィルヒョウが、一八八八年、当時のドイツ皇帝フリードリッヒⅢ世の喉頭にできた腫瘍から切り出した切片を、顕微鏡でみて良性と診断した結果、皇帝は手術の時機を失してしまい、喉頭癌で死亡したという事実である。これも、大家であったにもかかわらず、うぬぼれてか、焦ったせいか、その病変の一部のみから病気を捉えてしまい、結果、大誤診となった典型的な例だと言うべきである。

これに対して、同時代のフランスの有名な生理学者クロード・ベルナールは、「病理解剖学だけで病的現象を定義しようと考えているならば……、不十分であるとの非難を免れない」、「病的変化は極めてしばしば続発的である」と、その著書『実験医学序説』（三浦岱栄訳、岩波文庫）の中で、見事な批判を展開しているのである。これについては『学城』七号に「ウィルヒョウ『細胞病理学』なるものを問う（四）」で論じたので、参照してほしいと願っている。

しかしながら、このようなベルナールの見事な批判にもかかわらず、当時世界を席巻したウィルヒョウの『細胞病理学』（吉田富三訳、南山堂）に記された考え方、すなわち「総ての動物は生命ある単位体の一個の総和である」という見解から、「細胞こそ、健康状態及び病的状態を通じて、一切の生命現象の真の究極的有形単位であり、一切の生命活動の発源地である」から、「本来の疾病の単位は細胞」であるという、ウィルヒョウの恐ろしいほどの誤謬的見解が、現代に至るも脈々と受け継がれているのは驚くべきことであると、まともに説いておくべきであろう。

だからこそ、二〇一九年五月三十一日付で「朝日新聞」に載った、次のような試みがなされるのである。

iPSで肝炎のミニ肝臓

東京医科歯科大作製　治療薬探しに期待

iPS細胞を使い、肝炎の状態を再現した「ミニ肝臓」を、東京医科歯科大の武部貴則教授らが作製した。iPS細胞から作った「臓器」で病気を再現したのは初めて。体内に近い状態を外部で観察でき、病気の仕組みの解明や治療薬探しに生かせるという。

研究グループは、人間のiPS細胞を元に、複数の細胞からなり、臓器特有の働きを持った直径0.2ミリの「ミニ肝臓」を作った。炎症などを引き起こす肝星細胞やクッパー細胞という細胞も一緒に作ることで、肝臓に脂肪がたまって炎症を起こす「非アルコール性脂肪肝炎（NASH《ナッシュ》）」の状態を再現できる。（中略）

今回作ったミニ肝臓に脂肪酸を加えると、脂肪が蓄積し、肝硬変と同じように硬くなった。また、ある化合物を加えたところ、脂肪の蓄積が抑えられたことも確認できた。

武部さんは「iPSから『ミニ臓器』を作れば、難しい病気も再現できる。将来は肺や腸などにも応用できる可能性がある」と話している。

このように、人工的に作った肝細胞を、生きている身体とはまったくかけ離れた、人工的に作った環境の中で生かし、人工的に操作を加えることで、人間の肝臓病が解明できるわけがないのは、誰でも分かってよいはずの道理であるが、医療の世界ではこのような恐い研究が堂々とまかり通っているのが現代である。

⑤代謝系、運動（感覚）系、統括系各器官の歪みの連関

以上のように、「病態論」の（狭義の）構造の論理で論じるべき重要なことは、病態を明らかにするためには、その病んでいると思われる部分のみに着目していては絶対にだめであり、必ず全体との連関について論じなければならない、ということである。

そしてその病んでいる部分と全体との連関を導いていくためにこそ、現象の論理をさらに「代謝系の病気の論理」「運動（感覚）系の病気の論理」「統括系の病気の論理」と論理化し、全体系的レベルで学問的に理論化する必要が要請されたのである。すなわち、その三者の生理構造の歪みが、どう連関するのかを、理論的に説かなければならなかったのであり、これを図示すれば、〔図４〕となる。

の歪みによって引き起こされる場合もあるということである。これがいかなることかを、次回具体的に論じていくことにしたい。（続）

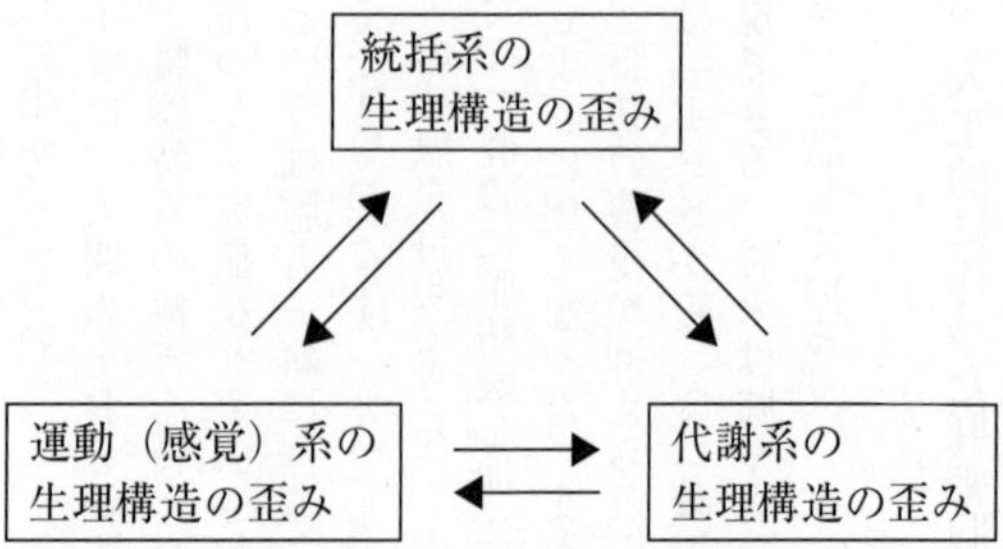

〔図4〕　生理構造の歪みの相互規定的相互浸透

この〔図4〕で示した矢印の二方向性は、一つの部分の歪みが他の部分の歪みを引き起こす場合と、一つの部分の歪みが他の部分の歪みによって引き起こされる場合の二重性を示している。例えば代謝系の生理構造の歪みは、当然に運動（感覚）系及び統括系の生理構造の歪みを引き起こすものであるが、一方でまた代謝系の生理構造の歪みは、運動（感覚）系あるいは統括系の生理構造

8 新・医学教育 概論（七）

——医学生・看護学生に学び方を語る

瀬江 千史・本田 克也
小田 康友・菅野 幸子

目次

（1）現代の医療実践の現状

本論は、実力を把持した医師を養成するための教育を理論化した、医学教育論を展開しており、今回で第七回となります。第四回以降は医術教育論の概要を論じています。

医学教育の理論化は、医学教育実践そのものを正面に据えて究明するだけでは不可能であり、医療のあらゆる文化遺産を論理化し、理論化し、体系化したところの医学体系と、医学体系の実践への適用過程を理論化した医療実践論をふまえることによって、可能となるものです。それを図示したのが〔図1〕です。

ではその二つの理論をふまえた上で、医学教育論とは何かと言えば、「病気の診断と治療を行うことによって、医療の維持・発展を担う医師を育成するために、文化遺産を習得させ、医術を修得させる過程を理論化したもの」であり、それは「文化遺産教育論」および「医術教育論」を二つの構造論として有する理論体系です。これは当然ながら、医学教育の目的すなわち「病気の診断と

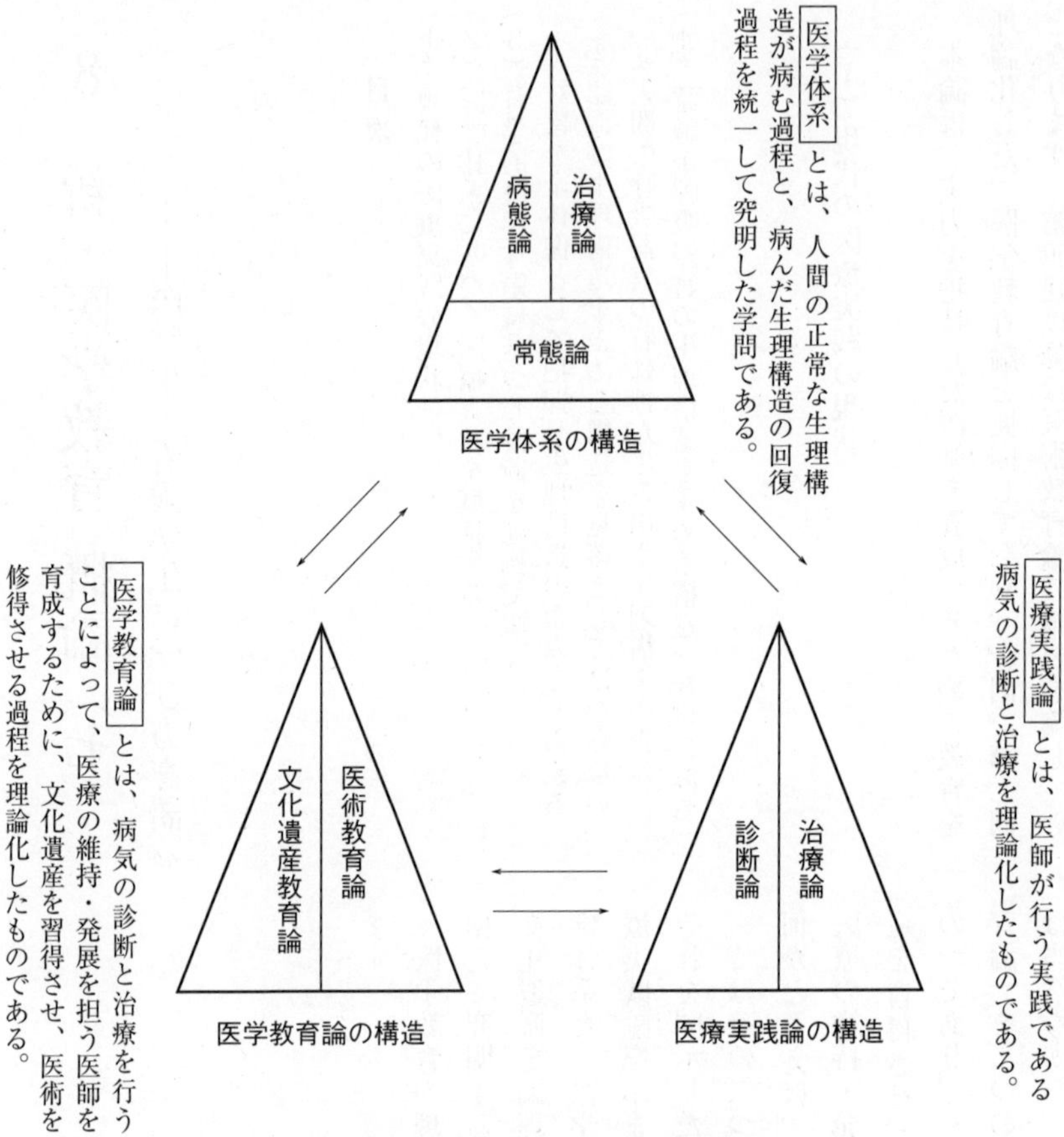
医学体系とは、人間の正常な生理構造が病む過程と、病んだ生理構造の回復過程を統一して究明した学問である。
病態論
治療論
常態論
医学体系の構造
医学教育論とは、病気の診断と治療を行うことによって、医療の維持・発展を担う医師を育成するために、文化遺産を習得させ、医術を修得させる過程を理論化したものである。
文化遺産教育論
医術教育論
医学教育論の構造
医療実践論とは、医師が行う実践である病気の診断と治療を理論化したものである。
診断論
治療論
医療実践論の構造

〔図１〕　医学体系と医療実践論と医学教育論の関係

治療を行うことによって、医療の維持・発展を担う医師を育成する」ための理論なのですから、そもそも医療とは何か、医師が病気を診断し治療するとはいかなる構造をもつものか、何が医療実践の発展なのかを説くことなしには、医学教育論の中身を理解してもらうことはできません。

そこで具体的な症例を通して、医師が行う医療実践とはどういうものなのか、医師に必要な本当の実力とはどういうものなのかを、説いているところです。

前々回から取り上げている症例は、筆者の一人（小田康友）が外来診療を行っている地域基幹病院のスタッフであり、筆者の古くからの知人でもある男性が、息子さんのことで相談してきたものでした。十六歳の男子高校生K君が、一か月前から乾性咳嗽が持続していたため呼吸器内科医を受診したところ、「咳喘息」と診断されステロイド吸入と運動の制限を指示されたことに、不安と疑問を抱いているとのことでした。

この症例を取り上げたのは、そのような受診の経緯があったために、現在医療現場で通常行なわれている医師の実践に対して、本来の医師の実践とはどうあるべきか、つまり本当の医師の実力とは何なのかを、浮き彫りにするものだったからです。呼吸器内科医は現代の医療の最先端ともいってよい指針に基づいて診断し治療方針を出し、筆者は医学体系に基づいて診断と治療を行いました。結果としてつけた病名は、両者とも同じく「咳喘息」と言ってよいものです。しかし患者の状態を同じ病名で表現していたとしても、呼吸器内科医と筆者では、取り出してきた事実も診断の中身も異なっており、従って治療も大きく異なっていくことになったのでした。

呼吸器内科医は、既往症（喘息やアトピー、各種アレルギー）のない健康な十六歳男子に、4週間以上持続している乾性咳嗽が生じたことを問題として着目しています。そして身体診察や血液検査・胸部X線写真にも異常がないことから、患者に生じている現象が「咳喘息」と言われる病気の特徴に合致すること、そして類似した症候を呈しうる他の病気を除外することが可能であることを確認して、最終的に「咳喘息」という診断をしています。その上で、日中の咳嗽や就眠時の咳嗽による苦痛や消耗を防ぐために、ステロイド吸入薬を処方し、運動（水泳部の練習）を控えるよう指示しました。

これは「咳嗽に関するガイドライン 第2版」（日本呼吸器学会 咳嗽に関するガイドライン第2版作成委員会二〇一二年）をはじめとする、代表的な治療指針に即した標準的な対応であり、もちろん何ら医療過誤と判断されるようなものではありません。

にもかかわらずK君や父親が不安や疑問を抱いたのは、生来健康で喘息やアレルギー疾患を含め既往症のなかったK君が、いったいなぜ、咳喘息などというやっかいな病気に突然なってしまったのかが分からなかったからであり、吸入なので微量とはいえ、作用が強力で副作用も知られているステロイド薬を使用することの不安が、払拭できなかったからでした。そして水泳部でがんばっているK君にとって受け入れがたかったのは、いつまでステロイドを使用し部活動を控えなければならないのかが、呼吸器内科医の説明ではまったく分からなかったことでした。

そして実は、K君や父親のこのような疑問は的を射ており、不安も杞憂ではないのです。というのは、咳喘息に対してガイドラインに沿った治療を行っても（行ってしまったら）、一時的に症状を軽減させることはできても、薬剤をやめればしばしば再発してしまうこと、薬剤をいつまで続けるべきか不明であること、そして治療経過中に多くの人（成人では30～40％、小児ではさらに高頻度）が、より重症である典型的な喘息になってしまう可能性がある、という恐ろしい現実が待っていることを、ガイドライン自体が述べているからでした。

それでも、咳喘息のスペシャリストであるはずのベテラン呼吸器内科医が、このような危うい方針を出してしまって、何ら疑問を抱かないのは、この呼吸器内科医個人に問題がある（知識・経験不足や不誠実な診療態度をとっているなど）のでは決してなく、そこには現代の医療実践のあり方の構造的欠陥が、重大な問題として横たわっているのです。

（2）医学体系に基づく医療実践を概括する

一方、医学体系に基づいて診断する方法を用いた筆者は、これまでK君がどのように育つことによって生理構造の正常性を維持してきたか、それがなぜ、どのようにして変化させられ、生理構造の正常性を逸脱するに至ったのか、その結果どのような生理構造の歪みを抱えることになったのか、そしてその歪みは今後どのような発展過程をたどる可能性を持っているのかを浮上させていきました。するとそこには、K君の身体が全身レベルで弱められ、中でも酷使していた呼吸器官が歪み始め、過敏反応を起こすようになっていった過程的構造があること、さらに咳喘息として発症する契機には、実はK君の心の問題が深く関与していることが見て取れていったのです。

そのような把握を可能にした医学体系に基づく医療実践の方法とは、一言でいえば、学問的に措定された「病気とは何か」「治療とは何か」の一般論を掲げて、患者の事実に問いかけていくものにほかなりません。そして、その一般論を、医師が具体的な実践の指針として使えるように、表象レベルで示したのが〔図2〕医学体系の全

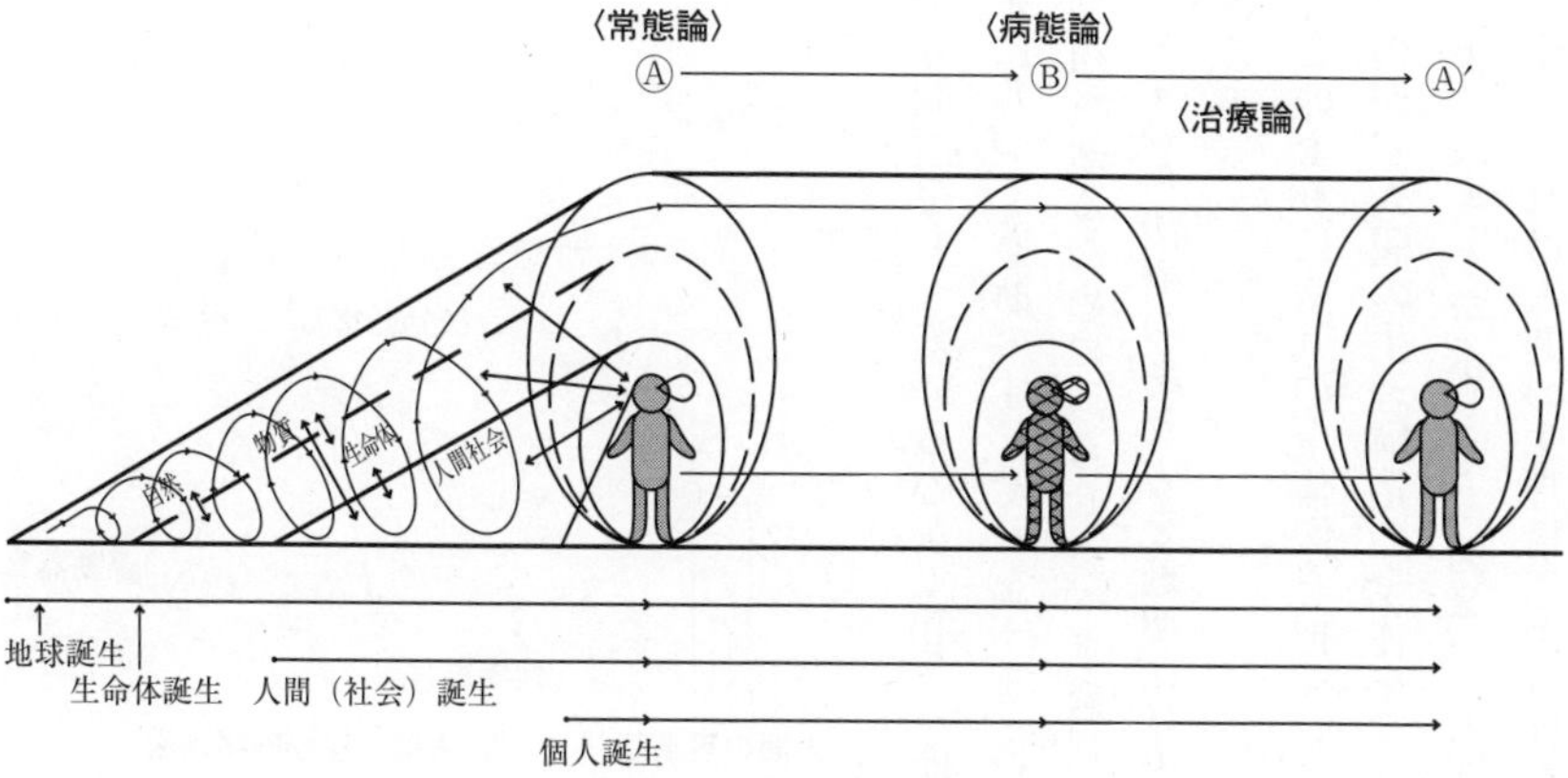

〔図2〕 医学体系の全体像

体像および〔図3〕人間の論理的構造図でした。

〔図2〕は、医学体系の全体像を示すものであると同時に、患者を前にした医師が、どのように患者の病気を診断し、治療していけばよいのかの考え方の筋道を示すものです。すなわち、そもそも病気とは「正常な生理構造が、外界（の変化性）との相互浸透の過程において、徐々にあるいは急激に量質転化して、歪んだ状態になったもの」なのですから、それを診断するためには、病んだ状態〔Ⓑ〕として現象した事実のみを集めて、それらの事実から病気を分類し、診断名をつけるのではなく、現象している事実を手掛かりにしながらも、その事実の構造に過程的・構造的に分け入ることによって、病気そのものを全体像として把握しなければならないことを示しています。

目の前の患者の病気を全体像として把握するためには、その人が誕生してから（厳密には胎内で育っている過程も含めて）、どのようにして正常な生理構造〔Ⓐ〕をつくってきたのか、正常性を維持していた生理構造〔Ⓐ〕が、なぜ、どのようにして変化させられ、歪まされていったのか（〔Ⓐ〕から〔Ⓑ〕）、その結果どのような歪みを把持するに至り、今後その歪みはどのような発展過程をたどる可能性をもっているのか〔Ⓑ〕を把握するのが、医学体系に基づく診断です。それをふまえて初めて、その人を回復させるために辿らせるべき過程（〔Ⓑ〕から〔Ⓐ〕）、すなわち治療のあり方を適切に見出していくことができます。

　そしてこのように病気の全体像を把握していくために不可欠なのが、人間の生理構造の全体を、どのように論理的に把握すべきかを示した〔図３〕「人間の論理的構造図」です。これは人間の生理構造の特性を分かり易く示しています。すなわち人間とは、代謝と呼ばれる摂取—自己化—排泄の過程を不断に持ち続けることによって生きている生命体の一般性に貫かれ、高等生命体としての共通性、つまり高度に分化した運動器官と代謝器官、およびその両者を生きるために一体的に総括し、統括するための統括器官から成る構造を有し、さらに人間の特殊性として、統括器官である脳の機能の一つとして誕生した認識が、本能以上の実力をもって総括・統括をするという、特殊な生命体であることを示しています。

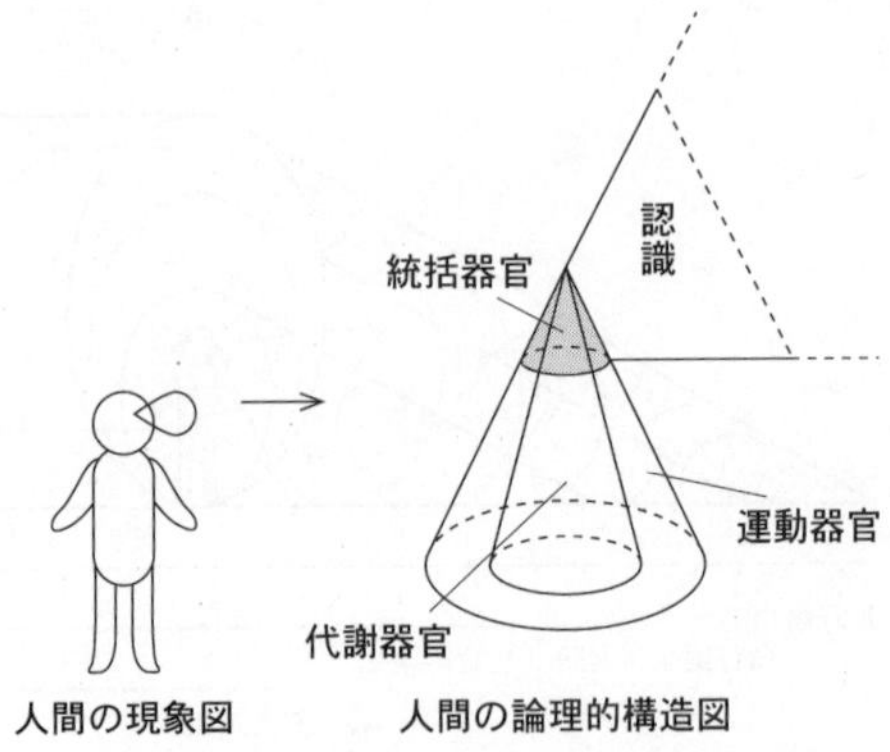

〔図３〕　人間の論理的構造

　人間の認識の際立った特徴は、五感器官を通して外界を反映させることによって脳が描いた像を原基形態としながらも、その像を自在に発展させ、自分なりの個性的なものにつくりあげてゆくことができることです。そして、そのようにして自らがつくりあげた個性的な認識から自然的外界、社会的外界と相互浸透することによって、すなわち、食事も睡眠も運動も本能で決められているものではなく、自身の認識が決めた生活を繰り返すことによって、自らの生理構造までも、ある程度その人なりの特性をもったものとしてつくられてしまうのです。それゆえに、人間は自らを見事に成長・発展させることもできる反面、生理構造を歪める形でつくりかえてしまうこともあるのです。

従って患者を診察する時に、どのような外界との相互浸透によってその人なりの生理構造となり、さらにそれがどのように歪められてきたのかを把握するにあたっては、どのようなその人なりの認識が、どのように生活のすべてを統括していたのかを含めて把握することが求められるのです。

（3）科学的医学体系に基づく診断を症例で説く

①対象を全体像として把握し生理構造の歪みをとらえる

そのような一般論に基づいた実践の指針をもとに把握した事実は、前号で〔事実の提示2〕として整理しましたので、参照してください。それを要約すれば、以下のようになります。

まずK君は、生来健康で勉強にも運動にも熱心に取り組み、社会関係も良好につくることができる青年として育ってきている反面、がんばりすぎて行事の後などに体調を崩す傾向にあったことが確認できました。ここから把握できる〔Ⓐ〕の特性としては、K君が外界との相互浸透を積極的に行う認識を育んできたということであり、かつ、その外界に見事に適応して自らの認識・実体を変化させられる実力を把持していたということです。そして実力以上の目的を描いたり、無理をして過剰に適応してしまった結果、生理構造を歪めることもあったということです。

続いて、なぜ正常であった生理構造〔Ⓐ〕が、そのように歪んでしまうに至ったのか（〔Ⓐ〕から〔Ⓑ〕）については、以下のように把握できました。

それはまず、高校（県トップの進学校）入学以来、質・量ともに中学時代とは段違いの課題と、部活動（水泳）での激しい運動で頭と身体を酷使していながら、一日4～5時間しか寝ないという睡眠不足が続いたことにより、日々の身体（全身の細胞）のつくりかえが滞り、徐々に体力を消耗していたことです。夏頃には食欲低下や便秘など消化器官の機能的な低下が生じ、栄養の摂取が不十分となって徐々に痩せてきていた経過の中で、十月末まで続いた屋外プールでの泳ぎ込みによって身体を冷やし続けたことで、とうとう発熱しています。これは発熱することによって全身の細胞レベルのつくりかえを強烈に促し、回復を図る必要があるというところまで陥っていたということです。

ところがK君は急性期症状が治まるとすぐ、体力の弱まりを招いた過重な学習・運動と睡眠不足、栄養摂取不足の生活に戻ったことに加え、朝夕の往復20km・正味1時間もの自転車通学や水泳で身体を冷やしつつ呼吸器官を酷使し続けていたのであり、その中で生じたのが、長引く乾性咳嗽だったということです。

これらの事実から把握できるK君の生理構造の歪みとは、労働（勉強や運動）に見合った回復・修復過程を確保することができなかったために生じた全身の一般的な弱まりが、まずは消化吸収器官の機能レベルの歪みとして現象し、成長や労働に見合った栄養の消化吸収ができなくなっていた流れの中で、身体を冷やし続けたことによって、激しい運動で酷使され続けてきた呼吸器官の歪みとして量質転化してきたものだということです。

本来的には吸い込んだ異物や気道の分泌物を排出するための生体防御反応であるはずの咳が、異物の吸入も分泌物もない状況で数週間にもわたって続くというのは、K君の呼吸器官が機能レベルで歪み始め、健康な状態であれば全く問題にもならない大気の変化を、咳の原因となる刺激として感覚してしまっている、過敏反応であると捉えられます。

このように捉え返せば、K君の咳が、突然生じた原因不明の異常状態などではなく、このような状態に陥るだけの必然的な過程があり、やむをえない事態であったことは理解してもらえると思います。いわばK君の「咳喘息」は、K君自らがつくり出してしまった生理構造の歪みの現象形態であり、K君なりの認識に統括された外界との相互浸透のあり方によって、自ら生理構造の正常性を歪めてしまい、異常な状態にまで追い込んでしまったものだと言えます。ここに、「咳喘息」という現象形態の背後に潜む過程的構造を看過し、吸入ステロイドで咳を止めてしまう対症療法を重ねれば、生理構造の歪みがさらに進行してしまうのは、容易に推測できるでしょう。

②認識が生理構造を歪める構造を見落としてはならない

しかし、ここにとどまらずもう一歩、病気の構造に踏み込まねば、診断したことにはなりませんし、最適な治療方針は導けません。つまりここまでの把握では、K君が「咳喘息」を発症した〈必要条件〉ではあっても〈十分条件〉ではないからです。それはどういうことでしょうか。

例えば、K君のように運動（労働）と回復過程のアンバランスな生活を続け、全身の弱まりを抱えながらも勉強に、運動にがんばっている人は、みなさんの周りにも少なからずいると思います。その中でよりによってK君が、咳喘息になってしまったのはなぜなのでしょうか。K君は身体が弱かったのでしょうか。もしくはアレルギーや呼吸器官に既往症を有していたのでしょうか。否です。

また呼吸器官の機能レベルの歪みといっても、気管支炎や肺炎などの感染症ではなく、なぜ咳喘息なのでしょうか。そして往々にして咳喘息という病気は、様々な検査をしても特異的な異常所見がなかなか見当たらないにもかかわらず、どうしてこれほどまで治りがたいのでしょうか。

それは、その発症および増悪の経緯に、K君の場合にみるように、認識そのものが直接的に生理構造を歪めてしまった構造が隠れていることが多いからなのです。確かにその人の認識が営む生活過程によって生理構造が歪んでしまうのは、人間の病気の一般性です。しかしここで言いたいのは、認識が直接的に生理構造の歪みを創り出してしまう、という構造です。それを前回は、咳がいわばK君の心の癖になってしまっている、として説きました。

しかしこれでは、理解が難しかったかもしれません。中には「筆者は咳喘息を故意に症状を装っている詐病（いわゆる仮病）だと考えているのではないか」、または「癖などと言うのは、咳喘息の患者の苦しみを軽く見ているのではないか」というような、感情的な反発をする人もいるかもしれません。しかしそうではありません。発症に至る経緯に、K君の認識が直接的に、かつ深く関わっていることを看過しては、治るものも治らないことになってしまうということを問題にしているのです。人間は認識的実在なのですから、その人の認識がどのように病気を生み出したのかを見ようとしなければ、あるいはそれを見るモノサシがなければ、「全人的医療を」などと理想を掲げたところで、いつまでたっても看板倒れとの誹りを免れないでしょう。

そこで今回は、認識が生理構造を歪める構造について論じておきます。まず癖とは何かといえば、『明鏡国語辞典』（大修館書店）には次のように書かれています。

---

①無意識のうちに身についてしまった言行。また、習慣となっている行動。

②普通ではない、そのものに特有の偏った性質や傾向。

このように、通常癖は、あまり好ましくない発言や行動が身についてしまったもの、として捉えられています。そしてそれは無意識的にも、つまり本人がそうしようと意識しなくても出てしまうものだということは、みなさんも納得できると思います。

しかしそれは決して、「無意識のうちに身についてしまった」ものではないのです。つまりある状況で目的意識的に繰り返した言行が、いつしか無意識と言えるほどに、すなわち明確に意識することなしに出てしまうまでに身についてしまったものなのです。結果がそうであるからといって、最初からそれが無意識的であったとするのは短絡です。本能的行動でない限り、初めから無意識的にできる行動など人間には存在しません。例えば学生のみなさんが講義中によくやっている、貧乏ゆすりやペン回しを思い浮かべてください。いったんそれが癖となってしまえば、無意識的にもやってしまうことではありますが、それが癖になるには、誰かの行動を真似しているうちに身についてしまったり、あるいは苦労して身につけたりした過程が必ず存在します。

ならば、これほどK君を苦しめている咳が、無意識的にも出てしまうほどに身についてしまった過程とはどういうものだったのでしょうか。結論から言えば、それは咳をすることによって、心や身体の不快感が解消されることを経験しているうちに、不快を感じると咳によってそれを解消することを試みるようになり、ついには、体調の不快というほどでもなく、ちょっとした外界の変化（気温・室温の変化や、埃、匂い等）によって、さらにはそういった外界の変化がなくても、イライラや不安などの感情の変化によっても、生じるようになってしまったものだといえます。

③人間の呼吸器官の特殊性が生み出す生理構造の歪み

このように説かれても、「貧乏ゆすりやペン回しのような、手足の動きが癖になる過程があるのは理解できるけれども、内臓の働きが癖になるなどということがあるのでしょうか」、という質問があるかもしれません。

これは重要な質問です。ここを理解するには、代謝器官の中でも呼吸器官のもつ特殊性を、そして人間ならではの呼吸の特殊性を、理解してもらわなければなりません。

そもそも呼吸器官は、生きるために必要な大気を、人間に適したものに、すなわち生命現象的に変化させ、体内に取り込む過程を専門的に担う器官であり、循環器官や消化吸収器官などと並ぶ代謝器官のひとつです。しかし呼吸器官は、呼吸のための運動を呼吸器官自身で行うことはできず、運動器官である筋肉・骨によって運動させられることによって、その機能を果たしているという特徴があります。これは循環器官や消化吸収器官が、それ自身の構造そのものに筋肉を有し、脳の統括の下に、それ自体で運動を行うことによって機能を果たしているのとは違った、際立った特徴を持っているといえます。

具体的には、呼吸運動は肺を収めている胸郭（胸椎と前胸部の胸骨、それを結ぶ十二対の肋骨に囲まれた部位）の運動によって胸腔内圧を変化させることで、肺が膨張し、収縮することが可能となるものであり、それを担うのは、呼吸筋（内外肋間筋と横隔膜筋）に加えて、頸部の筋群や腹筋群まで、広範な筋肉です。

このような呼吸器官の構造は、陸上で生活することになって新たに肺が必要となり、高度な運動能力を獲得するために、呼吸器官の発展が必要であった哺乳類に共通するものです。もちろんこの呼吸運動は、本来的には本能的に行われるものでした。それゆえ睡眠中にも呼吸が止まることはありませんし、運動をすれば意識しなくても呼吸運動が激しくなって、必要な大気を取り込みます。

しかしそれに加えて人間は、長い長い人類の歴史の中で、様々な労働をすることを通して、呼吸運動を認識によって変化させることができる実力を獲得してきました。例えば、火を起こす時には息を吹き付け続け、泳ぐ時には息を止め、また急激に息を吐いて深く吸い込んだりします。さらに集団が力を合わせる時には呼吸を揃えなければなりませんし、話すこと、歌うことも、呼吸の特殊な使い方によって可能になったことです。このように人間は、対象に働きかけるすべを獲得するために、呼吸を意図的に変化させることができるようになってきたのです。

一方で、呼吸を認識によって変化させることができるようになった結果、生じた病気もあります。例えば「過換気症候群」は、認識によって呼吸が乱され、身体がその時に必要とする以上の過剰な呼吸をしてしまうものです。そのため二酸化炭素が排出されすぎて、血液中の二酸化炭素分圧が下がってしまい、頭痛や手足のしびれなどの症状が出現します。

さて以上のように、呼吸器官というものが、認識が直接にその働きをある程度調節できる器官であることをおさえた上で、咳に話を戻します。咳は本来、気道に貯留した分泌物や吸い込んだ異物を排泄するための生体防御反応です。それは異物や分泌物を、気道を通して体外に排出するために、呼吸筋を激しく運動させ、胸腔内圧を急激に高める運動によって行われます。これにより咳の際には、呼気は秒速40mにも達するスピードで呼出され、1回の咳嗽で2キロカロリーものエネルギーを消費するとも言われています。これは、咳が続けば筋肉痛になったり、中には肋骨を骨折する人もいるほどの激しい運動です。このように咳は、本来的には生理的な反射として起こるものですが、さらに呼吸器官の特性として、意識的に起こすこともできるのです。これは咳払いひとつしてみれば、すぐに理解できると思います。

ならばなぜ、咳によって身体の不快が解消されることになるのでしょうか。一つは、前回論じたように、上気道は呼吸と食の取り入れ口であるだけに外界の刺激を受けやすく、心や身体の不調が上気道症状（例えば喉のもやもや、痰がらみなどによる不快感）として現象しやすいからです。そういった諸症状が咳によって解消されたり、ごまかされたりするのです。もう一つは、咳という激しい運動による副次的な効果です。胸腹部の広範な運動器官を動員した咳嗽運動は、高エネルギーを消費し、多量の熱を産生します。みなさんも試しに3〜4回くらい咳込んでみてください。体がカーッと熱くなるのを感じられるはずです。このように、咳によって身体が熱を帯びることになり、冷えによって落ちた代謝を一時的に改善させる面もあるのです。

K君が咳込むのは、きまって身体が冷えてきた頃であったこと、運動中にはほとんど起きなかったことを思い出してください。K君は咳込むことによって上気道の不快感を解消するだけでなく、咳によって身体が熱を帯びることによって体調そのものが整うという経験を繰り返すことによって、とうとう咳することを、癖と化してしまったのです。

（4）認識が呼吸器官の生理構造を歪める構造を症例にみる

このように述べると、「咳は本来防御反応であり反射的に起こるものですが、意識的にも起こしうること、それを癖と化すこともあることは理解できました。しかしK君の咳喘息が本当にそうやって起こったと言えるのでしょうか」という質問があるかもしれません。これはとても重要な質問です。

診察時にK君に対して、「最初は咳を意図的にしていたのではないか」、「咳をすることが癖になっているのではないか」と訊ねるわけにはいきませんし、仮に訊ねたとしても、まず情報は得られません。たいていの場合は発症の経緯について本人の記憶はありませんし、もし本人に身に覚えがあったとしても、現在はもう意識しなくても出るようになってしまっているのですから、それを認めることはありません。

「ということは、証拠もないのに決めつけたということですか？」と、怪訝な顔をする人もいるかと思います。しかし、本人がそう言っているわけでもないのに、筆者がそう判断したのは、発症に関わってこのような構造を有する事実があったことが、論理的に推測できたからです。それはどういうことかと言うならば、筆者は診察を通して、K君の強烈な心の葛藤を感じ取っていたからです。何を根拠にそれを推測したのかと言えば、K君の〔Ⓐ〕の特性および現在の生活過程の特殊性でした。前回を参照してもらえば、筆者が望診に際して、K君が一見したところ快活で体格の良いスポーツマンでありながら、16歳にしてはとても疲れているように見え、言葉の端々に焦りや苛立ちのようなものが感じられたこと、質問に対する返事の中身も、どこか投げやりだったことを記しています。

そしてそのような対応をしてしまうK君の、〔Ⓐ〕から〔Ⓑ〕に至る生活過程を把握してみれば、K君が強烈な心の葛藤にさいなまれていることが感じ取れました。

それは端的には、中学まで勉強、運動ともに非常に優秀でリーダーとして活躍してきたK君が、高校では一転して苦境に立たされていることです。県ナンバーワンの進学校で秀才たちに囲まれ、平凡な成績しかとれないことへの苦悩であり、その状況を改善しようにも、往復1時間超の自転車通学や部活動で疲労困憊し、過重な課題をこなすだけで精一杯で、何か新しい取り組みを始める余裕など、どこにもない状況だからです。

県トップの進学校で並の成績であれば、世間的には決して非難されるようなものではないはずですが、これまでトップを走ってきた人、常に周囲から褒められてきた人のプライドというものは、そういうものではありません。勉強も平凡、水泳も初心者で経験者には遅れをとっているという、うだつの上がらない状況は、自分が自分ではなくなってしまったような苦痛であったはずです。しかも青春時代は、まだ脳の実体も成長しており、さらには脳が形成する認識が、外界の反映を超えて猛烈に発展していく時期であるだけに、悩みや苦痛がどれほどのものに膨らんでいくかは、経験したことのある人なら分かると思いますが、すでに脳の実体としての成長が終わり、認識が暴走することもなくなってしまった成人には、もはや実感できないかもしれません。

その苦しみから解放される方法は二つです。勉強に勤しめる環境を整え、勉強方法を変えるなどの突破口を見出すか、成績が振るわなくてもプライドを保てる方法を見出すか、です。K君が選んだのは後者であり、勉強は並でも得意の運動面で周囲との違いを示すことであり、もう一つは、勉強ができなくてもやむを得ない理由を見出し、周囲に認めさせることでした。結論的に言えば、これがK君の咳喘息だったのです。K君は確かに、呼吸器官が過敏状態になるような生理構造の歪みを抱えていました。しかしそれを心の癖にまで量質転化せしめてしまったのは、K君が激しく咳をすることによって、強烈な心の葛藤が解消されることを覚えたからなのです。そしてK君は目的に応じて見事に自らの生理構造を変化させる実力を有していたのですから……。

このようなことは、前回〔事実の提示2〕として示した診察の事実からだけでも、即座に描かねばならないことであり、これが医師にとって認識論の学びが必須である理由です。ただし今回は、K君の父親が筆者の旧来の知人であったために、後日わかったことがありました。それは上記の推測を見事に裏打ちする事実になっていましたから、それを提示しておきたいと思います。

〔事実の提示3〕（父親から把握した情報）

Kが中学でバスケットボールを始めて半年ほどした頃、ひどく腰痛を訴えるようになった。整形外科で腰椎分離症の疑いがあると言われて、しばらく練習ができず、新人戦への出場を逃したことがあった。バスケット部ではかなりハードな練習を課されていたせいか、初心者・上級者を問わず部内にけがが人が多く、新入生は最初の一か月で何人も退部した。Kは顧問の先生（大学時代に全国優勝の経歴をもつ）を尊敬していて、「俺は絶対へこたれない」と言っていただけに、自分の故障にショックを受けていた。

その後休養とリハビリで腰痛は良くなり、一か月ほどでバスケット部の練習には復帰できた（その後の検査で腰椎分離症は否定された）。二年の夏からはキャプテンとして部を率いるようになったが、三年の六月頃、中体連県予選を前にして膝を痛がりだし、整形外科でオスグッド・シュラッター病と診断された。膝にサポーターを装着して練習を続け、痛み止めを飲んで大会に出場したものの、到底ベストなプレイではなかった。県代表候補の一角であったチームも不本意な形で敗退し、キャプテンとして責任を感じていた。

高校ではバスケット部からの熱心な勧誘を断り、水泳に転向した。膝の不安もあったが、チーム競技に熱中することが怖かったのだと思う。水泳部には専門的な指導者はいなかったため、先輩に習いながら本やインターネットでフォームやトレーニング方法の勉強をし、泳ぎを水中ビデオで撮影して修正に励んでいた。Kの部屋は、貯めていたお年玉をはたいて購入したダンベルやストレッチ、懸垂などのトレーニング器具だらけになった。九月頃には身体も見違えるようになり、高校で行われた体力テストでは校内でトップの総合成績を収めた。

しかし成績の方は下がり続けていて、十月中旬に行われた二学期の中間テストは惨憺たるもの（ついに下位グループに転落）だった。「部活やトレーニングばかりしているから、こんなことになるのよ」と小言を言う母親に対し、Kが感情的に反発し口論になる場面が何度もあった。私には「自分には勉強でトップを取れるほどの才能はない」とあきらめたような言葉を漏らした。「まだ一年生なのだから、これからじゃないか」と励ましたが、「学年トップの連中との学力差は、到底覆せるようなものじゃない。まったく別な人種だよ」と言うばかりだった。

勉強が振るわない分、努力の成果が目に見えて出ている運動に、ますますのめり込んでいったようだった。水泳では団体メドレーのメンバー入りを当座の目標にしていて、種目としてはバタフライを選択した。バタフライは最も体に負担がかかるため希望者が少なく、初心者でもメンバー入りの可能性が高いためである。そして十月末にはとうとう先輩や経験者を上回るタイムを出し、メドレーのメンバー入りを果たした。ところが十一月になって咳が止まらなくなり、十二月にはドクターストップがかかってしまった。メドレーメンバーとしてのデビュー戦を控えていたKの苛立ちや嘆きは強く、「何で俺は大事な時期にいつもこうなるんだ」、「俺の身体はいったいどうなっているんだ」と言っていた。呼吸器内科受診後も、「練習できないのなら吸入なんかしない」、「ぶっ壊れてもいいからこのまま練習する」と投げやりな態度もとっていた。そのせいかどうかはわからないが、咳がますますひどくなった。

言われてみれば、確かに最初（十一月初旬）は現在のような咳ではなかった。風邪をひいた後の喉がイガイガを解消しようとしているのか、からんでなかなか出ない痰を出そうとするかのように、わざと「ゲッホゲッホ」と強く大きく咳込むような感じだった。体調が悪いイライラをぶつけるかのような、成績や生活態度について繰り返し小言を言う母親に対して、「こんなに体調が悪いのにがんばっているんだから、ゴチャゴチャ言わないでよ」とアピールするかのようでもあった。そのうち、強い咳はしなくなったが、ちょっとしたことで「コンコンコンコン」と立て続けに咳をするようになり、一度咳が出始めるとしばらく（数分）は止まらない、という感じになった。

親としてどうしてやることもできず、先生に相談させてもらった。Ｋは「別な医者にかかっても、また同じことを言われるに決まっている」と、再度の受診には乗り気ではなかったが、「医学部の偉い先生なのに、よく話を聞いてくれると評判だし、大学空手部の指導を長年されているから、きっと病気のことだけでなく、運動の方も力になってくれる」と説得して連れて来た。

この父親によって語られた事実によって、Ｋ君が咳喘息を発症してしまった契機と、それを生み出した心の葛藤を、より具体的に把握することができます。高校での冴えない成績によって傷ついた自尊心を取り戻すかのように、水泳にのめりこんだ結果、当然に成績は悪化してしまいました。それをＫ君は父親には、「自分は勉強ではトップを取る才能はない」、「トップの連中は別人種」という表現で結果を正当化しようとし、母親には「これだけ体調が悪いのだから仕方がないじゃないか」とアピールするかのように咳をしたのです。

それは当初、わざと「ゴッホゴッホ」と強く大きく咳込むような咳をしていたものが、いつしかちょっとしたことで「コンコンコンコン」と咳が出て止まらなくなってしまう、咳喘息に特徴的な咳へと変わっていった、と父親は述べています。意図的な咳が咳喘息と言われるほどのものになってしまうには、それによって心が安らぐ（周囲が心配してくれる、勉強のことを言わなくなる）、もしくは先述のように咳による熱の産生によって体調そのものが一時的に改善する、などの積み重ねがあったことでしょう。いずれにしても、咳喘息と言われる状態が、突然に降ってわいた災難ではなく、目的意識的な繰り返しによって、癖となるくらいに量質転化を起こしたものだということを理解しなければなりません。

もう一つ大切なことは、Ｋ君の水泳に賭ける思いは、中学時代から肝心な時に故障する経験を繰り返し、その時の痛恨の思いを背負った重いものだったということです。そのような思いが原動力となっていた故に、高校の体力テストで一位を取り、わずか半年で先輩や経験者のタイムに勝るほどの成果をあげることができたものです。その水泳に対してもドクターストップがかかってしまったK君の悔しさは、尋常ではなかったでしょう。勉強に続いて運動までも、何もかもを失ってしまうような思いが膨らんだことでしょうし、そのことが明らかに症状を悪化させていたことでした。このような心のあり方が生理構造に働きかければ、咳喘息と言われる状態は治りがたいレベルに量質転化していくともいえるでしょう。したがってK君への治療は、心を整えるとともに、実体の回復を図らなければならないことが分かります。

次回は、このような認識実体に歪みの構造を把持してしまったK君への治療は、いかにあるべきかを、医学体系に基づく治療論から論じていきます。心配している読者の方のために、結果だけ先に記しておくならば、K君は筆者の治療によって1週間で咳が消失し、その後一度も再発はありません。K君はその後水泳部のキャプテンになり、3年次の高校総体では県代表に選出され、個人バタフライで九州大会に出場するほどの成果をあげました。心配された勉強も徐々に立ち直り、3年夏の時点では有名国立大学を現役で狙えるレベルに進歩しています。どん底だったK君が認識と実体を回復させ、運動でも勉強でもこのような成果をあげるきっかけになった治療実践とはいかなるものだったか、次回説いていくことにします。

（続）

9　医療における理論的実践とは何か

――初期研修医に症例の見方、考え方の筋道を説く

〈第十一回〉左上肢筋力低下及び筋萎縮が生じた一例④

聖　瞳子・高遠雅志・九條　静
北條　亮・池邉修二・新海武史

目次

(1) 前回までの要旨

　本稿では、研修医諸君がいかなる病気に対しても正しい診断と治療ができる実力をつけていってほしいと願って、具体的な症例を取りあげながら考え方の筋道を説いてきている。そして、第八回から「左上肢筋力低下及び筋萎縮が生じた症例」を取りあげており、今回は本症例としては四回目である。まずは、その考え方の筋道のどこまでを説いたのか、そして今回はどこを説いていくのかを示してから、前回の続きに入っていきたい。

　正しい診断と治療ができるための考え方の筋道を読者に分かり易く表したのが「医学体系の全体像」〔**図1**〕であった。正常な生理構造の状態〔Ⓐ〕が、外界との相互浸透によって、正常な生理構造が歪んでしまった状態を示しているのが〔Ⓑ〕であり、歪んでしまった生理構造〔Ⓑ〕を、治療によって少しでも正常な生理構造へと

近づけようとした状態が〔Ⓐ′〕である。

本症例の第一回では、正常な生理構造が歪んだ状態（〔Ⓑ〕の状態）を見ていった。具体的には、患者Rの急激な変化として、空手講習会の際の練習によって左上肢筋力低下と筋萎縮が生じたことが見えてきたのであるが、空手講習会の練習の時点ですでに頸椎症になっていたことが分かってきたのであった。そして第二回と第三回では、患者Rがなぜ頸椎症になってしまったのかということを理解するために、頸椎症を見ていくにあたって必要な、人間の運動器官はどのようにしてつくられていくのかを考えていくことになったのである。

そのため第二回では「生命の歴史」を遡り、地球上に誕生した生命体の中で、運動器官という専門分化した器官をもった魚類以降の生命体において、地球の変化に適応していく形で運動器官が変化発展してきた過程を辿っていった結果、「運動形態によって運動器官はつくられる」という性質が見えてきたのであった。

それをふまえて第三回（前回）では、人間が二本足で立って歩くようになり、その運動をしっかり担える構造の一つとして、人間の脊椎が特殊な生理構造を持つようになったことが分かってきたのであった。それとともに、

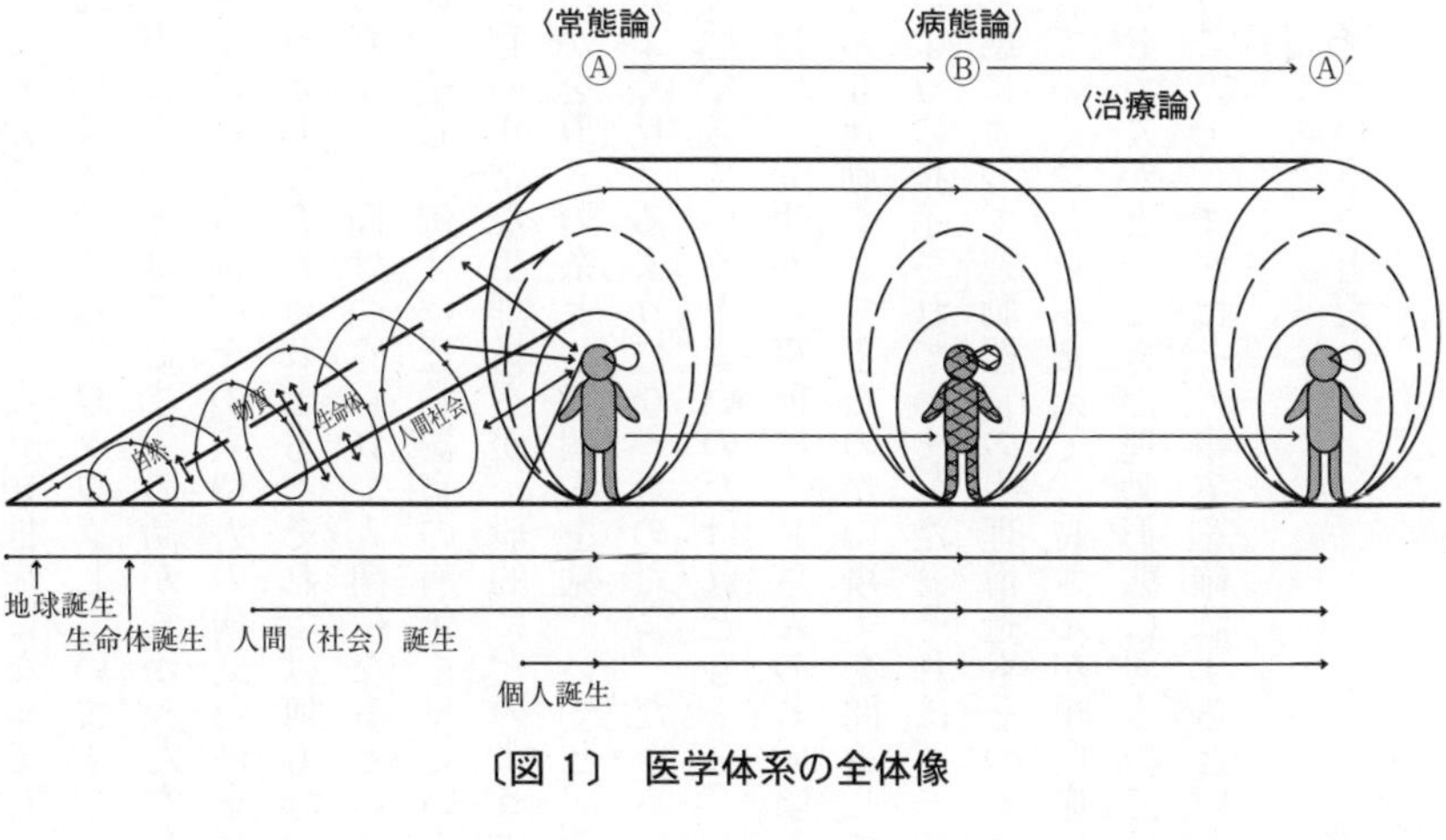

〔図 1〕　医学体系の全体像

人間の運動のあり方の特殊性として、人間は本能による統括に加えて認識によって統括する面が大きくなるのであり、その人間の認識は生まれた時から育ち、育てられてつくられていくものだから、その人なりのいわば個性的につくられた認識によって、運動も統括される。もう少し具体的に言えば、人間はその人なりの認識によってその人なりの運動形態をとり、その運動形態によって運動器官の生理構造もその人なりにつくられていく面が大きいのであるから、運動形態に偏りや歪みがあれば運動器官の生理構造が歪んでいくことにもなる、ということであった。

今回は前回までの、頸椎症を見ていくにあたって必要な、人間の運動器官の一般性レベルの把握をふまえて、患者Rが正常な生理構造の状態〔Ⓐ〕が歪んだ状態〔Ⓑ〕になっていった過程、すなわち、頸椎症になっていった過程を説いていくことになる。

（2）正常な生理構造が歪んでいく過程の事実

指導医　では、Rさんの症例について具体的な検討に入ろう。

研修医　これからRさんがなぜ頸椎症になってしまったのかを見ていくのですね。ワクワクしています。

指導医　君にとってはここまでの話が長かっただろうからね。確かに私も昔は、その人個人の病気だけを見て何とかしようとしてきたけれども、それでは何も分からなかったのだよ。人間はつくられて人間になるという人間の一般性、そして例えば運動器官の病気を見ていく時には運動器官の正常な生理構造が一般的にどのように歪んでいくのかを導きの糸として個人を見ていくと、その人の歪みがよく見えるようになったのだよ。だから、そこを君が実感できていくとよいのだけれども……。

研修医　はい。先生から事前に、Rさんの若い頃から現在までどんな運動をしてきたのかの事実を問診してまとめてくるように指示されていました。それは、一般的には運動形態によって運動器官の生理構造もその人なりにつくられていくことをふまえて、Rさんが頸椎症になった原因がRさんがとってきた運動形態にあるのではないかということで、まずはその事実を確認するということなのですね。

指導医　そういうことだね。

研修医がまとめてきた患者Rの運動歴は次のようであった。

小学校一年生～　少年サッカーチームに所属し、週1回活動。サッカーが盛んな地域であり、小学校の同級生達は皆、少年サッカーチームに所属していた。ドリブルやパスなどの基本的な練習やミニゲームなどをしていたが、自分よりも上手なチームメイトが多くいたため、公式戦でレギュラーに選ばれることはなかった。**中学生**　サッカーは向いていないと思い、陸上部に所属して週5日練習していた。短距離選手であり、走り込みや陸上の基礎練習をしていた。部活動が盛んな学校ではなく、きちんとした指導者もおらず、しっかりした練習ができていたわけではなかった。**高校生**　中学校の陸上部での練習が楽しかったことから、引き続き陸上部に所属し、短距離走をしていた。しかしこの高校の陸上部は全国大会に出場する選手がいるような強豪校であり、休日も練習があり厳しかった。二年生の時に膝を高く上げて走る練習などのし過ぎで左膝を故障して、数か月走れない時期もあった。また数回、腰痛にもなった。このように一生懸命練習していたにもかかわらず、予選通過したことがなく、つらかった。**大学生**　四年間学生寮に入寮していた。運動部には所属しなかった。球技も向いておらず、トラック競技も高校の時点で自分の限界を感じていたので、筋肉トレーニングならば運動神経が必要なく誰でもできると思い、個人的にランニングや筋肉トレーニングを行った。具体的には、マシンなども使用してトレーニングをしたり、懸垂を一日のべ100回、連続では21回以上行ったりしてかなり鍛えていた。筋肉トレーニングはやればやるほど筋肉がついて体型が変化し、効果を実感することができたので、自分には向いていると思い熱心に行った。

23歳　大学の友人に誘われて、空手を始めた。筋肉トレーニングで作り上げた筋肉が生かせるように思った。また、自分のペースで練習することができ、強くなるということにも興味があったことから楽しくなり、週3回の練習に加え、個人指導を週2～3回受け、自主練習も行っていた。自主練習では以前からの筋肉トレーニングを継続し、懸垂やV字腹筋、腰の上下（スクワット）などを行っていた。**24歳**　空手を始めて一年半後に初段に合格した。その後、居合を練習し始めた。**25歳**　大手ホームセンターの職員として勤務開始。少しの休憩時間にも、倉庫で積み上げられた段ボールを利用して足上げや廻し蹴りを行うなど、トレーニングを欠かさなかった。この年、居合初段に合格した。空手の練習時に、上半身が前傾姿勢であることを指導者からよく注意されていたが、自分では相手に攻撃する気持ちが出ているからだと思っており、上半身の前傾姿勢を改善する気は起こらず、そのままだった。

30歳　仕事上では少しずつ責任ある立場になり、多忙になった。その頃から気管支の不調を自覚するようになった。その後、気管支喘息と診断されるに至り、空手などの運動ができなくなった。**31歳**　喘息の病状が悪化し、入院加療のため、三週間ほど休職することになった。**32歳～33歳**　毎年喘息で一週間程度入院した。この頃から、喘息の改善を目的として水泳を開始。40歳頃まで週2～3回程度通い、クロールやバタフライを主に泳いでいた。バタフライは特に熱心に取り組み、50mを30秒程度のタイムで泳げるようになり、水泳のマスターズ大会（30代クラス）に出場するほどになった。腰の上下などは時折、200～300回行っていた。空手は週1回程度であり、居合の練習もあまり行わなかったが、30代後半に居合弐段を取得することができた。次第に喘息症状が改善してきて、クロスバイクの自転車で片道30分の通勤をするようになっていた。

40歳頃　空手よりも棒術の練習が中心になっていった。棒術の練習でも上半身が前傾であることをよく注意された。この年の後半には転居や結婚したことから、水泳に通うことができなくなった。**47歳夏頃**　壁蹴り練習時に左膝を痛めた。その後、しゃがみながら捻る動きをしてさらに痛め、ロッキングが起こるようになった。**48歳頃**　上級者による取り立て稽古で、相手に突っ込む度に上級者から掌底を顎に当てられて押さえこまれた。顎や頸に痛みはなかったが、翌日から、帰宅時に家の門から玄関のドアまでの3段ある階段で、自転車を持ち上げる際に右腕に力があまり入らないことに気づいた。しかし、右腕に力が入らないことを自覚したのはその動作だけであり、筋肉が萎縮しているかどうかを気にすることはなかった。自転車を運び上げる時の症状も一か月程度で自然軽快した。

51歳（**二〇一五年**）　居合の昇段審査へ向けて、居合練習を開始した。居合刀は重さ700g、長さ90cm程度（真剣の場合には少し重く、重さ900g、長さ90cm程度）であった。**五月**　居合の昇段審査を受けるも、不合格。居合においても上半身が前傾であることを注意されたが、自分では相手に攻撃する気持ちが出ているからだと思っており、そのままだった。この後合格するために、毎日15分～30分程度、重さの異なる数種類の真剣を用いて練習していた。ほぼ右腕ばかりで練習していた。柔軟体操やストレッチなど、体をほぐすような練習は行わなかった。クールダウンとしての練習は、真剣から500mℓ程度の水が入ったペットボトルに持ち替えて、真剣の時と同じフォームで何度も振るというものであった。**十月頃**　再度居合の昇段審査を受けるも、不合格。二度昇段試験に落ちたことがショックでもあり、体のバランスをとるためにそれまではたまに左で居合の練習をすることもあったが、不合格以降は右腕でしか練習しなくなった。**十一月**　腰が重く、整骨院受診。**十二月**　特にリュックを背負ってクロスバイクの自転車で通勤している時に、時折左腕にしびれを感じるようになった。**二〇一六年一月**　大学の母校で懸垂を連続10回1セットとし、合計10セットくらい行ったが、違和感はなかった。

現在（52歳）　大手ホームセンターの勤務を継続している。勤務時間は7時間45分くらいだが、9時間程度仕事をすることもある。まとまった休憩はほとんどとれない。通勤は片道約1時間（クロスバイクの自転車5分、電車乗り換え1回、自転車5分）。荷物はリュックで運んでおり、歩行時は右肩にかけることが多く、自転車に乗っている時だけ両肩にかける。妻と共働きで、3人の子供を育てている。近隣に住む妻の両親にも育児を協力してもらっている。入浴は毎日2回入っているが、晩はあまり時間がないため、湯船につかることはほとんどなかった。睡眠時間は6時間程度であった。

（3）症例患者の運動形態を問う

①偏った運動のし過ぎとは
——筋肉トレーニングの影響について

以上の事実をふまえて、指導医と研修医の間で次のようなやり取りがあった。

指導医　君が問診してくれたRさんの運動のあり方からRさんの運動器官の生理構造がどのように歪んでいったのかを見ていくことになるが、まず、Rさんの運動のあり方について君はどう思ったかな。

研修医　う〜ん、Rさんは大学生の時に筋トレを始め、卒業後も空手、棒術、居合を行っていますよね。若い頃からずっと運動を続けていた人なのだなあというのは分かりましたが、頸椎症になった原因がまだよく分かりません……。

指導医　端的に言えば、偏った運動のし過ぎやそれに伴う長期間に亘る姿勢の悪さが原因であり、それに加齢も重なって歪んでいったと捉えることができると思う。

研修医　それはいったいどういうことでしょうか。Rさんはプロのアスリートのように鍛えていたわけではないから、運動のし過ぎとは言えないのではないでしょうか。空手歴30年と言っても、病気で休んでいた時もあったようだし、ちょっと活発な50代だったら、テニスやゴルフなどのスポーツをアクティブにやっている人はいますよね？　そういう人がみんな頸椎症になり、Rさんのような症状が出ているわけでもないですし……。それに、Rさんは若い頃からずっと体を鍛えてきており、運動していない同年齢の人に比べたら、骨や筋肉や関節などは鍛えられて強くなっていると言えるかもしれませんし……。

どこがそんなに偏った運動なのでしょうか。

指導医　君の質問に答えるには、まず人間に適切な運動のあり方はどのようなものかをふまえなければならないね。人間は元々哺乳類なのだから、手足を使って凹凸《おうとつ》のある大地を駆け巡るようなダイナミックな運動をしてこそ、バランスのとれた運動をしていると言える。

ところが、Rさんの運動のあり方を見ていくと、体を部分的に動かす、しかも同じような動きを繰り返すことばかりしてきているから、それを一言で言えば「偏った運動のし過ぎ」と捉えることができると思う。では、なぜそのように言えるのかを見ていこう。Rさんは特に頸部に歪みが現れているので、頸部を中心にどんな運動をしてきたのかを10代、20代、30代、40代、50代と括りながら見ていくことにしよう。

研修医　分かりました。まず10代ですね。小学一年生からの少年サッカーチームでの練習や中高生の時の陸上部での短距離走の練習は、小学生から高校生としては、通常の運動の程度だと思いますが。

指導医　そうだね。高校生の時に練習のしすぎで膝を少し痛めたようだが、練習を休んで治ったようであり、多少の差はあれ多くの子供たちが、小学生から高校生の時の部活動における運動の程度だったと言えるだろう。ところが、大学生の頃から積極的に筋肉トレーニングを行うようになったが、そのトレーニングの内容を見ていくと、偏った運動をし過ぎていると思うのだが……。

研修医　それは、どういうことですか？　僕も筋肉トレーニングをしたことがありますが、筋肉トレーニングは偏った運動になるのですか？

指導医　筋肉トレーニングも、やり方によっては必ずしもそうなるとは言えないのだけれど、少なくともRさんのトレーニングの仕方は偏った運動を繰り返していたと言えるだろうね。

一般的にマシンを用いた筋肉トレーニングの場合、マシンによって鍛える筋肉が決まっており、その決まった動きで筋肉に負荷をかけながら繰り返すことになる。Rさんが特に励んでいた懸垂は、鉄棒などを両手で掴んでぶら下がった状態から両腕を曲げて体を持ち上げる運動だから、広背筋、僧帽筋下部、大胸筋、上腕二頭筋を中心に鍛えることになる。それらの筋肉をある一定方向に鍛えることはできても、骨を強化したり、関節の柔軟性を鍛えたりすることはできず、負荷がかからない下半身も鍛えられない。単調で偏った運動になってしまうね。

研修医　確かに一部の筋肉を一定方向に鍛えるだけで、骨を強くしたり関節を柔らかくするような鍛え方ではないですね。骨や関節を鍛えるにはどんな運動がよいのでしょうか。

指導医　君に分かり易いように言えば、骨を鍛えるには何かをたたいたり、衝撃を与えたりすることが大事であり、関節を鍛えるには関節を可能な方向にいろいろ動かすことだろうね。

しかし、個別に考えすぎてはいけないよ。骨や関節や筋肉は運動器官として一体のものだからね。以前話したように、人間は哺乳類であるし、その中でも木に登って樹上生活をしたサルがやがて木から地上に下りて人間になったのだから、その過程を辿るような運動を組み込めば、人間としての体の基盤ができていくということだよ。具体的には、大地を駆け巡るようなダイナミックな運動をしていけば、骨は大地からの衝撃を受けるし、関節や筋肉は起伏に合わせて柔軟に動かされることになる。木登りはいろいろな方向に伸びている木の枝を掴んで登り下りするから、関節を様々な方向に動かすことになるし、重力に抗して登っていくという筋肉や骨の強さが必要になるだろうね。

研修医　いろいろな方向に体をダイナミックに動かすことが、骨も筋肉も関節もバランスよく鍛えられるということなのですね。

指導医　簡単に言えば、そういうことだね。前回話したように、人間はその人なりの生活によって体の動かし方が個性的であるから、運動器官の生理構造もその人なりに歪んでしまう可能性がある。だからこそ、哺乳類からサルの段階を経て人間になった過程をふまえて、人間としての本来の運動のあり方を基盤に据えておくことが大事だと思う。易しく言えば、偏った運動による体への影響をできるだけ少なくするためには、全身を様々な方向に動かして、動きに偏りが生じないようにすることが必要なのだよ。肩関節であれば肩全体を回したり、あらゆる方向に腕を動かしたりすることが大事なのだが、Rさんの筋肉トレーニングは同じような運動ばかり繰り返してしまったようだね。では23歳になって始めた空手の場合は、どうだっただろうか？

研修医　うーん……。空手の場合には、突《ツキ》や蹴《ケリ》の練習で両手両足を使い、型や組手においても様々な方向に動かしているので、偏った運動ではないように思いますが……。

指導医　果たしてそうだろうか？　空手の練習では両手足を動かしてはいたが、通常では突なら後ろから前方向に突くだけ、蹴なら主に前や横方向に蹴るだけという同じ動作を繰り返すことが多い。

研修医　前から後ろに蹴ったりする練習が必要だったということですか？

指導医　おっ、アタマが動いてきたようだね。君が問診してくれた事実から見る限り、Rさんは反対方向への動きを意図的に行って、全身の動きに偏りが生じないように心がけていたということはなかったようだね。それに、Rさんは筋肉を一定の方向にしか動かさない筋肉トレーニングも継続していた。さらに問題なのは空手の練習において、指導者に注意されるほどの前傾姿勢だったのに、それを改善せずに続けてしまっていたことだ。この前傾姿勢を続けていたことが、どのような意味をもっているのかはもう少し後で説明しよう。では、30代はどうだったろうか。

研修医　Rさんは30歳の時に仕事で多忙になり、体調を崩し、気管支喘息を発症してしまっています。

指導医　そうだね。20代では少し無理しても回復力が十分なので、体調を崩すことはなかっただろうが、30代になると20代よりRさんの回復力が落ちてくる。だから、ハードなトレーニングを続けた上に仕事も多忙になって十分な回復過程を取れなくなり、喘息を発症してしまったのだね。入院加療した後に水泳を始めたことで喘息症状が改善してきたようであるが、水泳は当時のRさんの運動器官の生理構造を整えるためにもよかっただろうね。

研修医　それは分かります。僕も以前、腰を痛めた時に水泳をしたら、よくなったことがありましたから。水泳は左右の手足を含めて満遍なく体を動かすことになるから、偏った運動のし過ぎで歪んできていたRさんの体を少し整えることができたということですね。

指導医　そうだね。自分の経験と重なって分かったのがよいね。

②空手や居合練習の時の姿勢の歪みとは

指導医　では、40代はどうだったろうか。その頃のRさんは棒術や居合などの練習が多くなっていったが、そこで問題になるのは、20代から癖のようになっていた前傾姿勢を続けていたということだ。

研修医　先生、やけに前傾姿勢を続けていたことを強調されていますが、この前傾姿勢であることがどうして問題なのですか？

指導医　ここがとても大事なところなので、少し詳しく見ていこう。まずは〔**図2**〕を見ながらRさんの姿勢について確認してみよう。

〔**図2**〕の①は、正面から見た時の居合の練習の動きを示している。②は、①を左から見た時のよい姿勢というか、通常の姿勢を模式的に示している。③は、Rさんの居合の練習の動きを左から見た時の姿勢を模式的に示している。これを見て君はどう思う？

研修医　確かに②と比べて、③で示されているRさんの姿勢は、上半身が前のめりになっています。

指導医　そうだね。これは居合の基本練習だが、空手の基本練習も同じように、通常の姿勢というのは、②のように胸を張って腰で上半身の体重を支えるから、頸部や腰部にあまり負担はかからない。しかし、長い時間前傾姿勢をとり続けることは、頸部や腰部に負担がかかってしまうのが分かるだろうか。

研修医　確かに③では、脊椎のS字状カーブが保たれていないですね。頸や肩や腰で前のめりの体を支えているのが分かります。

指導医　その通りだよ。③のような前傾姿勢でも、短い期間であれば大きな問題は起こらないが、Rさんの場合は30代頃から前傾姿勢を指導者に注意されていながら直さずに、その姿勢を続けてしまっていた。それだけでなく、Rさんの前傾姿勢は空手の時だけでなく、日常生活の運動で見られなかっただろうか。

研修医　う～ん、ホームセンター勤務だから、重い物を持ち上げるとか……。

指導医　それもそうだね。重い物を持つ時には頸や腰に負担がかかるからね。他にもある。例えば、喘息が改善してきた頃から、通勤でクロスバイクのような自転車に乗っており、長い時には、毎日片道20㎞程度だったということだから、これは軽視できるものではないね。クロスバイクのような自転車に乗ると、頸部は前方に出るような状態になるからね。

研修医　毎日片道20㎞って凄いですね。肩や頸に相当負担がかかっていたでしょうね。問診した中身だけでも、これだけ長期間に亘って前傾姿勢をとっていたわけだから、日常生活でも、本人が自覚していない何気ない動作でも前傾姿勢になっていたのでしょうか。

指導医　そうかもしれないね。最初は空手の練習などの時だけ前傾姿勢だったのかもしれないが、通勤時のクロ

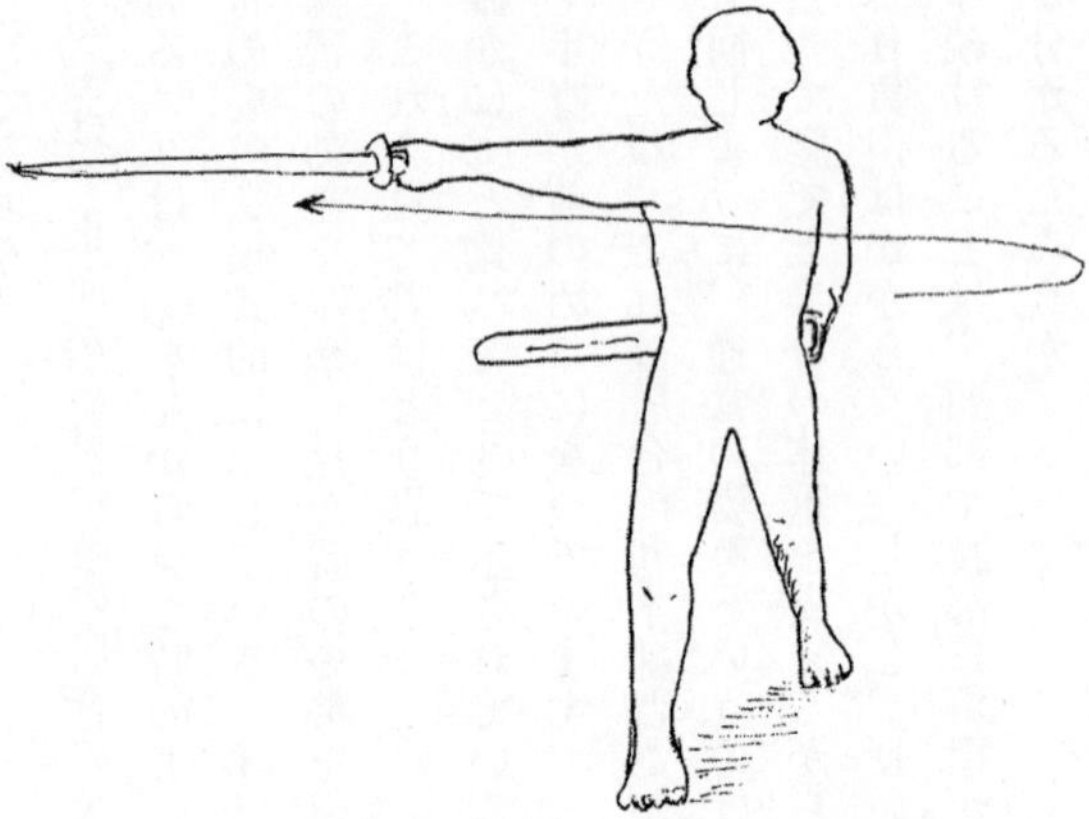

① 居合の練習の動き（正面から見た絵）

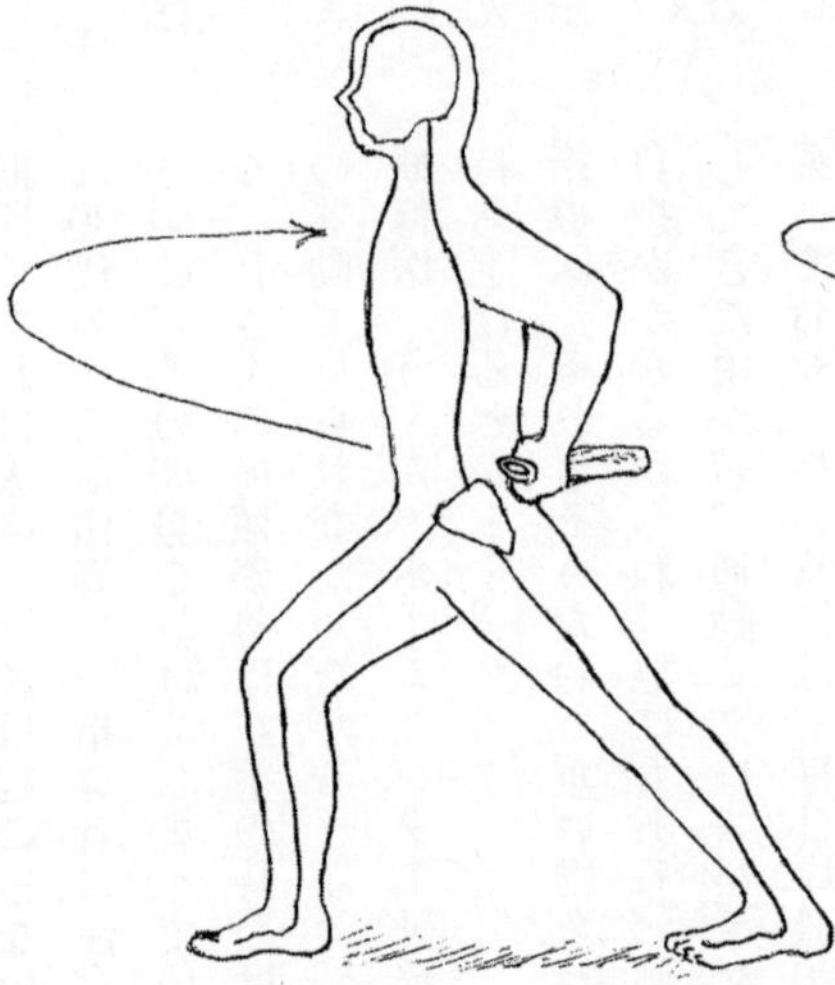

② 通常の姿勢（左から見た絵）

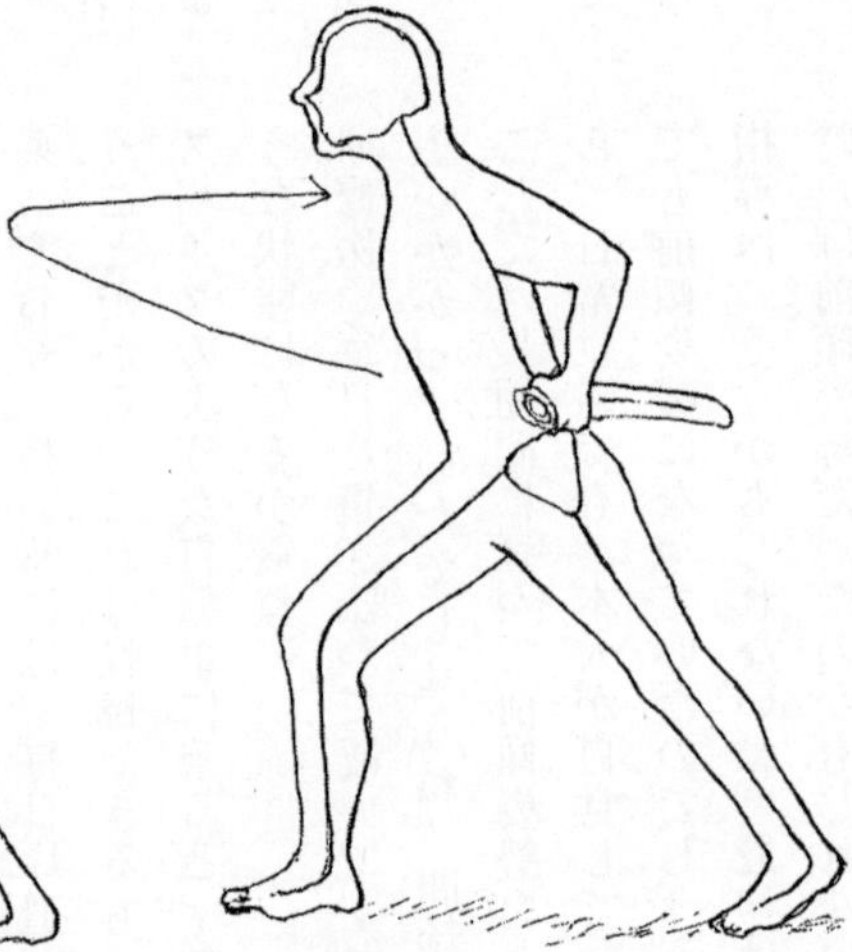

③ Rの姿勢（左から見た絵）

〔図2〕 居合練習の時の姿勢（矢印は手の動く方向）

スバイクのように日常生活においても前傾姿勢になると、前傾姿勢が徐々に癖のようになり、頸部の筋肉や頸椎も前傾姿勢に合わせたものへと少しずつ変化していっただろうからね。さらに50代を見ていこう。Rさんの頸椎症の悪化の一番の原因となったのが、51歳頃からの居合の練習であったと思う。

研修医　また居合ですか？　40代の居合や棒術の練習の時に、Rさんが前傾姿勢をとっているから頸部に負担がかかっていったことは分かりましたが、さらに何か問題があるのでしょうか？

指導医　Rさんの51歳頃からの居合の練習は、〔図2〕のようにかなりの重さと長さをもつ刀を、右手で鞘から抜く練習を延々と繰り返していたようである。そのような練習では右腕から肩周辺の筋肉を使うばかりでなく、Rさんの場合には前傾姿勢になりつつ正面を見た体勢になるため、頸部は斜め前方へ出て、いわば直線的になる。しかも〔図2〕①で表わしたように、居合の基本練習では通常、刀を鞘から勢いよく抜き、体の横90度の位置に肘を伸展した形でピタッと止めるから、重い刀を力強く回した勢いを止めるときの衝撃も頸部に加わるだろうね。その勢いに負けないようしっかりと体を支えるために腰部にも負荷がかかっていったから、腰痛も起こしてしまったのだよ。

研修医　確かに〔図2〕のRさんの姿勢で練習を延々と繰り返していたら、頸部への負担のかかり方はかなりのものになったでしょうね。若い頃から現在までのRさんの運動のあり方を見てきて、頸椎に負荷がかかり続けてきたことが分かりました。

指導医　そうか。Rさんの運動形態から頸椎に負荷がかかり続けてきたことが分かったら、次は何をどのように考えていけばよいだろうか。

研修医　先程先生が言われたように、一般的に運動形態の偏りや歪みがあれば運動器官の生理構造が歪んでいくのだから、Rさんの場合には筋肉トレーニングをし過ぎた上に前傾姿勢を取り続けて頸椎に負荷をかけ続けたという運動形態の偏りや歪みが、頸椎の生理構造にどのような歪みを生じさせていったのかを見ていくということでしょうか。

指導医　おっ、考え方の筋道が少し分かってきたようだね。

（4）頸部の生理構造が歪んでいく過程を問う

指導医　では、Rさんが繰り返し前傾姿勢を取っていったことで、頸椎の生理構造にどのような変化が生じていったのかを見ていくが、まず前回示した、正常な頸椎の絵〔図3〕をもう一度見てほしい。

Rさんの前傾姿勢というのは頸部が斜め前方に出た状態で、しかも目が正面を向くために頭部は少し起こされる形になるので、頸部は〔図3〕の②のように全体には前方に屈曲しつつも、頸部の上部では③のようにやや伸展した形になる。

研修医　今一つイメージできないのですが……。

指導医　そうか。簡単に言えば、頸椎が斜め前方に直線的になるということなのだが、もう少し分かり易くイメージしてもらうために、正常な頸椎とRさんの頸椎を比較した〔図4〕を見てほしい。

まず①は、まっすぐ立っているときの頸椎の形態と頸部の筋肉の一部を表している。脊椎のS字状カーブの一部としての頸椎の前弯は、重い頭部を支えるために必要な形態として形成されてきたのだね。②と③は前傾姿勢における頸椎の形態と前傾姿勢の頸部を支える主な筋肉を示しているが、それらの筋肉はたくさんあるので、主なものを②と③に分けて示している。②と③の頸椎は斜め前方にいわば直線的になっているのが分かるかな。

研修医　確かに②と③の頸椎は、斜め前方に直線的になっていますね。これを詳しく見れば、頸部が全体は前方に屈曲しつつも、頸部の上部では伸展した形になっているということですね。

指導医　そうだよ。この絵を見てどう思う？

研修医　この絵を見ると、確かに前傾姿勢は、頸部が斜め前方に出ており、頸部や背中や肩の筋肉や骨に負担がかかりそうですね。そう言えば、前々回の哺乳類の説明を思い出しました。その時に先生が「四つ足の哺乳類の頸椎はやや斜め上を向いて頭部を支えることになるため、下位頸椎や上位胸椎の棘突起が大きくなり、その棘突起にしっかりとした筋肉が幾重にも付着している」と説かれ、僕が「人間が四つ足の動物のように頸部を斜め前に出していたら、疲れるだろうな」とつぶやいたら、先生が「頸椎症を理解するのに大切なことに気づきかけた」と言われました。

指導医　そうだよ。よく思い出したね。

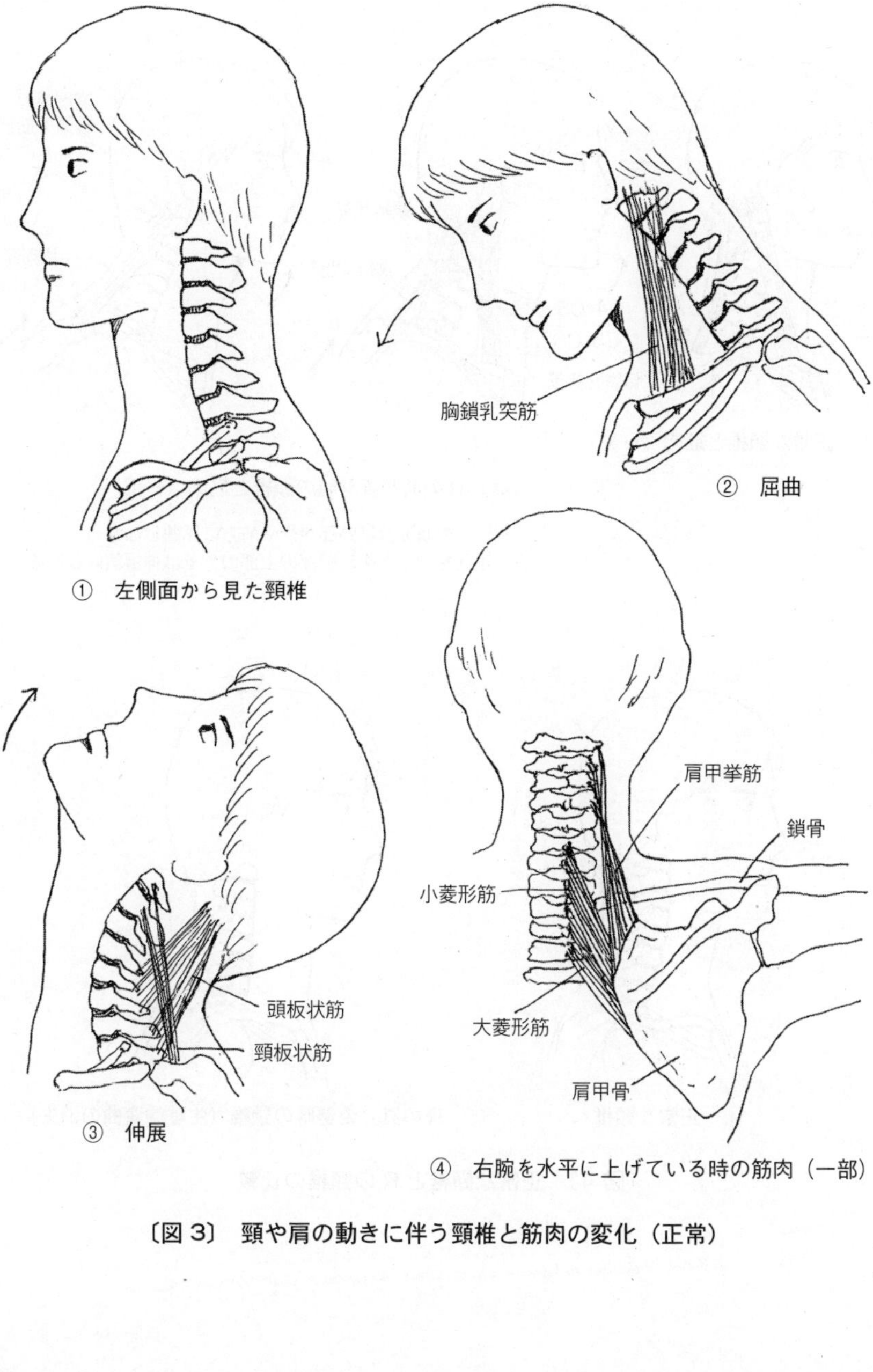

② 屈曲
① 左側面から見た頸椎

③ 伸展

④ 右腕を水平に上げている時の筋肉（一部）

〔図 3〕 頸や肩の動きに伴う頸椎と筋肉の変化（正常）

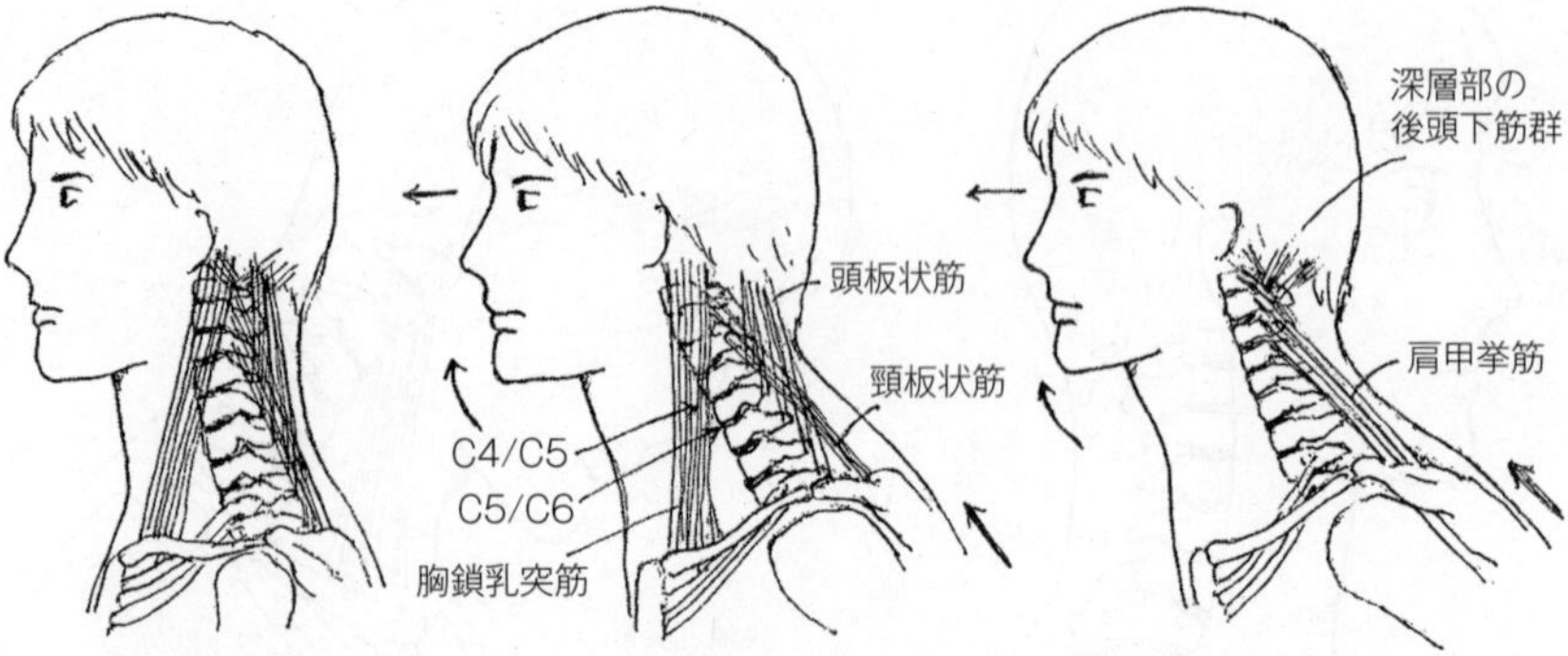

①　正常な頸椎と筋肉（一部）　　②　　③

②③　Rの前傾姿勢時の頸椎と筋肉（一部）

※Rの前傾姿勢は頸部がやや前方に屈曲しながら
正面を向くために頸部の上部の方では伸展気味となる

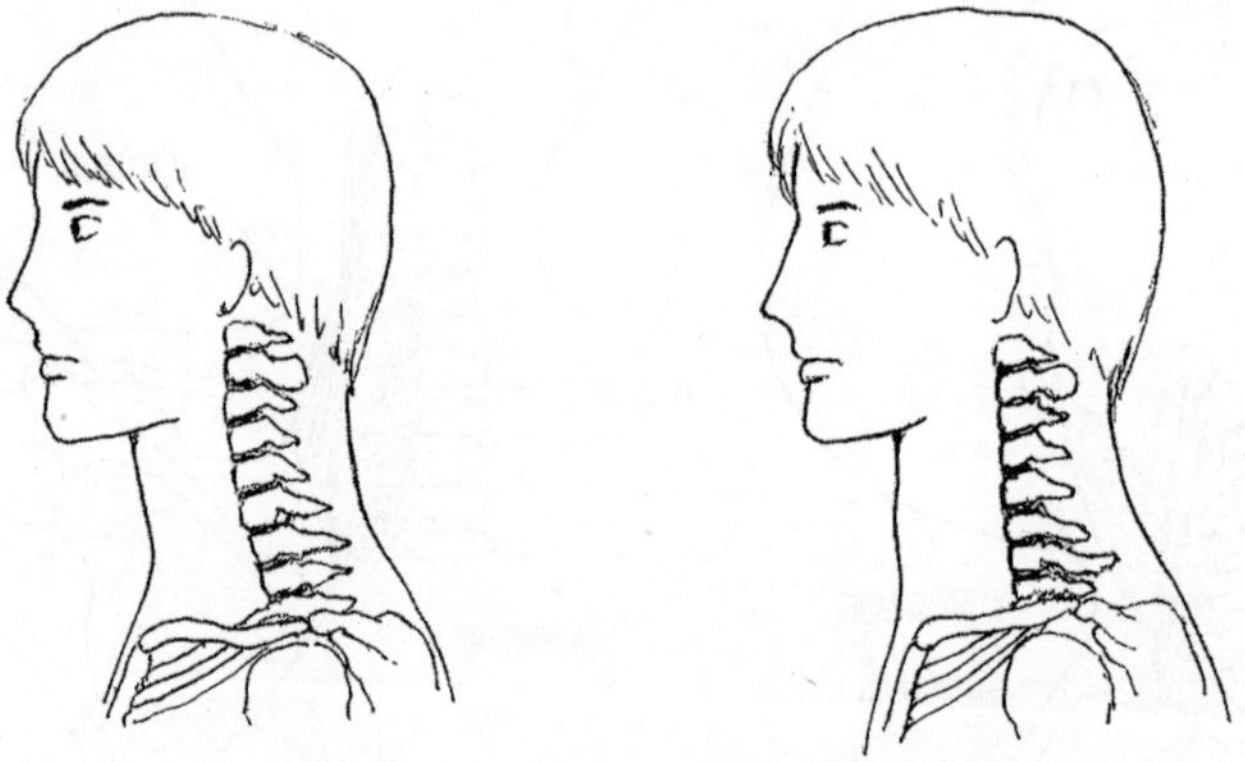

④　正常な頸椎　　⑤　Rの直立姿勢時の頸椎（生理的弯曲の消失）

〔図4〕　正常な頸椎とRの頸椎の比較

研修医　そうか。四つ足の哺乳類が斜め上を向いて頭部を支えられるのは、支えられるような骨や筋肉や関節の構造になっているからなのに、常に斜め上を向いて頭部を支えられる骨や筋肉や関節の構造になっていない人間が、そのような姿勢を取り続けていたら歪んでしまうということですね。前々回の内容とつながりました！

指導医　なかなか冴えてきたね。一般性としてはそういうことだよ。しかし、長い時間前傾姿勢を続けていると頸や腰を歪めてしまうというのは君の言う通りだが、通常はそのような前傾姿勢を長く保つことはできないものだ。ではなぜ、Rさんは比較的長い時間その姿勢を保つことができたのだろうか？

研修医　そうか！　それがRさんが行ってきた筋肉トレーニングの影響ということですか？

指導医　よく気づいたね！　君の言う通りだよ。Rさんは大学生の頃から、②や③の絵に示してあるような、肩から背部にかけての筋肉を懸垂などで必要以上に鍛えていたことから、負担になるはずの姿勢をある程度支えることができてしまったと言える。

研修医　Rさんにとって懸垂が頸椎の歪みの原因になってしまったなんて……。

指導医　そうだね。そういう意味では20代からの積み重ねの結果ということだね。そして前傾姿勢も長年の積み重ねの上に、51歳頃からの居合の練習での歪んだ運動のあり方が重なっていったのだ。では、頸椎が直線状になる姿勢を取り続けたことで、頸椎にどのような変化が生じていったのかを見ていこう。

研修医　あっ、それを考えるために、前回学んだ頸椎の正常な生理構造を思い出さないといけないのですね。

指導医　そうだよ。正常な頸椎の動きを表した〔**図3**〕を見て、③のように頸部が伸展した場合、椎間板はどうなる？

研修医　③のように頸部が伸展した場合、椎間板は後部が押されて縮みます。ただ、伸展が一時的なもので、すぐに〔**図3**〕の①のような正常な頸椎の位置関係に戻れば、縮んでいた後部の椎間板は元に戻ると思います。

指導医　そうだね。また、頸部を様々な方向へ動かせば、椎間板は様々な方向に縮み、椎間板が元に戻って膨らむ時には、必要な栄養素を含む組織液を十分に取り込むことができるから、どこか一か所に負荷がかかり続けることはない。ところがRさんは〔**図4**〕の②と③のように、頸部全体は屈曲しながら、頸部の上部の方が伸展した状態が続いていた。

研修医　そうか。〔図４〕の②と③のように、頸椎の中でもちょうどC4、C5、C6あたりを中心に椎間板の後部が頻繁に縮むことになりますね。ああ、だから、RさんのX線写真でC4とC5の間、C5とC6の間の椎間板が狭くなっていたのですね。これは、クッションの同じところに繰り返し座ったりしていると、最初は元の形に戻っていたものが、次第にへ・た・っ・て・き・て元に戻らなくなりぺ・ちゃ・ん・こになっていくのと同じことですね。

指導医　そうだね。では、椎間板の後部が頻繁に縮むことによってどうなるだろうか。

研修医　うーん……。

指導医　クッションの喩えで考えてみればよいのだよ。ぺ・ちゃ・ん・こになったクッションは元に戻ろうとする力が弱くなるだろう。椎間板が元に戻ろうとする力が弱くなるとどうなる？

研修医　そうか！　元に戻ろうとする力が弱いから、周囲からの組織液を椎間板内に取り込む力も弱くなります。そうすると、代謝も悪くなって椎間板の構成成分のつくりかえも低下しますね。しかも40代頃になると、加齢に伴って椎間板の水分量が少なくなり、椎間板の構成成分のつくりかえも低下してくるのでしたね。前回学んだことが活かせてきた気がします。

指導医　その通りだよ。これが一般性をふまえて見ていくと、Rさんの個人の変化の仕方が見えてくるということなのだよ。それが筋道を通して考えていくということなのだ。

研修医　今までぼやけていて見えなかった目の前の世界が開けていくような、爽快感を感じますね。

指導医　それはよかった。さらにRさんの場合は、空手の当て方や組手の練習で突や蹴などの衝撃を受けているね。そのような衝撃を頻繁に受ければ、Rさんの場合には既に椎間板の後部に負荷がかかっているところに衝撃によるミクロレベルの損傷が加わることになる。ここでも前回に学んだことを思い出してほしいのだが……。

研修医　そうか。軟骨には血流がないから一旦傷つくと回復が遅いと前回学びました。つまり、軟骨である椎間板は損傷に対する回復力が弱いために、1回1回の損傷はそれほど大きくなくても、損傷が加わる度に回復しきれず、椎間板の再生が低下してしまったということですね。

指導医　そうだね。さらに後部がへたってくるだけでなく、頸部全体としては屈曲しているから、前方にも全体的に負荷がかかっているため、椎間板の代謝が低下すれば、椎間板の前方もへたってきてしまうのだよ。

研修医　ああ、だからRさんの頸椎の前弯が消失して、直線的になってしまったのですね。そう言えば、Rさんの頸椎の単純X線写真ではC4とC5の間、C5とC6の間に骨棘が形成されていましたが……。

指導医　そうだったね。骨棘は一言で言えば骨の増殖ということであるが、なぜそのような変化が生じたのだろうか。〔図3〕を見てほしいが、C4とC5（上から四番目と五番目の椎体）の間、C5とC6（上から五番目と六番目の椎体）の間の椎間板は、椎間板の後方がよく動く部位である。しかもRさんの姿勢の特徴からその部位に一番負荷がかかり続け、30年という長い年月が経過する中で、徐々に椎間板が狭くなり弾力性を失い、頸部への衝撃を吸収することができなくなる。そうすると、椎間板の上下で椎骨を支えている終板はどうなる？

研修医　終板は頸部を動かす度に起こる衝撃を、直接受けることになります。

指導医　そうだね。回復力が乏しい軟骨は衝撃に耐えられなくなった部分から摩耗し、破壊されていく。それでも何とかして頸椎を支えなければならないから、そのために何かで補う必要がある。それはどうやって補うと思う？

研修医　その部分が駄目なら、その近くの部分で支えるしかないと思いますが……。そうか！　頸椎を支えるために、破壊された軟骨の近くで、荷重がまだあまりかかっていなかった部分の軟骨が増殖していくのですね。

指導医　そうだよ。増殖した軟骨が骨化しながら増大し、頸椎を支えようとするのだね。

研修医　正常な再生ではないから、椎骨の外縁に突き出るような形になって支えるしかないのですね。

指導医　それがいわば骨から出た棘のような形に見えるから、骨棘と呼ばれるのだね。しかも、骨棘によって頸椎を支えることを補えても、増殖した骨は軟骨と異なり、関節部の潤滑の役割を果たすことはできないから、さらに頸部の可動性が悪くなり、前傾姿勢を続ければ、その結果、前弯の消失を進めてしまうことになるのだよ。

研修医　Rさんの前傾姿勢によってC4とC5の間、C5とC6の間の部位に負荷が強くかかっていたからこそ、その辺縁に骨棘が形成されたのですね。今まで教科書で椎間板の変性や骨棘の形成について説明はされていてもピンときませんでしたが、初めてイメージが描けて理解できた気がします。

指導医　教科書の文字で学んだだけの知識は、そのままでは医療の現場では活かせない。なぜなら、実際の診療は文字ではないからだよ。だから、学んだ知識を具体的な事実に基づいてイメージを描くように努力していくと、医療の現場で使えるようになっていくと思う。

研修医　はい。先生が言われることが少し分かってきたように思います。

指導医　それはよかった。多くの高齢者の脊椎を見ると、骨棘ができるところは人間の姿勢として負荷がかかり易い頸椎や腰椎に多いという共通性はあるが、その中でどの部位に骨棘ができるかということは、人それぞれであり、その人の運動形態によって決まってくるのだよ。椎間板の変性や骨棘の形成は長い時間をかけて少しずつ生じていくものであり、椎間板には血管や神経が走行していないため、負傷などによって周囲の骨や神経とともに損傷するようなことがなければ痛みを感じることがないから、本人もその変化に気づきにくい。さらに人間は、昼間の生活によって生じる疲れや体の歪みを睡眠によって回復させることが必要なのだ。ところが、Rさんは練習量に比較して睡眠時間が少なく、夜の入浴時に湯船につかることはほとんどなかったようだね。

研修医　そうか、十分な回復過程がとれていなかったことも、体の歪みを悪化させてしまった原因の一つなのですね。

指導医　そうだね。そして、Rさんに頸椎症の症状として左腕にしびれが出たのは51歳頃で、リュックを背負ってクロスバイク自転車で通勤していた時だったね。

研修医　そうか。その頃には、Rさんの姿勢や疲労の程度によって、形成されてきた骨棘が神経根を圧迫するようになったということですね。

指導医　そうだろうね。そして、講習会の空手練習での相手の突の衝撃で、Rさんの頸椎に形成されていた骨棘が椎間孔を通る神経に損傷を与えた上に、炎症による腫れが生じたため、神経が圧迫されて急激な筋力低下と筋委縮という変化が起こってしまったのだね。

研修医　やっと急激な筋力低下と筋委縮が生じたところに到達しましたね。なぜRさんが頸椎症になったのかがよく分かりましたし、Rさんが急激に筋力低下と筋委縮を起こしたところまでの全体が、ようやく理解できたように思います。

先生、Rさんのことではないのですが、パソコン作業やスマホの画面を見るなどの前傾姿勢を取り続けていると、頸や肩がとても凝ったり、軽いしびれを感じたりすることがニュースで取り上げられていました。何だかRさんの前傾姿勢の絵と似ていると思いましたが。

指導医　よく気がついたね。前傾姿勢をとり続けても、若い人ならば椎間板の狭小化などはすぐには起こらないが、それでも頸部の筋肉がかなり緊張を強いられているから、肩凝りや頭痛などの症状に現れるだろうね。

研修医　はい。些細な日常の癖とか姿勢とかでも、長い間の積み重ねで正常な生理構造が歪んでいくのだから、恐いですね。

指導医　日常の姿勢などは我々自身も常に気をつけていきたいね。今回はここまでにしよう。

今回は前回までの内容、すなわち「生命の歴史」において「運動器官の実体はその機能である運動形態によって変化していく」ことをふまえ、人間の脊椎の正常な生理構造を見ていき、さらに人間はその運動形態が認識によって統括されるという一般性を導きの糸にして、患者Rの運動のあり方を見ていった。そこで分かってきたのは、患者Rは偏った運動をし過ぎていたことであり、その中で頸部に負荷がかかるような運動形態をとっていたことであった。そして頸部を中心に生理構造の変化を見ていくと、椎間板を中心とした一般的な加齢性の変化に加え、患者Rの個別性としての偏った運動形態を積み重ねた過程で、頸椎の椎間板の狭小化やそれに伴って骨棘が形成される必然性が見てとれた、すなわち頸椎症に至った過程が理解できたのであった。次回は、本症例を通して診断とはいかなることかを考え、さらに症例の治療について見ていくことにしたい。

（続）

10 医学生の息子へ（一）
――生理学の全体像は大学では学べない

池邉修二

目次

一 はじめに

息子へ。

大学医学部での講義はどうだ。期待に胸膨らませ入学した大学だろう。高校までの授業とは一味違うものだろう。難しい？ そうかも知れない。だが、おまえにとってはせっかく浪人までして自分の意志で選んだ道のはずだ。難しいと思えても投げやりにならないで、立派な医師になるためなのだから、しっかり学んで欲しい。

少し話は変わって、思い起こせば私が私なりに志を抱いて医学部に入学したのは、はるか三十年以上前のことになる。昔と言ってよいだけに、その頃は今とカリキュラムが随分と異なり、教養課程の二年間はなんと、不思議なことに一般教養科目のみの講義だったと言ってよい。自然科学系の数学や物理、化学、生物とともに学んだのは、第二外国語、文学や歴史、それに社会科学系の法学やら経済学、教育学といった学科まで学ばされたものだった。ところが、今は大きく変えられ、いきなり一年次から生理学や生化学、解剖学等の医学基礎科目を学ぶといったことになっているようだね。父さんの頃は、それらは三年次から行われていたものだ。父さんはあまり真面目な学生ではなかったけれど、今に比べると父さんの頃の方が、分からないながらもそれなりに医学以外の幅広い学問分野の雰囲気を感じる余裕があったように思えるのだ。それに今は一年次からの試験も大変らしいな。高校みたいに学期ごとに中間試験まであると聞いて本当に驚いてしまった。これは学生に怠け心を起こさせないために、休暇の直後に本試験すらが組まれているそうじゃないか。授業の出欠もIDカードだから、これでは代返もできないし、何とも奴隷みたいで可哀想に思えて仕方がない。

　こんなことを書くと親としてなんと甘いのかと思うかもしれないが、父さんとしては浪人までして受験勉強に追われて来たお前には、少しゆとりを持って社会や人間の心についてまともに時間をと、心では思うのだ。そのために社会が分かる小説を読んだり、歴史的なドラマを味わったりしてほしいのだが、試験・試験ではそんな時間が一体いつあるのだろうかと、少し気の毒に思えてならないのだ。

　なぜそう思うのかと言えば、医師の仕事は人間の病気の診断と治療ではあるが、しかし、医師が対象とする病気とは、動物ではなく人間の病気である。それだけに本当は専門課程に入る前に人間とは何かそのものの勉強、すなわち人間が社会的に生まれ、かつ、社会によって育

今の医学部1年生
夏休み明けのテストへ向けて勉強中

父さんが医学部1年生だった頃
『エジプト人』（ミカ・ワルタリ著）は古代エジプトの
医師の物語（その中に脳の手術の場面も出てくる）

ってきていることを勉強する機会を十分に持つべきだからだ。例えばサラリーマンでも外回りが多い営業中心の仕事をしている人はこんな生活だからこんな病気になりやすいとか、事務職で椅子に座ってパソコン操作ばかりするような人はこんなふうに健康を損なうとか、長距離トラックの運転手なら昼夜問わずの運転でこんなふうに無理をしがちであるとか、いろいろな人の生活を知らないと病気の本当の原因は分からないと言ってよい。

おまえに分かるような例で説けば、以上は中学時代の育ち方でなりかねない「キレる！」ということ、あるいは「不登校」ということ、また、受験勉強本位で中学生活を過ごすと、他人（友だち）の心を分からないで高校生になってしまうということ（これはまともな恋愛ができないことにもなってしまいかねない）等々と身近な問題でもあるのだから。

またそのような個人的な変化だけでなく、大きく社会的な変化も分かっていかなければならないと思うのだ。戦後の日本人の生活は豊かになったけれども、例えば現代の食生活は人間の健康にとって良くなった面と悪くなった面がどのようにあるのか、交通の便が良くなったことや冷暖房が完備されるようになったことで健康にとって良くなった面と悪くなった面はどのような具体性があるのかなど、様々な人間の生活の変化が人間の健康にどのように影響するようになったのか等々を分かってこそ、患者の一般的な病気の悪化過程だけでなく、具体的な個人としての病気の育ち方（！）を分かっていける実力を培うことによって、まともに患者を一般的、具体的症例として診ることができるのだと分かってほしい。

そのことが医師としての本物の一般教養の実力だと父さんは思うのだ。後で少し父さんの経験をふまえて話そうと思うが、そういうことが分からないと、自分を信頼して来ている患者をしっかりと診てとるという責任を果たすことができないと父さんは思うのだ。

では次に、医学部での専門の勉強で一番重要なものは何だと思う？

答えを言ってしまえば、それは人間の体の仕組みを知る、すなわち生理、つまり生理の具体とその構造を学ぶことだ。私も整形外科医となってかれこれ三十年以上経ったが、医師としての治療の経験を積めば積むほどに、生理の具体と構造の重要性を実感できるようになっている。なぜなら、医師たるものが人間の病気を正しく診断し治療するにあたり、人間の正常の状態を理解しなくては、病気すなわち異常の状態も分かるわけがないということが、ますます分かってくるからなのだ。

この間、お前の大学の生理学の講義プリントをちらっと見せてもらったが、父さんの頃に比べると随分良いものになっているので感心したものだ。父さんの頃は、各々の講師が思い思いに自分の専門分野の独自の形式のプリントで講義していたものだが、見せてもらったお前のプリントは、臓器別に分けられているのは私の頃と同じなのだが、分野間で形式も内容も偏りなく統一されていて、ビジュアル的にもイラストを多用し、学生が勉強しやすいようにとても工夫されているように感じたものだ。最近では医学部の学生の多くが持っている参考書なども見たけれど、同じような工夫がされていると感じた。

しかし、それらには何かが不足しているように父さんは思った。確かにそのプリントにしても参考書にしても、個々の器官なり組織の説明がより詳しく、しかも分かり易く書かれているのだけれど、何か肝心な点が欠けていたのだ。それは何かと言えば人間の生理の具体と構造は学べても、人間としての体系性を把持した上での全体像、すなわち人間の生理の具体・構造の体系化が不足している。つまり人間の生活過程から見てとるための体系的な視点がどうにも見えてこないのだ。確かに個々の器官なり組織について詳しく知ることは大切なのであるが、人間は自動車やロボットのように個々の部品があって、それらを集めるとできあがるというようなものでは決してないのだから。

父さんは一介の開業医であり大学の偉い先生ではないから、お前はもしかするとこんな父さんの言うことに聞く耳を持たないかもしれない。だが、父さんだって三十年以上もこの世界で生きてきたのだ。せめてもの老婆心と受け取ってもらって、少しは耳を傾けてくれてもいいだろう。これから人間の病気を診る医師になるお前のために、人間の生理の具体と構造の全体像を体系化して説いてみることにしよう。そのために少し、回り道レベル、つまり道草レベルの話からしていこうと思う。

しかし、この前提、すなわち生理学の学びの前提として生物の勉強がどうしても必要なのだが、おまえは高校で生物を勉強していないので、これは大変なことになる。人体は単なる物理現象でも化学現象でもなく、本物の生命現象なのだから。とは説いてみても、ここはまだまだ医学生のお前には到底分からないと思う。

二　生理学の全体像とは何か

生理学とは何かを高校生向けに説けば、読んで字のごとく、人間が生きていることの理（ことわり＝リクツ）を説くことである。私たち人間はこの地球上で太陽と月に囲まれた自然の中で大気を取り入れ、大地で育った植物や動物を食べることで生きているのだが、それは人間だけでなく他の動物も同じだという知識くらいは持っているだろう。とは言っても私たち人間は単純に本能で生きている、あるいは人間に飼われている動物と異なって、ただ生活しているのではない。人間はただ生活しているのではなく、意識をもって生活している、すなわち単に生きるだけでなく、より見事に未来に向かって生き続けているのだ。その結果、人間は生活をより複雑化する形で豊かにし、故に人間だけがその複雑化を文化という形で未来へ向かって築いてきたのであり、このことは人類百万年と言われる歴史の発展を見れば分かるはずだ。

このようなことを言うと、医学部の授業で生理学を学んでいるお前は「それは社会科学の問題であって、生理学とは関係ないのでは？」と言うかもしれないな。でも、それは違うのだ。関係ないどころか、医師は人間の病気を対象とするわけだから、まず人間とはいかなる存在なのかをしっかりと分かっておく必要があるのだ。なぜこのように強調するかと言うと、医学部で学ぶべき本当の生理学は、人間が社会の中で共同して生きて生活しているというより、共同する以外には生きていくことはできないという現実を基礎にすべきだからだ。

ここをまともに理解する能力を育てていかないと、病気の原因を本当に知ることができないままに、いわゆるヤブと言われる医師に育つことにもなりかねないからだ。社会というのは共同体であり、その小さいのが家族であり、少し大きいのが部落（自治会）であり、子供が初めて出ていく共同体が小学校だと、お前は知ってはいても分かってはいなかったはずだ。この家族・保育園・小学校と共同体が拡がっていくと、小児科の医師には理解できない病気が出てくるということを、お前は知っているのか。答はひきこもりや不登校なのだ。

本能だけで生きる他の動物と異なって、人間は本能に加えて、家庭や学校・社会での、躾《シツケ》や教育の故にアタマの働きがそれぞれに育っていき、また同じくココロもそれぞれに育ったものを持っているものだ。端的に言えば、人は共同体的社会に育てられた結果、その人なりの思いや考えが育ってきているだけに、それに規定されながら、その人なりの生活をしているのである。

テレビで見たことがあると思うが、ライオンは空腹でなければ目の前に餌となる動物が通っても襲ったりしないし、食べる時も必要な分だけ食べるだろう。ところが、人間は空腹でなくても食べたり、空腹であっても食べなかったり、必要な物だけでなく自分の好き嫌いで余分なものを食べたりするだろう。つまり、人間は社会の中で育っていって、その人なりのアタマの働かせ方やココロのあり方で日々を送るようになっているのだ。だからその人の生活過程をまともに分かる実力を培ってこそ、その人の体の中で何がどのような変化をするのか、あるいは何が変化しないのかを見てとる実力がつき、結果として個人の病気の的確な診断と適切な治療ができるようになるのだ。

このように言うと、「人間と他の動物の違いは分かるけれど、その人間の体の中がどう変化するのかを見るのが生理学ではないの？」というお前の反論が聞こえてきそうだ。そうだね。お前の反論は半分は当たっているが、しかし半分はずれていると言うべきだろう。お前の言うとおり、生理学は人間の体の内部の仕組みを知るために学ぶわけだが、教科書をどう調べても、人間一人一人が生きて生活しているその周りの育った社会とは関係なく、まるで人間の体が社会環境とは無関係に自動的に動いていると捉えているように父さんには思えるのだ。そのように周囲の世界と関係なく体の中が動いていると捉えるのは、はたして正しいのだろうか、との大きな疑問が生まれてきて仕方がないのだ。

三　「生きている」とはどういうことか

私たち人間も生きているもの、すなわち生命体の一員なのであるから、人間の生理学を説くのに、まずは「生きている」とはどういうことかを問題としなければいけないと思う。これは、生命体の特殊性とは何であるか、言い換えると生命体と生命体でないものとの違いは何だろうということでもあると分かってほしいのだが。お前は「生きているとはどういうことか」と尋ねられたら、さてどのように答えるのだろうか。もしかしたら「生理学の教科書にはそんなことは書いていない」とお前は言うかもしれないな。お前の医師としての将来は、これでは本当に困ったことになるだろう。

そこで少し、父さんの経験から話すことにしよう。父さんは整形外科医として長くやってきたが、「骨折」という大変なケガがなぜたった三〜四週間のギプス固定や何かで治ってしまうのかということが、長らく分からなかったと言ってよい。重症と思える骨折、例えば大腿の骨が完全に折れたにしても、見事に人間の体は修復されてしまうのだ。簡単に説けば、折れた骨の断端の間隙に徐々に新たな骨が形成されて、そのうちに折れて変形していた骨も元の形に戻ってしまうという不思議さなのだ。医師として何十年も経験して確かに父さんは慣れっこになってはいるが、考えてみると本当に不思議なことだと思うしかない。生命体というものは、体に欠損や損傷が生じた時には、必ず何か特別な力が働いて魔法のように元の体に復元してしまうように見えるのだ。

しかしよくよく考えてみると、この何か特別な力というのは、何も病気やケガの時だけに発揮されるものではないことが分かる。というのは生理学レベルで説けば、人間の骨は正常な状態でも一度出来上がってしまうと変わらないというものではなく、古くなった骨は破骨細胞という貪食細胞が食べて体の外へと除去し、その分、骨を作る細胞（骨芽細胞）が外界から取り入れた物質を基にして新しい骨を毎日毎日創り出しているからだ。

このように一見変わらない様に見える骨も、変わり続けることで変わらない健康な状態を維持できているのだ。もちろん、これは骨だけではない。人間の体には60兆個もの細胞があるが、人間の体は一見変わらないように見えていて、実は細胞レベルでは毎日毎時間毎秒と変化していくのだ。つまり、正常な生理状態を保つべく常に新しいものに創り変えられているだけに、骨折しても速やかに治っていくのは当たり前であり、何もケガの時に魔法のような特別な力が働いたわけではない。

父さんの整形外科医としての経験から骨の創り変えの例を話したが、これが人間なら人間の体の全体で行われているということだ。しかもこの仕組みは人間だけでなく、いかなる生命体も、不断に自らの体の外である外界から必要なものを取り入れ続けながら、自らを創り変えながら、不要になったものを排出し続けているのだ。これを生理学的に一言で言えば、代謝しているということだ。つまり、不断に変わり続けていることで全体として変わらないようにしていることであり、実はこれが「生きている」ということなのだ。端的には、生命体が代謝

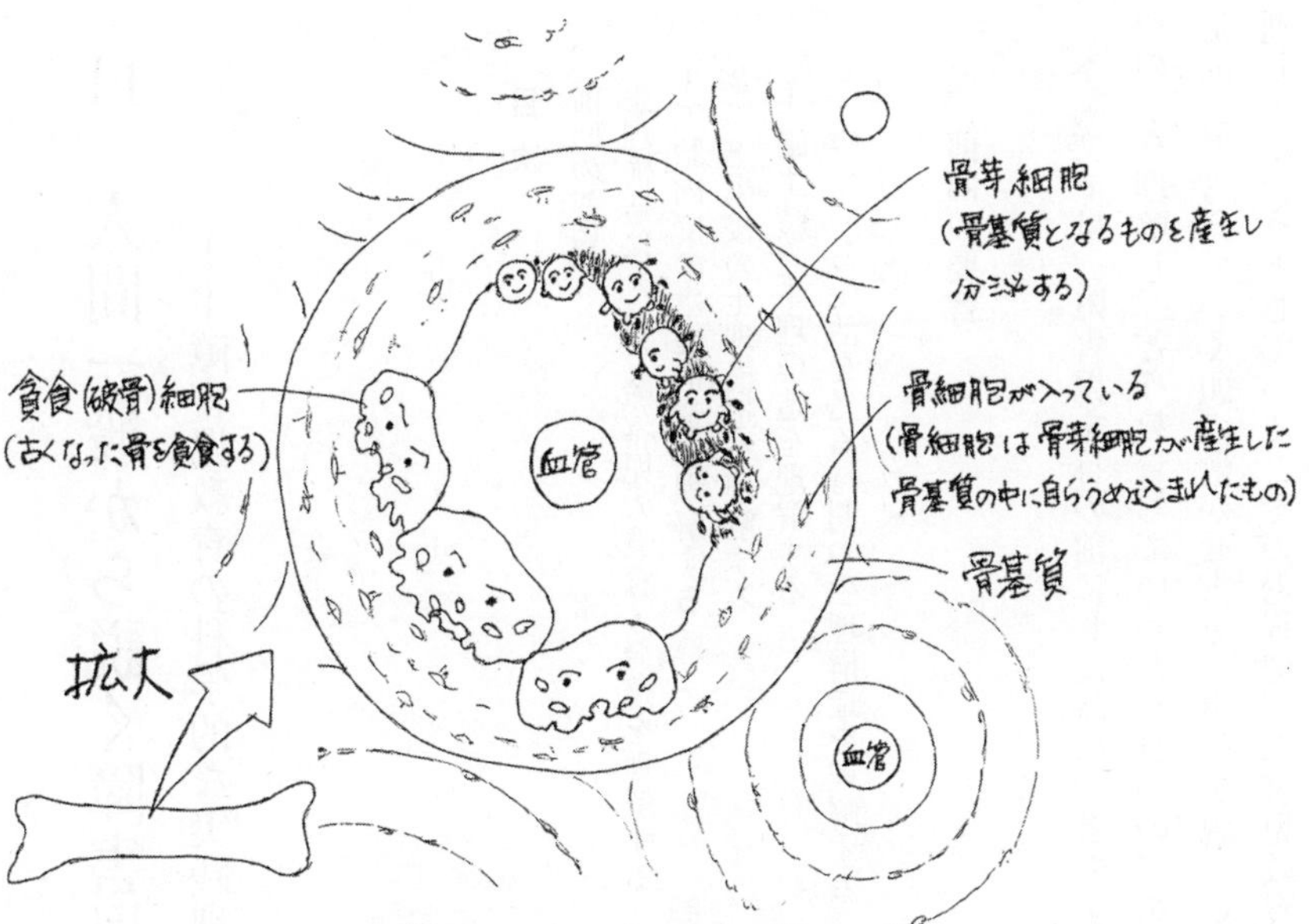

骨のつくりかえ（模式絵）

をしているということ自体が生命体の生命体たるゆえんであり、生命体というものは常に変わり続けることで変わらない自己を維持している存在ということだ。それでも生命体が代謝を続けられるのにはその生命体なりに！の限度が必ずあり、その生命体なりの代謝ができなくなった時点で、生命体は死んだ（無生物に還った）と言うのではあるが、しかしこれには続編があるのは、お前とて分かっているはずだ。

それに対して生命体ではないもの、例えば岩石は風化するという変化、すなわち外から何かを取り入れて、岩石の全体の中で変化させることはあるのだが、しかしこれはこのことによって岩石を岩石として維持するなどという仕組みではなく、別の他の物へと移行していく、つまり風化のみなのである。

（続）

11 人間一般から説く障害児教育とは何か（十三）

――障害児教育の科学的な実践理論を問う

北嶋　淳
志垣　司
池邉　修二

目次

一、前回の要旨

本論文では、障害児を目の前にした時に、どのようにその子を理解し、どう教育していったら良いのかを、筋道立てて考えていく頭の働かせ方を、事例を説くことを通して示そうとしている。その過程で、障害児教育では、人間の生理構造を理解することがいかに大切であるのかを論じているところである。

前回は、障害児教育ではその子の生活過程を問い、生理構造に入った理解が不可欠になることを、「人間とは何か」「教育とは何か」から説いた。前回の内容を振り返りながら、生理構造を踏まえた教育の大切さを再確認していきたい。

そもそも一般的に教育の目的は、その子が社会の中でしっかりと生活していけるように、文化遺産を継承させ、社会的適応性を身につけさせていくことにある。それは各年齢の発達段階に応じて段階的に行われていくが、それが可能になっている根底には、子供達の生理構造が年齢相応にしっかりと発育・発達しており、特に重要なことは、文化遺産の継承を受け取れるほどに脳の発育がなされていることがあると言えよう。それでは障害児ではどうだろうか。文化遺産を継承できる条件が整っているのだろうか。

「そもそも障害を負うとは、実体及び機能上の不可逆的な変化によって環境との相互浸透がそのままではできにくくなること」であったから、障害を負うことによって生理構造が歪んでしまうことは避けられない。しかも、それが成長過程の早い時期に生じるほどに、その歪みはますます大きくなっていく恐れがある。そしてこの生理構造の歪み方は障害の種類によって違うのであり、特に脳性麻痺児の場合は、視覚や聴覚障害児以上に、生理構造の歪みをきたしやすく、それは脳の発育にまで影響する。

それではそうした歪みの生成や歪みの拡大は、障害ゆえにどうしようもないものなのだろうか。それは違う。なぜならば、生理構造の歪みと言っても、そこには障害そのものによる歪みと、本来は歪まなくて済んだのに、障害児としての育ち・育てられ方によって歪んでしまったものとが重なっていると考えられるからである。この障害の二重構造が顕著に表れているのが、脳性麻痺児である。したがって、後者に関わって適切な教育を行っていけば、障害を負っていても生理構造の歪みを小さくし、脳を発育させていくことが可能となり、その結果文化遺産の継承をより大きくしていくことが可能であると言えよう。

事実Y君のように、教育の仕方によって、全く使えなかった手が動かせるようになったり、立てなかったのに立てるようになったり、呼びかけに無反応だったのが返事をするようになるなど、脳性麻痺児が変わっていく例を数多く経験している。

それでは、どのようにしていけば、生理構造の歪みを小さくしていけるのだろうか。そこを教育の観点から問い返し、教育現場で試行錯誤を繰り返していくうちに、脳性麻痺児の生理構造の歪みには、育てる過程の中で必要以上に過剰な働きかけがあったり、本当は必要な働きかけが不足していたりということが、大きく影響していることに気づかされるようになってきたのである。そしてそう気づいた時に、その子にとって何が過剰だったのか、何が不足だったのかを明らかにできれば、それを調整していく教育が可能になり、子供達の生理構造の歪みを小さくしていけると考えられたのである。しかし、何が過剰で、何が不足だったのかは、脳性麻痺児を見ていただけでは分からない。そこで一般の子供達の人間としての発育・発達のあり方を問い、それと比較して、脳性麻痺児を育てる過程で起こってくる、生理構造を歪ませてしまう過剰だった働きかけと不足だった働きかけを明らかにしていきたい。引き続き、C先生との対話をとおして説いていく。

二、生理構造に入って障害児の発育・発達を理解する

(1) 胎内での生理構造を理解する

私　教育の立場から、人間の一般的な発育・発達を、生理構造に分け入って辿っていくね。

C　生まれたところから考えていけばいいんですよね。

私　そうなんだけれども、そのためにはその前の胎児の時の生理構造から考えていく必要があるんだ。何しろ人間の原点は胎児だし、そもそも胎児の時の生理構造は生まれてから後の成長とつながっているからだよ。

まず胎児期全体を見る時、胎児はお母さんの子宮の中で羊水の中に浮かんで、ほとんど静かな世界で生きていると言っていいよね。その発育は、受精卵から始まる。受精卵は、細胞分裂を繰り返しながら子宮に着床し、人間として生きていくための各器官を発育させていく。六週になると心臓が動き出し、三か月になると手足や内臓ができ始める。四か月に入ると胎盤が完成し、臍の緒を通して母体から十分な酸素や栄養素をもらうようになる。五か月頃から胎動が始まり、指を口に持っていく動きも見られ、六か月ではさらに活発になっていく。

C　胎動は何をしているんですか。

私　簡単に言えば、生後の運動の準備運動をしているんだ。活発な胎動によって神経が運動する神経として発育できていくと考えられるんだ。

C　もう生後のための準備運動が、お腹の中で始まっていくのね。あっ、そうすると手を口に入れるのは、オッパイを飲む準備をしているんですね。

私　そう考えられるよ。さて、七か月では脳と内臓の発育が完成する。しゃっくりを始めるのもこの頃だ。

C　エッ、しゃっくりですか。あっ、もしかして、それって呼吸をするための準備ですか。

私　そうなんだ。横隔膜を動かしていくことで、誕生後の呼吸の準備をしていると考えられるんだ。それもあっ

て、この頃から、早産でも高い確率で生存できるようになる。さて、八か月に進むと、胎児は頭を下にして安定し、羊水を飲み込んだり吐き出したりする。これも呼吸の準備運動だね。さらに九か月になると中枢神経系の発育が進み、肺胞を膨らませていく物質も分泌され始める。そして十か月で全ての内臓が完成する。こうして胎児は、一つ一つの段階を踏み、月満ちて、母子共々に幾時間にもわたる生まれ出るための大変な努力を強いられながら、産道を通って誕生してくるんだ。

C　一つ一つの段階を踏んで、生まれ出る実力をつけて生まれてくるんですね。

私　そうなんだ。逆に言えば、胎児期の全過程は、生まれてからきちんと育っていけるように準備している期間だと考えられるんだ。

C　子供達の生育歴を見ると、胎内で障害を負った子供や、早産で生まれた子供がいます。そうした子供達には何が起こっているんですか。

私　うん。誕生までの過程は、実は山あり谷ありなんだ。

C　たくさんの危険が起こってくるってことですね。

私　そうなんだ。特に注意をしなければならないのは、妊娠初期のお母さんの食事なんだ。

C　食事ですか。

私　うん。食事と言ったけれど、お母さんが体内に取り入れているすべてのものだ。具体的に言えば、お母さんが口にする食べ物や飲み物、そして空気、時には薬だ。それらは、お母さんを生かしていると直接に、胎児をも生かしている。大きく言えば、お母さんを媒介にして、胎児は地球と繋がっているんだ。もちろん人間だから、母子を取り巻く社会や精神文化も影響する。例えば家族関係や近所との関係、さらにはどんな本を読み、どんな音楽を聴くかまでお母さんの生理構造に影響し、それが媒介的に胎児の発育に関わってくるけれど、何といっても一番大切なのがお母さんの食事だ。それが妊娠初期では特に大切になってくるんだ。

C　どうしてですか。

私　さっき話したように、妊娠初期は受精卵が細胞分裂を繰り返しながら、次第に人間としての器官がつくられていく時期だからだ。もしこの時期に、胎児の発育に必要な栄養素が不足したり、逆に入ってきてはいけない物質、例えば、薬やアルコールや、受動喫煙を含めてのタバコの煙などが入ってきたらどうだろうか。

C　細胞分裂がうまくいかなかったり、器官の形成がうまくいかなかったりするんですか。

私　そうなんだ。流産になることもあるし器官の形成がうまくできず、例えば手ができる時期ならば手に、脳ができる時期ならば脳に奇形が起こることもあるんだ。

C　お母さんの食事が、それほどまでに胎児に影響してくるなんて思いもしませんでした。

私　もちろんお母さんの食事の大切さは、この時期だけではなく、胎児期の全体について言えるけれど、特に気をつけなければならないのがこの時期なんだ。そして、それはその後の母体や胎児の発育にも影響し、早産の原因をつくることにもつながっていくと考えられるんだ。

C　早産になるとどんなことが起こるんですか。

私　さっき、七か月になれば早産でも高い確率で生存できるって話したけれど、赤ちゃんにとって早産はたいへん過酷なんだ。まだこの時期の皮膚はとても薄くて柔らかい。だから血管壁は弱く、循環機能も未熟なために脳出血を起こすこともあるって聞くよ。また、早産では呼吸器官の実体と機能も未熟だ。生まれたら、肺に空気が入ってくるように肺胞が膨らまなくてはならないけれど、そうさせる物質は九か月にならないと分泌されないから、早産になると、呼吸を自力でしっかりとするのが難しい。だから保育器に入れて酸素を補う必要がでてくる。また、消化器官も同じだ。オッパイを自分の力では飲めないから、チューブを通して胃へ送られたり、さらに消化活動そのものができない場合は点滴栄養になってしまうんだ。

C　赤ちゃんは大変な苦労をするんですね。こうして聞いてくると、胎児の発育はお母さん次第に思えてきます。

私　そうなんだ。胎児の環境はすべてお母さんであり、胎児はすべてをお母さんに依存しているから、さっき話した食事の他にも、睡眠不足、過多な運動や衝撃、精神的な疲労などが続けば、お母さんの生理構造が歪み、その結果胎児が発育していくのに必要なものの不足と、有害なものの過剰が生じてしまう。それがひどくなれば、胎児の生理構造も歪み、障害が起こったり、早産になったりして、出産時の状態や生後の発育にも影響したりしてしまう。だから、お母さんには胎児をしっかりと育んでいく覚悟と学びが必要だと言える。もちろん、お母さんもまた、社会関係の中で生活しているから、お母さんがよい状態で生活できるための周囲の理解は不可欠なんだけれどね。

C　グッと責任感が湧いてきます。育児は胎内から始まっているんですね。

私　そのとおり。胎児を守る知識の過不足が、直ちに胎児に影響していくからこそ、母体の教育が大切になるんだ。

障害児教育の立場から、人間の一般的な発育・発達を知ることが必要となり、生理構造の発育・発達過程を辿っていくことになった。まず胎内では、受精卵から始まる四十週にわたる段階を踏んだ発育過程があり、その全過程は一つに繋がって生後の発育・発達を準備する。一方胎児の発育過程は、すべて母親に依存しており、食を中心に母親の生活過程が歪めば、胎児に必要なものの不足と有害なものの過剰が生じ、それが続けば胎児の生理構造も歪み、胎内で障害を負ったり、早産になったりして、出産時の状態や生後の発育にも影響する。このように、胎児の発育はすべてが母親の生活に影響されるだけに、母親には、胎児を育んでいくしっかりとした覚悟と学びが必要であると話されていった。

（2）誕生後の生理構造を理解する

①誕生時の生理構造を理解する

私　今までは胎児について話してきたけれど、これからは誕生後の発育・発達を辿っていこう。さっき話したように、胎児は月満ちて、大変な努力を強いられながら、産道を通って誕生してくる。ここで、月満ちてと言ったように、人間の誕生には月の力が働いていると考えられるんだ。

C　エーッ、月ですか。

私　そうだよ。そもそも「いのちの歴史」を辿る時、太陽と月と地球の三者の関係の中で、生命体は地球に誕生したんだ。だから、生命体の一つである人間にも月の力が働いているとは思えないかい。

C　そう言われれば、そうも思えますけど。

私　月の力は今でも地球上に影響を与えている。例えば、潮の満ち引きはそうだし、満月の夜はシベリアの大地が三〇センチも隆起することも知られている。その力は出産にも影響する。事実、満月の日には出産が多いんだ。月満ちて生まれてくると言っても、誕生はそう簡単にはいかない。何しろ胎児は、狭い産道を通って生まれ出なくてはならないからだ。

C　どうやって産道を通ってくるんですか。通ってくるとどうなるんですか。

私　お母さんのいきむ力によって頭から出てくるんだけれど、産道は狭いから胎児の頭も体もギュっと圧迫される。でも頭蓋骨が重なり合って出やすいように頭の形が細くなり、両肩もひっかからないように肩を回しながら出てくるんだ。さらにこの時、肺の中にたまっていた羊水は圧迫を受けて口から外へ吐き出され、残りは体内に素早く吸収される。つまり、絞られて出てくるために、肺に息が入りやすくなるんだ。

C　あっ、それで産声が出せるようになるんですね。

私　そうなんだ。そうして誕生すると、それまで羊水の中で静かに過ごしてきた赤ちゃんの世界が一変する。全身の皮膚は突然外気にさらされ、ペシャンコだった肺に空気がワァーと入って膨らむ。目には明かりが、耳には音が入り込み、脳は全身からの強烈な刺激をいっぺんに受けながら初めての外界を反映して産声が発せられる。

泣き叫んでいるこの時の認識＝像について、「なにがなんだかわからない、ということすらわからないレベルのなにがなんだかわからない」状態、あるいは「濃霧がいわば荒れ狂っている状態といった、かたちをなすことがまったくないかたちであるといってよい」、と私が認識論を教わった海保静子先生の著書『育児の認識学』（現代社）に記されている。このように、赤ちゃんにとって誕生は、どれほどに表現しても表現しきれない程の大変化、大激動であり、かつ、驚愕というレベルの大衝撃なんだ。

でも、赤ちゃんはそのままに放っては置かれない。周囲の大人によって優しく抱かれ、声をかけられ、産着に包まれ、そしてベッドの上に寝かされていく。そうして一段落したところで、もう一つの大運動が始まっていく。

C　それは、オッパイを飲むことですか。

私　そうなんだ。大運動と言ったのは、オッパイを飲むのはそう簡単ではないからなんだ。

C　そんなに大変なんですか。

私　何しろ母乳は、吸ってもすぐには出てこない。赤ちゃんが、何とかしようとしてがんばっていくその努力は、いわば「重労働」とも言えるよ。その過程で、顎や舌や唇だけでなく、それを司る神経や脳もまた強烈に働かされていく。さらには、「何とかしてくれ」とがんばっていくその過程で、意志の萌芽が育まれていくんだ。一方、母乳が入ってくることによって消化・吸収が始まり、すべての内臓が働きだし、代謝はさらに活発になっていく。こうして誕生と共に、代謝器官、運動器官が一斉に働き出していく中で、それらを統括する脳もまた急速に発育・発達していくんだ。さらに、そこには外からの働きかけが加わっていく。

C　それって、抱いてあやされたり、オムツを替えられたりすることですか。

私　そうなんだ。赤ちゃんはその都度、「お腹がすいたの、オッパイ飲もうね」「オシッコだったの、オムツ替えようね」などと話しかけられ、微笑みかけられ、あるいは、ゆっくりと揺らされたりしていく。こうした働きかけの何もかもが、赤ちゃんにとっては、初めての新鮮な驚きとして脳に反映されていく。そして、それら一つ一つの変化に対応していくことを、少しずつ学ばされていくんだ。

C　今のお話を聞いていると、脳性麻痺児の誕生時の様子は随分違うように思えてきます。

私　うん。そもそも脳性麻痺児は、周産期に脳に障害を負うことが多い。つまり、胎内で障害を負ったり、生まれ出る時に負ってしまう。そのために、仮死で生まれてきたり、産声が弱かったり、そもそも泣かない子供もいる。また、早産で生まれてくることも多いし、帝王切開で生まれる場合も多いんだ。

C　帝王切開はどうなるんですか。

私　うん。帝王切開は産道を通ってこない出産だ。つまり、赤ちゃん自身は先程言ったような大変な過程を経ないで、いつのまにか外界に接してしまうことになり、驚愕という大衝撃を味わうことはない。もちろん肺の中の水も吐き出されないままに生まれてくるので、いわばおぼれた状態での誕生になる。すぐに機械で吸引するけれど、これでは元気な産声など発するはずもない。それでは、きちんとした出産の過程を辿ることができなかった脳性麻痺児の場合、自分の力で泣くことができなかったというのは、どういう問題を抱えていくことになるんだろうか。

C　肺に空気が入らなかったということですから、呼吸器官の発育・発達が遅れていくということじゃないでしょうか。

私　そんな単純なものじゃない。産声をあげなかったことは、生きていく上で根本的な問題を孕むと考えられるんだ。

C　どういうことですか。もう少し説明してください。

私　うん。一言で言えば、生理構造を統括していく脳の働きが、その最初の段階でつまずいてしまうということなんだ。さっき話したように、誕生時、赤ちゃんには、外からは、いわば全世界がいっぺんに押し寄せ、内からは生きんがための生理活動がいっぺんに湧きあがってくる。その大変化に対応すべく、脳は全力で活動を強いられていく。その表れが産声となって発せられていくんだ。さらに赤ちゃんは、誕生後も全身全霊で泣いていく。つまり、その都度に脳は全力を尽くして働いていくことになるんだ。

C　泣くことと脳が活動することは、どう関わっているんですか。

私　そもそも泣くことができるには、そうできるだけの脳の実体と機能の実力が必要だ。その実力は誕生時に、脳が全力で活動させられるからこそ発揮されていく。分かりやすく言えば、脳が働くから泣けるんだけれど、泣くことによってさらに脳が働かされる。また、そうして脳が全力で働けば脳の実体も育っていき、その後の生理活動もしっかりとしたものになっていける。

しかし、脳性麻痺児はそうならない。例えば、仮死で生まれ、脳に酸素が十分に届かなければ、脳はしっかり働けない。脳がしっかり働けないと、生きていくために必須な生理活動を統括していく力は弱くなるし、外界を反映させていくこともできにくくなる。

C　だから泣けないんですね。

私　そうなんだ。しかもそうなると、その後に積み重ねられていく生理活動ばかりではなく、脳の発育・発達にも大きな問題を抱えてしまうと考えられるんだ。

C　私は今まで、「赤ちゃんは泣くものだ」くらいにしか思ってきませんでした。でも泣くことは生きていくことの大本なんですね。

私　そうなんだ。もう少し言うと、脳が健全であれば、誕生時の強烈な反映によってつくられた像の上に、その後の反映像が積み重ねられ、次第に鮮明な像がつくられていく。しかし、障害によって脳の実体の実力が不足すれば、反映させる実力も不足するから、外界の反映は弱々しく淡いものとなっていく。つまり、鮮明な像をつくれないままに、いわばボヤけた状態で過ぎていってしまうことになる。障害の重い子供を持つお母さんから、「うちの子はずーっと泣かなかった」と聞くけれど、それは、泣くだけの強くはっきりとした像を脳が描く力を誕生時に持てなかったし、その後に持つように育つまでに、長い時間がかかったことを意味している。

C　そう言われれば、障害の重い子供達には反応が弱く、泣かない子供がたくさんいます。それは、脳が育っていないからだと考えられるんですね。

私　うん。実は、その脳の育ち方には、もともと受けた障害以外に、ＮＩＣＵでの長期に及ぶ生活が影響してくるんだ。

C　どういうことですか。

私　うん。障害の重い子供達の多くは、ＮＩＣＵで呼吸管理を受けて育つ。生命を守るために仕方がないとはいえ、保育器の中は、原則胎内として設定されているから、外気は入らないし日光は当たらない。また、湿度は八〇〜九〇％に保たれ、温度の変化も少ない。もちろん風も吹かないし、家族の声は直接的には聞こえない。さらに、飲む力が育っていないので、点滴だったり、オッパイが鼻からチューブで胃に送られたりし、オムツの取り換えも直ぐにとはいかない。しかも、常にお母さんに会えるわけではないし、直接抱いてもらう時間も限られる。こうした生活が三、四か月続く子供もいるんだ。最近は、こうした状況を改善していく試みがなされているけれど、まだまだ制限はある。

C　普通の赤ちゃんの育ち方とは随分違っていますね。でも、私の姪も七か月の早産で、保育器で育ちましたが、今では普通に育っています。保育器で育っても、正常に育っていく子供も多いんじゃないですか。

私　脳に障害を負ってなければ、はじめは発育が遅れるけれど、しっかりと育てれば、やがて普通に育っていく。それは、保育器での生活により、十分に体験できなかった発育過程を、その後の生活で取り戻すことができるからだと考えられるんだ。でも、脳性麻痺児は、その機会をつくれないままに過ぎていってしまうことが多い。

C　機会がつくれないってどういうことですか。脳性麻痺の子供達の育ちの中で、どういうことが起こっているんですか。

私　まず一般的な人間の育ち方を考えてみるね。さっき話した呼吸で言えば、赤ちゃんの出てくる外界は大気だ。暑かったり寒かったり、乾燥していたり湿っていたりするし、何よりもその空気は太陽が当たっているし月の光も当たっている。それをいのちの源として赤ちゃんは体内に取り入れることになるんだ。つまり、それだけでも障害を負って生まれてくる場合と外界の反映が違ってくると思わないかい。一方、脳性麻痺児ではどうだろう。生命を救うことが何より優先されるから、誕生後すぐに行われていくことは、酸素を送っていくことから始まるあわただしい医療的な処置の数々だ。それを医師や看護師は必死で行っていく。それら全てが赤ちゃんの外界となるから、普通であれば赤ちゃんを取り囲んでいる新鮮な空気も、お母さんの息遣いも、そして優しい声も、まだ反映できない状態となる。

また、オッパイを飲むことで言えば、普通赤ちゃんは、初めは何かは分かりようもない不快感につき動かされて泣き叫び続ける。そこにやっとお母さんが来てオッパイを飲ませてくれる。赤ちゃんは、懸命に飲むけれどうまく飲めない。それでもがんばるという、疲れ果てるほどの重労働をしながら全身全霊を込めて飲む。その中で、オッパイが次第に赤ちゃんを満たしていくとすれば、その時授乳は、どれほどに快の感覚として体験されるだろうか。また、その積み重ねは、どれほどに感情の厚みを育んでいくことになるだろうか。

一方、保育器の中ではどうだろうか。泣き出さなくとも時間がくれば管からミルクが注入される。それでは努力をして口や顎を動かして飲み込む必要がないから、口や顎は発育できない。さらに重要なことは、大して不快を感じることもないままに胃が満たされていけば、不快に対してこそ生じてくる「なんとかしてくれ！」という強烈な思いも、それがお母さんによって満たされていく強烈な快の感覚の鮮明さも、またその積み重ねとして育ってくる感情の厚みもつくられにくくなる。それが続けば、快を求めて不快を訴えていく意志の萌芽も育ちにくくなるし、そうであれば脳の発育だって妨げられていくと考えられないかな。

C　そうか。私は今まで、障害の重い子供達の反応の乏しさは、脳に障害を負ったせいだとばかり思っていました。でも、育ち方でそうなっていることもあるんですね。

私　そうなんだ。障害を負うことをきっかけとして、障害児が育っていく過程には、本来の育ち方・育てられ方の不足と、本来でない育ち方・育てられ方の過剰が幾重にも重なって起こってくる。そのために、生理構造の歪みが大きくなり、脳の発育や認識の発達が妨げられてしまうことさえ起きてしまう。そこは、もう少し先を見ていくと、もっとはっきりしてくる。

ここまで、赤ちゃんの誕生時の生理構造が語られた。

そもそも誕生時には、赤ちゃんの体の内と外に大激動が起こり、その大変化に対応すべく、産声と共に脳が強烈に働きだす。すなわち、産声を原点として人間としての発育・発達が始まっていく。ところが、脳性麻痺児はその原点でつまずいてしまう。さらにそこに、ＮＩＣＵでの長期の生活が重なることで、生理構造や認識の発達にも歪みが生じていくことが話されていった。

②寝ている生活を送る時期の生理構造を理解する

私　さて、誕生後、一か月、二か月と経ていくと、赤ちゃんの皮膚には張りが出てくるし、体つきもしっかりとしてくる。弱かったいわば「うごめき運動」が力強い運動になり、三か月に入ると、さらに手足を大きく動かしたり、手と手、足と足同士を合わせたりしていくようになる。また、オッパイを一度に飲む量が多くなり、回数も少しずつ減っていく。それに伴ってオシッコやウンチの回数も減っていく。つまり、内臓が人間の内臓として発育していくんだ。

また、一、二か月では眠っていることが多く、二〜三時間おきに起きたり寝たりを繰り返していた睡眠が、次第に夜にまとまって眠れるようになり、日中起きている時間も少しずつ長くなっていく。一方、この頃からお母さんをしっかり見つめるようになり、呼びかけに反応したり、声を盛んに出すようになる。また、あやすと声をあげて笑うようにもなっていく。

これらの生理活動の変化はみな、お母さんとの生活を通して、少しずつ少しずつ体験させられながら、赤ちゃんが獲得していくものだと言える。実は、この時期はとても大切なことが行われているんだ。

C　それは何ですか。

私　三か月までのこの期間、赤ちゃんはずっと仰向け姿勢で過ごしていくけれど、仰向けは、人間としての運動を獲得していく上で、重大な二つの意味を持っているんだ。

C　え？　仰向けがどうして重大なんですか。

私　一つは、人間として立って歩くことへ向かっての、手足と背骨がつくられていくことだよ。まず、仰向けの姿勢になれば背骨がまっすぐになる。また手足を上へあげたり、いろいろに動かしたりしていくことによって、手足の筋肉、骨、関節、さらにはその動きを司る神経の実力がついてくるし、背骨もしっかりとしたものに育っていくことができるんだ。もう一つは、仰向けだと、視界が大きく開け、いろいろな物が目に入ってくる。そうすれば周りに興味が湧いてくるし、興味が湧けば、さらに手足を活発に動かしていく。それによって、脳はますます発育していくことになるんだ。

C 仰向けがそんな大事な意味を持っているとは思いもしませんでした。そうすると、もしこの時期に仰向けでの運動が不足すれば、どういう影響が出てくるんですか。

私 うん。しっかりとした関節ができにくくなるし、そこに強い筋緊張が重なれば、将来、股関節脱臼を起こしやすくなることが考えられる。また、手足を空中へ持ち上げ、いろいろな方向へ大きく動かしていくことによって、強い背骨がつくられていくけれど、その最初につまずくことで、将来、脊柱側彎を起こしやすくなってしまうことも考えられるんだ。

C そう言われれば、股関節の脱臼や脊柱側彎は、脳性麻痺児にとても多いですね。

私 さらにこの時期から、お母さんが立て抱きを始める。向かい合わせになり、立てた膝の上に赤ちゃんを斜めに乗せたり、首の後ろに手を廻して座らせたりしていく。こうして、体を立てていく働きかけが続くことで、四か月に入ると首が据わっていくんだ。首が据わると、周りを見渡せるし、抱っこも頻繁にしてもらえるから、ますます周りに興味が湧くし、遊んでもらう楽しさも増えていく。その上で、寝返りが始まっていく。

寝返りによる全身運動を通して、一段と背骨は強くなり、筋肉や骨や関節もしっかりしていく。また、内臓も大きく動かされ、段々に様々な運動ができるように神経や脳も育っていく。さらに、最初はできないけれども寝返ろうとがんばっていく努力の中で意志が芽生え、また寝返ることにより、自力で、見える世界をひっくり返していくことで、外への興味がますます広がっていくことになるんだ。

こうして寝返りができるようになった赤ちゃんは、今度は仰向けで、グッと両足を持ち上げ、足の指を両手で掴んだり、舐めたりし始める。こうしたダイナミックな手足の運動を行っていくことによって、さらに強靭な背骨や強い腹筋力、そして姿勢を保つバランス感覚などが鍛えられていく。つまり、座る準備を着々と積み重ねていくんだ。そして何より大事なことは、そういう運動によって脳が大きく発育していくということだ。

C 確かに、普通赤ちゃんは仰向けでずいぶん活発に手足を動かしていますね。それに比べれば、脳性麻痺の子供達はずいぶん違いますね。

私　そうなんだ。その中で、障害が重いほどに気にかかることは、自力での運動の不足もさることながら、普通だったら行われていく抱っこやオンブで外へ連れて行くことや、お母さんからの語りかけや働きかけが少なくなり、室内での静かな環境で月日が過ぎていってしまうことなんだ。

C　そう言われれば、クラスのお母さんから、「反応が少ないので、静かに寝かせておくことが多かったです。ある日、飼っている猫に話しかけるよりも話しかけていないことに気づき、ハッとしたことがありました。」と言われ、びっくりしたことがありました。

私　うん。だからこそ、つまり障害が重いほどに、話しかけることも含めて、手伝って手足を動かすこと、体を立ててやること、さらには外気浴をさせることなど、本来の発達の道筋を、意図的に辿らせていく働きかけの大切さが思われてこないだろうか。そう思う時、改めて育てる過程での過剰なことと不足のことが思われてくるんだ。

ここまで、仰向けから寝返りをするようになる時期の発育・発達が、生理構造に分け入って話された。それは、仰向けでの活発な手足の運動や寝返りによって、将来立って歩くための手足の関節やしっかりとした背骨が育っていくこと、また、運動器官、代謝器官の発育・発達に伴って脳も発育・発達し、人間にとって最も大切な意志の萌芽が育まれていくことであった。一方それに対して、脳性麻痺児の場合は、自発的な運動の乏しさの上に刺激の少ない静かな生活が重なり、成長の歪みを大きくさせていくことが話されていった。

（続）

12 唯物論の歴史を学ぶ（七）

朝霧 華刃

（一）

今号では、前号のパルメニデスさんに続いてゼノンさんを学ぶぞ……とは思ったものの、これまでの学びの教科書『唯物論の歴史』（西本一夫著 新日本新書）には説いてありませんでしたので、どのように執筆をすすめるのかを考えるところから始まりました。

そうはいっても、南郷先生や悠季大先輩が既に多くを説かれているのは分かっていましたので、そこを学ばないことには正しく理解できないだろうな……と思い、お二人のこれまでの原稿や著書を読むこと数か月、これまでの先生方の原稿や著書の量が私にとってはあまりにも多く、また私の読むスピードが遅いこともあり、あっという間に今号の執筆作業の締め切りを迎えることとなりました。

お二人からの学びを、かなり大まかにまとめると、南郷先生のご著書からは、パルメニデスさんやゼノンさんが人類としての学問の祖であるということ、そしてゼノンさんの説く弁証法（変化・運動）の構造はいかなるものか、その哲学的意義など、そして悠季氏からは更に詳しくギリシャの歴史や時代背景、そして様々な人物の具体的なその人となりや、数々の文献を踏まえてのゼノンさんの学びをすることができました。しかし、読めば読むほどに「あぁ、お二人は既に多くを説かれているのに私は一体何を書けば良いのだろうか」と悩み抜くことになりました。

日本において、お二人以外にゼノンさんについて書かれた著書がないかと探してもみましたが、ゼノンのパラドクスそのものの説明に終始したり、しかもそれも数式に当てはめて数学の問題にされていたりと、お二方以上にゼノンさんについて学問的観点から説かれている著書をみつけることができませんでした。

かといって、お二人が説かれているものをそのまま要約しても、それだけで終わってしまいそうで何とも意味がないと思え、今の私のレベルからのゼノンさんの学びとなるには、どのように書きすすめていけばいいのか、と思い、以下の説き方に至りました。

ではまずは、現在サブテキスト代わりに使用している『哲学人名辞典』（相原信作著　弘文堂）より引用します。

ゼノン（エレアの）Ｚｅｎｏｎ　前５００頃―？.エレアに生れパルメニデスに学ぶ。「多」も「運動」もあり得ないことを弁証法的に示すことによって師の一者の思想を弁護し徹底せしめた。例へば運動するものは各瞬間においては各点において静止して居り、静止の集合は運動とは成らぬ筈である。運動は不可能であり迷妄である。弁証法の祖。彼によって指摘せられたアポリア（解決の途なき難問）は今日なほ問題。ギリシア第一の走者アキレウスと亀との競争の論等有名。著作『自然について』

さらに日本大百科全書（ニッポニカ）（小学館）をみてみると、アポリアについて以下の説明がありました。

ゼノンの逆説

師パルメニデスを弁護するためにゼノン（エレアの）が考案した逆説（パラドックス）。それは⑴多否定論、⑵二分法、⑶アキレスと亀（かめ）、⑷飛矢、⑸競技場、である。⑴多くのものが存在すれば、おのおのが一つのものであって大きさをもたないゆえに無限に小さく、他方おのおのは無でない限り大きさをもつはずで、大きさは無限に分割できるゆえに無限に大きい。⑵目的地に行くには出発点との中間点を通らざるをえず、その中間点から目的地までのまた中間点を通らざるをえず、同様にして出てくる無限個の中間点を通過できないゆえに目的地に到達できない。⑶アキレスが、亀のいた地点に追い付くと、その間に亀は少し先に進んでいる。亀の進んだその地点にふたたびアキレスが追い付くと、その間に亀はまたすこし先に進んでいる。かくしてアキレスは亀に無限に近づくがけっして追い付けない。⑷飛んでいる矢は、今という瞬間には一定地点にあり、次の瞬間にも次の一定地点にある。こうして飛矢は各瞬間には静止しており、静止を積み重ねても運動は出てこない。⑸については詳細不明。［山本　巍］

(1)から(5)についての詳しいことは、説明だけで終わってしまいそうなので割愛したいと思います。特に(5)については様々な解釈があるようで、よく分かりませんでしたので、悠季氏に尋ね「競技場」のすれ違うものの話をいただきました。

悠季氏曰く「ゼノンのパラドクスにある競技場については、様々な解説書があるのですが、二つの物の塊の列がすれ違う図などで説明がなされているかな。〔図１〕通常どのように説明されているのかというと、すれ違う物の列がぴったり重なる時や、重なったところから、離れていくときをマス目というかブロックに分けて、すれ違う時の一マス分の長さは、すれ違う戦車同士にとっては二マス分になるから二倍の速さだ！　とかね。

でも、私は実際にゼノンは、そのような抽象的なものではなくて、当時オリンピアなどの祭典でよく行われた戦車競技などの例で説いていたはずだと思っています。しかもこの時代の認識は、戦車の上に乗って周りの景色をみると、周りの景色が速く動くので、そこから戦車の上では速さが違うぞ！　時間も速く動いているぞ！　みたいに思ってしまうんだよね。実際に戦車で移動すると徒歩よりも同じ距離でも早く目的地に着くわけだから、

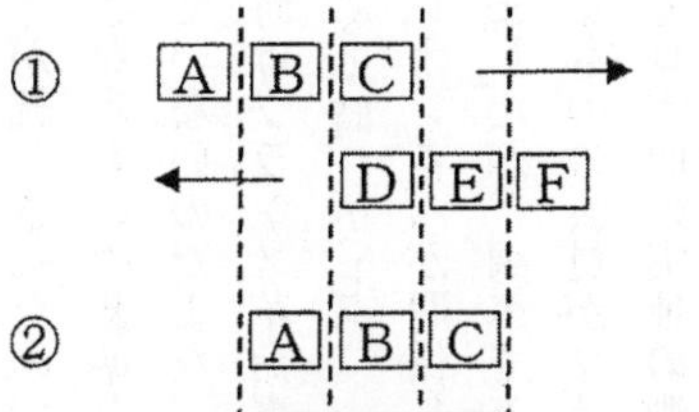

① ＡＢＣの戦車は、右方向に一マスすすみ、ＤＥＦの戦車は左に一マスすすむ。

② すると、二つの戦車がぴったり重なる。

③ ②の状態からＡＢＣの戦車は、右方向に一マスすすみ、ＤＥＦの戦車は左に一マスすすむ。

例えば②でＡからみて右に一マス分すすむということはＥの部分にあたるが、実際には一マスすすむ③をみると、ＡはＦと重なるので一マスではなく二マス分の速さですすんだことになる。

〔図１〕

戦車の上では地上にいる時よりも時間が速く進むような感覚になってそう思ってしまうのでしょうね。だから、ゼノンはそうやって単にすれ違う物の塊を説明したかったということではなく、それがどういうことなのか一生懸命考えていたということだよ。」ということでした。

戦車といえば、映画『ベン・ハー』に出てくる古代ローマの戦車競走の場面を思い浮かべました。戦車に乗った景色の速さの違いから、速さでも計算しようとしていたのかも、などと思ってしまいましたが、古代ギリシャの時代は現代のように速さ×時間＝距離との公式もある訳がありません。ですから、速さと時間と距離との関係や、言葉の概念やその言葉の五感情像も外界の反映からして今とは異なるのだよな、数学的な計算の問題ではけっしてないよな、ということが改めて考えさせられました。また話はそれますが、ふと距離に関することで次のことが思い浮かびました。

今現在、私たち日本人が当たり前のように使用している長さの単位にはメートルなるものがあります。一七九三年にフランス共和国の国民公会で一メートルをパリを通過する子午線の北極から赤道までの長さの千万分の一とするメートル法が制定されましたが、この時代に長さが統一されたのですから、古代ギリシャの時代には長さなるものの基準などもなく、長さの概念自体が定まっていないのだよな、ということを強く感じました。

当時はフランス革命真只中で、ナポレオンさんの台頭してくる時代でした。フランスの歴史に疎かったので、ナポレオンさんが関係しているかも、と単純に思ってしまいましたが、調べてみるとフランス王立科学アカデミーなるものの会員がフランス革命の最中にダンケルクとバルセロナ間の実地の測量を経て原器もつくられました。

アカデミーの語源には、アリストテレスさんの先生であるプラトンさんが古代アテネのアカデメイアの森につくった学園なるものの存在がありますし、何か今後の学びにもつながるかもしれない……と思い、フランス王立科学アカデミーとは何だろうと、調べてみることにしました。

すると、中世においても近代においても、そもそもアカデミー（翰林院）なるものの存在としてはイタリアを始めとして、続いてイギリスそしてフランスと創立されていく流れがありました。調べているうちに、世界史の授業で、アカデミー＝絶対王政のように単純に言葉だけの像で覚えていたな、ということを思い出しました。

確かにフランスではルイ十三世の頃、アレクサンドル・デュマ『三銃士』にも出てくるリシュリュー枢機卿によって一六三五年にフランス学士院を構成する五つのアカデミーのうち最も古くて権威のあるアカデミー・フランセーズが創設されました。『アカデミー・フランセーズ国語辞典』の編集が主な仕事で、フランス語の保存と純化を目的としたようなので、この時代に辞書が創られるのか！　ということに驚きました。

フランスの科学アカデミーなるものは、コレージュ・ド・フランス（一五三〇）という国立の高等教育機関創立を経て、一六六六年にパリに創設されました。パリの科学アカデミーは王から依頼され、技術的問題を研究し、諮問する義務を負っていたようでしたので、国の先端を担うような組織のなせることだったのか、ということが分かりました。

フランス革命については、漫画『ベルサイユのばら』（池田理代子　集英社）や『杖と翼』（木原敏江　小学館）あるいは、映画『レ・ミゼラブル』や『宮廷画家ゴヤは見た』など、当時の実在する人物「マリー・アントワネット」などの名のつく題名ものに描かれたフランス革命の場面を思い出しつつ、革命による鎖国気味、しかも王党派と疑われればギロチン台で処刑されてしまいますから、メートルの測量をした人はさぞ命懸けだっただろうな……などと当時の時代に思わず耽ってしまいました。

革命の話などは、歴史の変わり目であったりドラマチックであったりして調べても楽しいのですが、個別の出来事などにのめり込んでも山ほどの事実などをみているだけでなんとも時間が過ぎてしまいます。これでは、人類の歴史の大局からみた学問的なアタマは創られそうにないと思いました。

近々キログラムは百三十年ぶりの歴史的大改定があるということですが、それも学問の歴史からすると、ほんの末端の改定のような気がしますし、自分は歴史や学問の流れにおいていかに小さく物事をみているのかを感じさせられることになりました。話がそれてしまったので元に戻します。

（二）

ゼノンさんのパラドクスが後々の人にどのように学ばれていったのかについてもおさえておきたいと思い、『哲学・論理学研究（第一巻）』（悠季真理著　現代社）の

「第二編第二章　学問化への原点たるパルメニデス、ゼノンを説く」より引用します。

第七節　ゼノンのパラドクスの出てくる所以とその意味するもの

パルメニデスが説いた、すべては一に収斂するのであって、その一にして不変不動のものとは（今の我々で言えば）論理の世界のことであり、その世界こそが真なるものである。この節は当時の大半の人々には理解できないものであり、多くの政敵から非難されることにもなった。だが、ゼノンはこの師の説を擁護するために自らの政治生命を賭したと思われる。

ゼノンは、すべては一であり不変不動であるとの師の説を擁護するために、多を否定して運動を否定した。多を否定する議論はプラトン『パルメニデス』やシンプリキオス『アリストテレス「自然学」注解』の中に伝えられており、また運動否定の議論（いわゆるゼノンのパラドクス）はアリストテレス『自然学』において記されている。そしてそれら両者の議論をヘーゲルが取りあげている。

多なるものや、運動・変化を否定するということの意味は、現実の世界の問題としてではなく、あくまでも論理の世界においてはそれはあり得ないということを示そうとしたのである。そして多なるものが思惟において（つまり論理的には）あり得ないということを示そうと、敢えて、現実的には誰が見ても明らかに動いているものを典型例として取りあげ、これほど明らかに動いているものであっても、それでも思惟においては（理屈で考えていくと、つまり論理の世界では）止まっているであろう、ということを示そうとしたのである。

ヘーゲルはゼノンについて次のように言う。

……中略……

ここで、ヘーゲルのいわんとしていることは、ゼノンの頭脳は運動の現象から構造に入っているのではあるが、その全構造までは見てとることができずにおり、構造のある面にのみ着目したところで留まっているということである。本来運動というものは、構造レベルで説けば、そこに有ると共にない、ということであるが、ゼノンはその構造の一端を人類史上初めて示すことができたということであり、だからこそヘーゲルはゼノンに弁証法への始まりを見てとり、学問的に高く評価しているのである。

また加えて『ギリシア哲学者列伝（下）』（ディオゲネス・ラエルティオス著　加来彰俊訳　岩波文庫）にあるゼノンさんについての文章を読んでみて様々に像がふくらみましたので、ここも主要な部分を抜粋します。

プラトンが『パルメニデス』（一二七B）のなかで述べているように、彼は背の高い人であった。また、その同じプラトンは『ソピステス』（二一六A）や『パイドロス』（二六一D）のなかでも、この人に言及しており、彼を「エレアのパラメデス」と呼んでいる。またアリストテレスは、ちょうどエンペドクレスが弁論術の発見者であったように、この人は問答法の発見者であったと言っている。

ゼノンさんも、他の哲学者と同じようにというよりも、この時代が自然哲学の時代といわれているように、皆と同じ『自然について』という題名のものを著しているようなので一応著書なるものはあるものの、プラトンやアリストテレスがゼノンについて書かれているところをディオゲネスさんが取り上げていることからも、今日のゼノンさんの像のほとんどは、この二人の著書から創られているところが大きいのだと思いました。

この頃の人物のつながりなどが段々分からなくなってきましたので、少し調べてみることにしました。そうすると、プラトンの先生であるソクラテスさんと、パルメニデスさんやゼノンさんは時代がかぶっていることに気づきました。

プラトンの対話篇『パルメニデス』には「老パルメニデスと青年ソクラテスの出会い」について書かれているようですから、そんな風に人物がつながっていくのだな……と、点でしか描けなかったこの時代のことが、段々とつながっていきました。

エンペドクレス（＝エムペドクレス）さんについては、ちょうど次回取り上げることとなるのですが、そもそも弁論術と問答法は違うものなのか、なぜ異なるものとしてアリストテレスさんは書いているのか気になり、とりあえず言葉の意味の違いを辞書で調べたり考えてみたりすることにしました。

弁論術は原文ではおそらくレトリック（古代ギリシャ語ではレートリケー）になると思うのですが、アリストテレスさんの著書『修辞学』（弁論術）には相手を諭して理解や説得を誘うような術であると書かれてあるようです。私は、ここでとりあえず政治家や弁護士のような人が用いる話術のイメージを想像することにしました。

それから、問答法は原文ではおそらくディアレクティケーと書かれているとは思いますが、ディアレクティケーなるものの言葉には弁証法という意味もあります。ゼノンさんは弁証法の祖である、と書かれていることもあるので、どちらの意味で捉えるのが正しいのだろうか、と思いました。それから、この時代の問答法といえば、他にもソクラテスさんがまず思い浮かびました。また時代が違いますが、問答なるものの言葉のイメージとしては他にも禅問答の「什麼生《ソモサン》」「説破《セッパ》」など具体的な問答のやりとりの場面を思い浮かべることになりました。「問答」という言葉の意味も時代によっても、学問的な意味でも、異なるものなのではないかと思いました。

　話はそれますが、日本ではエリートの大学であっても卒業するまでにほとんど学ぶ機会のないものとして、外国にはスピーチ、ディベート、ディスカッションなるものがあります。日本の社会では意図せず用いられることもあるような気がしますが、日本人の白黒に明確に分かれない、思考的にも気質的にもなじみのないものではないかとも思えますが、職業的に政治家や弁護士、指導的立場にある人、あるいは組織の上に立って率いていく立場の人などでしたら求められる資質であるとも思います。

　欧米では現代でも、ある物事について話をするときに、このような話術や人と人とのコミュニケーションの方法としての学びがあるのは、この時代から続いてきた結果なのかもしれないとなんとなく感じました。

　この弁証法について、『哲学・論理学原論〔新世紀編〕』（南郷継正著　現代社）にはこう説かれています。

> 　すなわち、中世半ば過ぎからは、自然界の究明が進むにつれて、従来の教会の学問ではこの世のすべてを説ききれなくなってくる、このままではローマ教会によるヨーロッパ世界の統治が揺らいでしまうことになる。
>
> 　そうした危機的状況を迎えるに至って、アラビア由来のアリストテレスの学問を〝神学〟として採り入れることによって、「自由思想発生の道を杜絶する好箇の武器」としてアリストテレスの学問を用いることにした、ということである。あくまでも、ローマ教会の権威を保ち、ヨーロッパ世界の統治を存続していくために、アリストテレスの学問をいわば創り変えながら用いていくこととなったのである。古代ギリシャの弁証の方法も、当時のヨーロッパ世界におけるあくまでも国家統治のために、神学という形にしつつ学ばれ、用いられていくこととなったのである。
>
> 　だが、この古代ギリシャの弁証法なるものは、その後の中世において悲しいことに神学校なるものの人々の手によって簡単な「問答集」レベルで定式化、公式化され、それを修得すれば、一人前の学識経験者とされることになり、いわば神学的学問形成者への問答集として大成さ

れていったのである。しかしこれは見事な失敗であった。何故、古代ギリシャにおいて大成功への提言とプラトンにいわせた弁証法の過程的構造への学びが、中世においては大失敗したのであろうか。何故、かの有名なデカルトにすら、「あんなものは役立たず」といわせたのであろうか。そして結果的に「デカルトは、では大学者となれたのでしょうか」との疑問については、「残念ながら」と私の著作にしっかりと説いてある。

簡単に説くなら、中世までの大失敗は、これは学問レベルとしてではなく、宗教学の一体系としての問答集に堕してしまったからである。解答が初めから分かっている問答集（いうなれば、現代の大学入試みたいなもの！）だったからである。だから大秀才だったデカルトは「あんなバカみたいなもの！」と頭から軽蔑して棄て去ったのは、彼にしてみれば当然のことだったのである。でも彼は大きく間違っていたのである。理由は、彼が教会の学校で弁証法と思って学んだものは、古代ギリシャのアリストテレスまでの実態を持つものではなく、それの完成を見るまでには（プラトン）有効であったが、アリストテレスの弁証法の出現を見た後は、有体には枯れた形式すなわち問答集という、実態のない現象形態にすぎないものとなっていったからである。

ですから、ここを踏まえてみても、『ギリシア哲学者列伝』（前出）でアリストテレスさんが言っている「問答法」なるものは、私が想像していたような決まりきった問答の方法のことを意味するわけではないよな、と思うようになりました。

悠季氏にも「ここの問答法は弁証法の訳の間違いなのでしょうか？　それとも、実際に問答法を発見したというのが通説でしょうか？」と尋ねたところ、「確かにゼノンが問答法を発見したと言われているので、通説ですね。例えば、ゼノンは帰謬法を用いて（相手の説が正しいとして論を進めていくと矛盾に陥ることになるから相手の説は間違いだとする）相手を追い詰めていったなどと言われています。

でも当時は、まだ問答を展開していけるような実力はなくて、ゼノンが何か一言二言言うことで、相手が何も言えず詰まってしまう、とかもっと素朴な段階だったのではないかな。当時はまだまだ弁証法と呼べるレベルのもの自体ないよね。」と言われ、「は！　そうだよ！」と思いました。そもそもゼノンさんが発見した問答法というのは、今現在私が学んできた弁証法とまではまだまだいかない段階の弁証法のことであり、後世の人によって、ここではそのような段階の訳としてゼノンさんが問答法を発見したという言葉を用いて書かれているのだと捉えた方がいいのだな、と感じました。

　ここまでの弁証法なるものの歴史を振り返ってみると、以前取り上げたヘラクレイトスさんは「万物は流転する」というものの変化、つまり、万物は生成発展するのだ、と現象する世界を弁証法的な考え方としてみてとることができました。パルメニデスさんはその変化を否定し、ゼノンさんはその変化・運動を構造的に止めたというところが、これはまた弁証法そのものの生成発展としてのつながりを感じました。

　また、ピュタゴラスさんの万物のもとは数（点のあつまりのようなもの）であるという考えからのつながりを感じたところは、ピュタゴラスさんは季節を春夏秋冬という点で区分けすることができましたが、パルメニデスさんは、すべては一なる不変不動のものに収斂するという考えから春は春であり冬は冬であるという、その点が動かないものとして固定化しているなと思いました。

　そして、さらにゼノンさんはその動かない点を用いて多々説明をしていましたが、それも一つのものが永遠に点で区分けできるとか、点を集めても運動にならないとか一つというものがあるということを説明するわけですから、大きさとか動くということとか速さや時間や距離などの、目に見えないことを表す言葉を一生懸命にそれがどういうことか、そのような一なるものがあるものとして説明したかったのかもしれないなと、それにそもそもパルメニデスさんをそれこそ不変不動な一として考えているなという気持ちになりました。

　そうして考えてみると、以前『ギリシア哲学者列伝（上）』（前出）の哲学には自然学と倫理学と論理学があると書かれてあり、論理学の起源がゼノンにあると書かれていたところや、ゼノンさんが弁証法の祖であると言われていることが少し分かるような気がしてきました。

　そもそも、現在私が弟子を教えていても、弟子の誰もが（東大生を含めて）ヘラクレイトスさんのように万物の変化をみてとることができないのはもちろん、ゼノンさんのように論理的に変化・運動を止めることができないからです。南郷先生の著書にある、アリストテレスさんの「ん？」から「思う」ところの認識についての部分とも非常にリンクするのですが、日常の現象するところで私が「ん？」となるところに、弟子はどうにも「ん？」ともならないのです。逆に、私は弟子の「ん？」とならないところに「ん？」となってしまいます。

　例えば、武道空手の試合で上段に突きが当たったところで、通常は技ありなどの判断をすることになります。しかし、初心者は突きが上段に当たるということがどういうことかも分からない訳ですから、審判の評価から今の突きが技ありだったのか一本だったのかを繰り返し反映することで徐々に像を形成することになります。そしてこれは試合をみながら「ん？」だらけの人もいれば、ぼーっと「ん？」とならない人では像の形成のされ方が全く異なります。

ですから、生成発展している日常レベルの変化において「ん？」ともならなければ、当然にそのことについてアタマの中で思い巡らすことがないわけですから、それがどういうことかということを全く考えないし、考えようとすることすらどうにもなりません。それではゼノンさんのように現象している物事ではない論理の世界のものをみてとるような考えるアタマにはならないわけですから、論理学、認識学、弁証学などの話をしても当然分からないよなと思いました。そして、だからこそ、ゼノンさんはすべての原点である学問の祖といえるのか、と漠然とながら思いました。

またここで、最近の柔道の試合について私は「ん？」となったことがあったのですが、もしかすると実際に柔道に携わっている人は「ん？」とならないのかと思うことがありました。

例えば、ルール上技をかけようとしない場合は「指導」が入るところなどです。当然にこれは武道の本質から全く逸脱しています。現在の柔道では技を防ぐということ、組むということ、投げるということ、受け身をとるということの概念がもはや私の知る柔道ではないと思いました。ですから、そのような中で技ありや一本を投げる時もしゃがみ込んで投げていたりしていますから、相手は投げられても全く五体無事そのものであり、全くやられているようにはみえません。

武道であれば投げられた技で五体無事は済まないわけですから、技としてその本質からみて創られているかどうかを判断するのが審判であり、そのような基準を創るのが国際柔道連盟の役割だと思うのです。しかし、そのような学的なアタマのある人が柔道界のトップレベルにはいないということですから、ますます技もルールも武道の本質を把持しない方向へ変化発展していってしまうのを危惧してしまいました。私なら、武道としての柔道を残すべくオリンピックに出る意味も意義も見出せません。

しかし、本当はゼノンさんのように構造的に流れている運動を止めるということは、現実的にはとても困難なことであり、この流れが中世で問答法が定式化・公式化してしまったことと、とても似ていると感じました。

ここで再び話はそれてしまいますが、中世の時代には弁証法が現代の大学入試のような解答が初めから分かっている問答集＝問題集？　になってしまったと南郷先生が説かれていた部分で、私には時代が違いますが神学校のことが書かれていたヘルマン・ヘッセの『車輪の下』が思い浮かびました。この著書を読んだときに、神学校ってとても頭がよくて秀才の人しか行けないのだな、勉強が大変そうだな、と思った覚えがあります。

勉強ができる人が優秀であるという価値観や、社会の制度などの構造は細かくは違えどヘルマン・ヘッセから今の時代も似ているような気がしましたし、そのような中で周りの大人によって追い詰められていく主人公ハンスと現代の秀才やトップアスリートなど、裏で追い詰められていく人達の存在があることにも構造的に重なるところがあるなと感じるところがありました。

日本では近年大学が増えすぎて、少子化によって定員割れの大学がありつつも、希望の大学に行くために高校でも勉強、その高校に行くための中学に行くために小学校から受験をする人が少なくありません。私自身は「大学など高校に入ってからその先の人生について考えればよいだろう……やりたいことから行きたい大学や就職先を決めて、受からなければ浪人してしまえばいいのでは」くらいに思ってしまいますが、「成績がいいから東大や医学部にいくのがいい」「浪人するよりはこの大学に行った方がいい」などと周りに言われて入学した学生、逆に自分の意見を推奨するだけで本人の主体性を育てられない先生や指導者によって育てられてきた人を何人もみてきました。

そのような中で育てられた人は本当に打たれ弱く、自分で物事を決断したり、考えたいと思う意思も弱いのでハンスのように追い詰められることや壁にぶつかるときに内にこもってしまうことが多々あるような気がします。

今ではスポーツ界でもフィジカルな面を鍛えるトレーナーだけでなく「何故自分がその競技をやりたいと思っているのか」「どのように取り組んだらいいのか」について主体的に考えるアタマも育っておらず、そのように考えるアタマとココロを創ってくれるメンタル面でのトレーナーなどの支える存在があることからも、スポーツ漬けのアスリートと受験秀才とが被ってしまい「指導者はもちろん競技者自身も、もっと論理的な力や弁証法を身につければいいのに、もったいないよな」と単純に思うことが多々あります。

南郷先生は著書などで、よく秀才という言葉を東京大学の学生などの受験秀才の人に対して使われますが、私の十数年の指導経験からは、最近は鈍才と言われる人でも、小学生のうちから受験勉強などを真面目にして育ってきた人が増え、構造的には東大生のような秀才と同じような弁証法性のない秀才的認識である人が多いように思います。

ですから、最近では鈍才の人であっても、育ち方によっては秀才と構造的には同じように、変化のない答えの受けとり方をするのがうまい、構造的に変化・運動を止めることのできないアタマになっている、つまり弁証法性のない認識になると感じるようになりました。そういったものの、受験勉強的一般教養は受験秀才の方ほどにないのですから、学問はまだしも弁証法に興味を持ってもらえなかったり、弁証法的な考え方もなかなか伝わらなかったりで、武道は当然に、論理学、認識論とて指導をするのに結構な苦労をしている日々です。

（三）

話がだいぶそれましたが、引き続いてゼノンさんの逸話について書かれたところを『ギリシア哲学者列伝』（前出）から引用したいと思います。

ところで彼は、哲学においても政治の面でも、きわめて高貴な性格の持主であった。事実、伝存している彼の書物は多くの洞察に充ちたものだからである。また、ヘラクレイデス（レムボス）が『サテュロスの（『哲学者伝』の）摘要』のなかで述べているところによると、彼は（祖国を支配していた）僭主のネアルコスを——一説によれば、ディオメドンを——打倒しようと謀ったが、（事が露見して、）同志の者たちとともに捕えられた。そしてその折、彼は同志の者たちの名前や、彼がリパラへ運んでいた武器のことについて訊問されたが、彼は僭主を誰からも見放された者にしようとして、僭主の友人たちの全部の名前を明かした。そしてそこから、二、三の人たちについては、僭主に内密に伝えることがあると言って、僭主の耳元に口を近づけながら、これに噛みつき、刺し殺されるまで放さなかった。こうして彼は、「僭主殺し」の

アリストゲイトンと同じ運命に遭った、ということである。

しかし、デメトリオスは『同名人録』のなかで、彼が噛みついたのは、(耳ではなくて)鼻であったと言っている。また、アンティステネスは『(哲学者たちの)系譜』のなかで、次のように述べている。すなわち、ゼノンは僭主の友人たちの名前を明かしたあとで、他にも誰か共犯者がいるかと僭主から訊ねられた。そこで彼は、「ええ、いますとも。国家に仇をなすあなたこそがそれなのだ」と答えたし、また、周りに立っていた者たちに向かっては、「君たちの卑怯にはあきれるよ、もし君たちが、いまぼくが耐え忍んでいることを恐れるがゆえに、いつまでも僭主の奴隷になっているのならだよ」と言ったのだった。そして最後には、彼は自分の舌を噛み切って、僭主に吐きかけた。そこで、市民たちは奮い立って、その場でただちに僭主に石を投げつけて殺してしまったのだ、と。そして、大部分の著者たちは、これとほぼ同じ内容のことを伝えているのであるが、しかしヘルミッポスは、彼は石臼の中へ投げこまれて、打ち殺されたのだと述べている。

ここまで読んだところで、悠季氏に思わず「ゼノンさんが僭主に噛みついたって書いてあるんですけど……もし、私がこの時代にタイムスリップしたら怖くて生きていけそうにないです……」と思わず冗談半分で話をしてしまいました。ところが、悠季氏には「本当にこの時代って、女性も主人の意に沿わなければ、簡単に打ち殺されたり、投げ捨てられる時代だからね。奴隷や女性は目下であり身分も下だから……。しかも、男性は頻繁に戦争に出かけていたくらいだから、体は常時鍛えているからね。だからついカッとなれば、簡単にポイって石臼に投げ込まれちゃうんだよ。だから加減を知らないというか、人をケガさせる以上に殺してしまうことも多々あるんだけど、その辺の認識は、現代からみると幼いよね。

かのアレクサンダーも、無二の親友だった部下のクレイトス(近衛兵の部隊長)から諫められた際には、カッときて思わず槍で刺し殺しちゃった後で、ああ、俺はなぜ大事なクレイトスを殺しちゃったのだろう……ううって号泣して大後悔しているんだもん。殺すときは激怒して〝殺す〟ことしかアタマにないんだから、もう何やってんの！って感じだよね。その位に、当時は激情に駆られて思わず人を殺してしまうということは少なくない時代だし、現代の私達からは考えられないほどに野蛮というか残虐とも思えてしまうけれども、それが普通の時代だったんだよね……」などと話をされて、今は戦争のない時代に過ごしている私達日本人にとっては、平和であるが故にギリシャ時代の言動が半ば狂気に充ちていると異様に映るかもしれないと思いました。

そして、ここでは僭主政治ということを歴史の授業で習ったことを思い出し『カラー世界史百科　増補版』（平凡社）の国家の部分の文章を読みました。

> 初期の統治形態は被征服民から採用した王政（王を意味するバシレウスは非印欧系の語）。王権は無制限ではなく、ゼウスにより与えられたものと考えられた。（牧人と彼が預る羊の群の像）。ギリシア語族による土地占取の終結後は、強力な王権、集権的支配は不要となる。ラコニア、アルゴス、アルカディア、エリス、マケドニアでは、王権の制限を伴いつつその後も王政が存続する。他地域では、土地所有と多数の従士、隷属民を権力の基盤とする貴族が王から支配権を奪う。大土地所有者のカースト的支配としての貴族政（戦士カースト）。貴族的生活は戦闘競技、戦車競走、狩猟と閑暇であって、その徴憑は馬の飼育である。寡頭政（少人数の支配）の出現と、それによる多数者（自由人、半自由人、奴隷）もしくは貧民の支配。B.C.7～6世紀には、不満を抱く小市民、農民層の援助を得て、貴族から権力を奪取し、独裁者となるものが現われる（僭主政）。僭主は大土地所有者、有力市民と対立、手工業者、小農民を優遇する。国制発展の終点は民主政（民衆の支配）であり、さらに広汎な社会層に市民権を賦与（義務に対する権利の要求）することである。民主政は奴隷制の発展により初めて可能となる。奴隷制により市民は政治に従事する閑暇を獲得する。

ゼノンさんが噛みついた僭主などと重ね合わせて、この文章を読んだときに様々な像が思い浮びましたので、悠季氏に「ゼノンさんが僭主にアタマにきて噛みついたように、僭主政から民主政になる時は全体として大闘争だったのでしょうか？」と質問をしたところ悠季氏は「いえいえ、大闘争というよりもまだまだ国の形が定まっていない時代なので、色々です。」と言われました。「そうなのか……」と思い、古代ギリシャの二大国家ともいえるスパルタやアテネを思い出しました。スパルタは王様が二人いましたし、軍隊が強力であった軍事国家だといわれていますが、アテネはまた違っていますので、国の形が定まっていないということは、他の国はまたそれぞれ形態は違っていたのだろうなと思いました。

悠季氏ともまた、そのことについて話をしたところ「そうですね。スパルタは王が二人いましたね。もともと軍隊でもって勝ち取っていったような国ですが、他の国はそれぞれ貴族、王、僭主、市民などの統治の形がまだまだ定まっていない時代です。定まっていき始めたのはそうですね……アテネのペリクレスの時代からでしょうか。実際に定まったのはローマですかね。だいぶ後ですね。」と言われました。

このあたりのことについて、『カラー世界史百科』（前出）を見てみると、以下の文言がありました。

都市国家または共同体国家としてのポリスは都市的諸集落とそれに結びついた共同体の土地から成立。ポリスの特徴は、内外における政治的自立（アウトノミアとエレウテリア）、経済的自給自足（アウタルキア）および地域的祭祀（政治的、宗教的共同体）。都市国家間の政治的関係は、平和協定、同盟条約によって規定される。ポリス名は土地ではなく、その地の住民名に由来。ポリスは守護神をもち、自ら制定した法に服する。

住民名が地名になる、という文言には驚きとともに、よく分からなくなってしまいましたが、ポリスというのは案外小さいもので、今の私たちが描く現代の国とは異なって部族のような規模かもしれないなと思うに至りました。

ここで突然ですが、日本でも地名が人の名になった人を思い出しました。木曾義仲、新田義貞、足利尊氏、みな地名そのものでした……。

そして、ここまでを読んでいて、これまでの学びの著書であった『唯物論の歴史』（前出）に出てくる地名などが教養不足でどうにも像として地図が思い浮かばないので、自分なりに当時の地図を描いてみることにしました。〔図2〕

『哲学・論理学研究（第一巻）』（前出）にもエレアという地の特殊性について説かれた部分があり、そこと重ねながら地図をみてみたりもしましたので、その部分を引用します。

エレアは、元来イオニア地方に住んでいたギリシャ系フォカイア人が、紀元前六世紀半ばに、ペルシャの奴隷から逃れるようにしてやってきて建設したポリスであった。この地に移住したフォカイア人は、ギリシャ人の中ではいわば遠洋航海の先駆者であり、アドリア海やイベリアなどを、ギリシャ世界で初めて発見したとされるほどの航海術、そしてそれと一体化している海軍力に優れていた。そしてエレアは、ミレトスに次いで軍事的にも経済的にもいわばナンバー2の実力をつけていったのである。特筆すべきは、フォカイア人はエジプトやリュデ

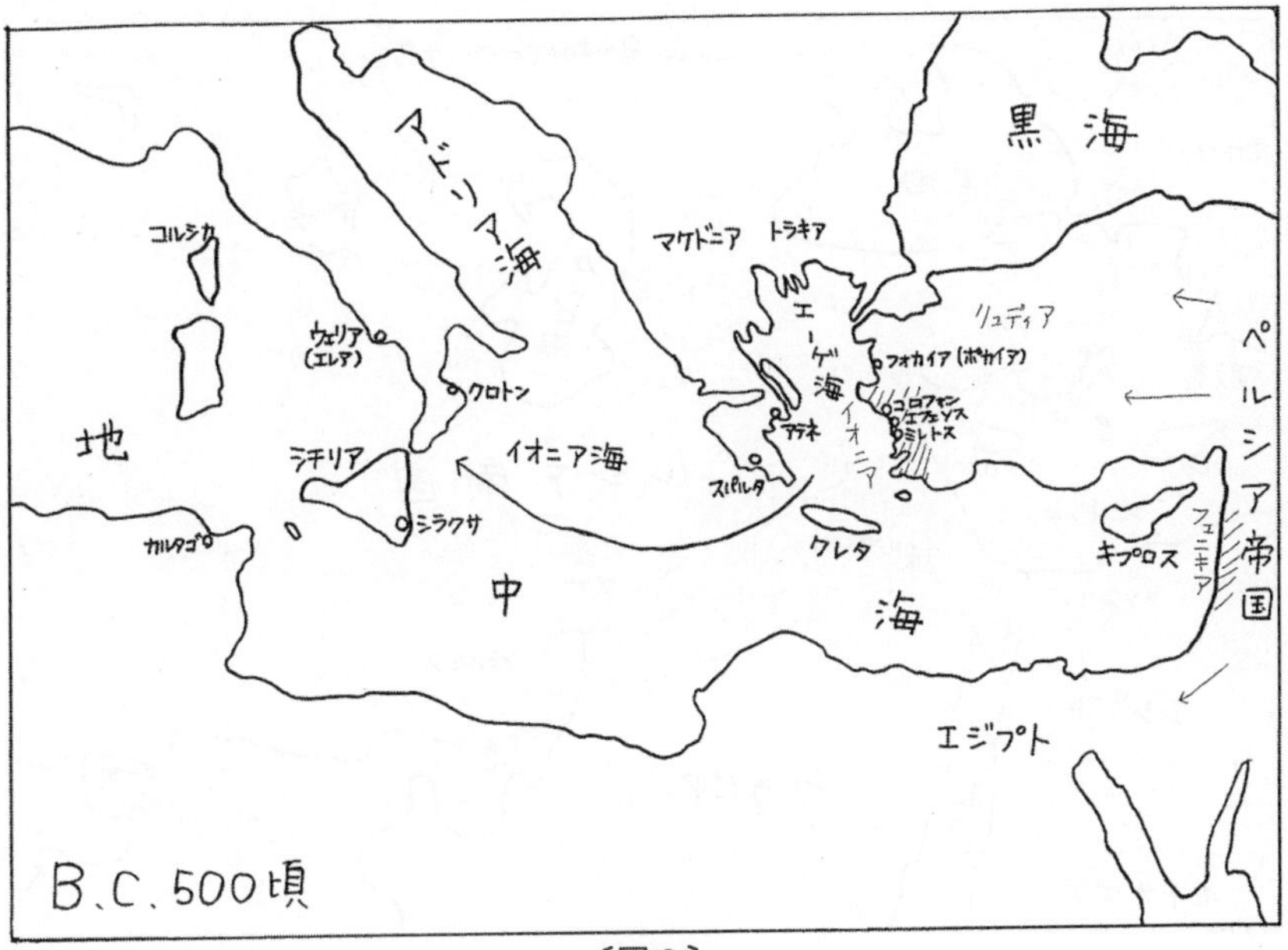

〔図２〕

イアなどから原材料を輸入し、優れた武器を製造してそれを輸出し、莫大な利益をあげていた、今でいういわばハイテクの最先端都市を築いていたということである。

……中略……

このように、パルメニデスやゼノンを輩出した地エレアとは、元来東方から落ちのびてきた亡命貴族らによって発展した都市であり、当時としては最先端の軍事技術を把持していた地域である。しかもペルシャ戦争の舞台からやや離れて位置していたことから、東方の地に比べて貴族達は精神的ゆとりを持つことが可能となっていったことは十分に推測できることである。パルメニデス、ゼノンの実力の内実を考える上では、こうしたことを念頭に置いておく必要がある。

ここまで読んだところで、ペルシャが世界の中心であった時代において、ペルシャからみたエレアという場所を想像してみると、山々を越えて海を通っていかなければならない程、思っていたよりもずっと遠くに離れているなと思いました。これだけペルシャから離れているのであれば、誰も追いかけてこないよな……との気持ちにさせられました。〔図３〕

世界の歴史からみても、戦争においては自分の見知った土地や環境ではないところへ攻め込んで戦うのは大変

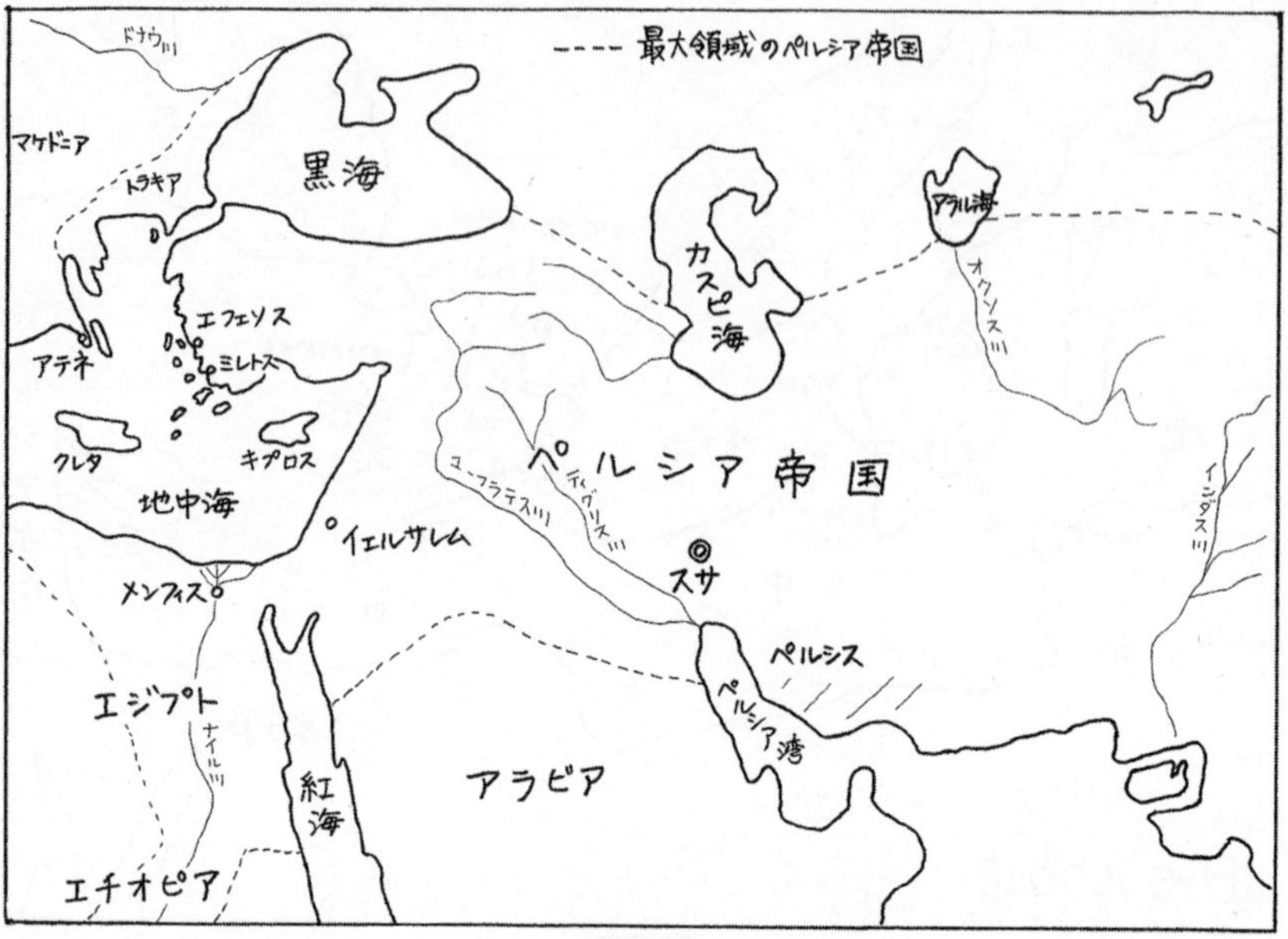

〔図３〕

な労力を伴うものだと思います。この時代だと例えばテルモピュレーの戦いを映画にした「３００」にあるようにスパルタとペルシャの戦いでは、少数スパルタ軍がペルシャの大軍を防いだりしていますし（最終的には負けてしまいましたが）、地の利、土地勘、環境対応、などなどが攻める側と護る側の精神的にも実体的にも勝敗を決する大きな条件となり、武道空手の闘いにも通じるところがあると思いました。

また、この時代は闘いにおいて重い装備をしたまま武具を用いて何時間も闘えるだけの体力を養成していましたし、すべて歩兵は歩きでの大移動になりますから、何とも強靭な肉体であったに違いないと思いました。それに比べて、現代の武道の鍛錬や闘いを古代の人たちがみたら、何とも脆弱で遊んでいるようなレベルにしかみえないだろうなと感じました。

ゼノンさんのような古代の人たちがしていた毎日の鍛錬に比べたらお遊びレベルでしかないとは思いますが、私はここ十数年、山の中のちょっとした道なき道を数名の仲間で何時間ばかりか歩くことがあります。そうすると、様々なことが思い浮かびます。

例えば、前後見える範囲は大体五〜十名くらいですから、漫画『キングダム』（集英社）にもあるように古代中国の秦の時代の時には、隊を組む場合、伍や什（五名や十名）が最小単位の歩兵部隊の組織になるなと自然と思えますし、数年の練習を経た人であっても、もはや一時間も歩くと歩くだけで気力も体力も共にきつくなってしまう程体力がありません。私も含めこれが現代の人間の質であり、脆弱さかもしれませんが、このような「歩く」ことこそが武道の身体の質を創る大事なことだと思えてなりません。

そういえば早稲田大学では、新入生に百キロ歩かせるという校風が伝統として残っているという話も聞いています。

そして、唯物論の歴史を学び始めて数年が経ちましたが、遅々としてすすまない唯物論の学びも「歩く」と同じで、哲学の学びへの一歩一歩であり、ようやく歩きだしたくらいでへばってしまっている初心者と同じだと思いました。ですが、このことこそが学問や哲学が分かるための質を創ってくれるものと思って、次回に続けたいと思います。

（続）

13　少年少女《ショウネンショウジョ》のための武道空手《ブドウカラテ》の授業《ジュギョウ》
もしくは教科書《キョウカショ》（四）

朝霧《アサギリ》華刃《カジン》
神橘《コウダチ》美伽《ミカ》

1、第四回目《ダイヨンカイメ》の「はじめに」

少年少女の皆《ミナ》さん、すごく元気《ゲンキ》ですか？　そして、一《イチ》日《ニチ》一日を存分《ゾンブン》に過ごしていますか？

明日《アス》ありと思《オモ》う心《ココロ》の徒桜《アダザクラ》
夜半《ヨワ》に嵐《アラシ》の吹《フ》かぬものかは(1)　親鸞《シンラン》(2)

この短歌《タンカ》は、「明日もまだ咲《サ》いているだろうと思っていても、気《キ》まぐれな嵐が吹き荒《ア》れれば桜の花《ハナ》は一晩《ヒトバン》のうちに散《チ》ってしまう。このように、明日があるからと思って物事《モノゴト》を先延《サキノ》ばしにしていると、せっかくの機会《キカイ》を失《ウシナ》ってしまうかもしれなくなる」という意味《イミ》です。

「やらなければならないのは分《ワ》かっているけれど、面《メン》倒臭《ドウクサ》いなぁ、やりたくないなぁ……」と思う「怠《ナマ》け心」は、皆さんも一度《イチド》や二度《ニド》ならず身《ミ》に覚《オボ》えがあることでしょう。この「怠け心」は、人《ヒト》に胸《ムネ》を張《ハ》れるような感情《カンジョウ》ではありませんが、人間《ニンゲン》であれば誰《ダレ》しもが抱《イダ》くことのある〝正常《セイジョウ》な〟感情です。

四季折々《シキオリオリ》に自然《シゼン》が千変万化《センペンバンカ》[3]するように、人間も自然の中《ナカ》の一部《イチブ》なのですから、当然《トウゼン》に、人間も絶《タ》え間《マ》なく変化《ヘンカ》していくものです。その変化していく人間の中でもっとも変化するもの、それはどこだと思いますか？　答《コタ》えは、皆さんの「精神《セイシン》＝ココロ」です。

ですから、とても真面目《マジメ》に取《ト》り組《ク》んでいたことであっても、急《キュウ》に面倒になったり、止《ヤ》めたくなったりすることがあるのは当然のことなのです。「多《オオ》くの事《コト》に情熱《ジョウネツ》を傾《カタム》けるのは易《ヤサ》しいが、一《ヒト》つのことに情熱を燃《モ》やし続《ツヅ》けるのは至難《シナン》である」という格言《カクゲン》があるのも頷《ウナズ》けますね。

ですが、だからといって怠けてよいというのではありません。「本能《ホンノウ》」にのみ従《シタガ》って生《イ》きている動物《ドウブツ》とは違《チガ》って、我々《ワレワレ》人間は「精神＝ココロ」の中にしっかりとした「意志《イシ》」を持《モ》つことができるのですから。

江戸時代後期《エドジダイコウキ》の老中《ロウジュウ》（将軍《ショウグン》に直属《チョクゾク》する、幕府政治《バクフセイジ》を統《トウ》轄《カツ》した最高職《サイコウショク》）である松平定信《マツダイラサダノブ》[4]の言《ゲン》に、「楽《タノ》しきと思うが楽しき本《モト》なり」というのがあります。この意味は、「楽しくない」と思う（ココロ）ようなことでも、それを「楽しもう！」という考《カンガ》え方《カタ》（ココロ）に変《カ》えることで、本当《ホントウ》に楽しめるようになっていけるのだ、つまり何《ナニ》事《ゴト》も自分《ジブン》の心持ち（意志）次第《シダイ》で、物事の見方《ミカタ》、取り組み方が変わってくるのだ、ということです。

これこそ、人間の「意志」の一つの現《アラワ》れですね。意志の持ち方次第《シダイ》で、いかようにも物事の捉《トラ》え方が違ってく

え〜今は
めんどくさい
なあ〜
こらこら、
そう思う今だからこそ
やっておこうよ！

脳の中での
一人問答《ヒトリ モンドウ》

るのです。ですから、「怠けようと思うが怠けの本なり」（怠けようと思えば本当に怠けてしまう）ともなりますし、逆《ギャク》に「怠けないと思うが怠けない本なり」（怠けない！　と思えば怠けなくなる）ともなってくるのです。このように、たとえ怠け心が起《オ》こっても、それに負《マ》けないようにしよう！　克服《コクフク》しよう！　と意志を働《ハタラ》かせることができるところに、人間の貴《トウト》さ、そして矜持《キョウジ》（誇《ホコ》り・プライド）があるのです。

怠け心が起きた時《トキ》こそ、それを克服しようと努力することで、自分を強《ツヨ》く立派《リッパ》にしていける（意志をより強くしていける）チャンスなのだ！　と捉えてください。そうして面倒だと思うことほど積極的《セッキョクテキ》に取り組んでいってほしいものです。筆者《ヒッシャ》である私《ワタシ》たちも、人間である以《イ》上《ジョウ》怠け心から「練習《レンシュウ》したくないなぁ」と思うこともあります。ですが、そういう時には「したくないと思う今《イマ》だからこそやらなければ！」と思い直《ナオ》して、重《オモ》い腰《コシ》を上《ア》げるようにしています。ダラダラ・ウジウジしているよりも、[5]一旦行動《イッタンコウドウ》に移《ウツ》してしまえばこっちのものです。

結果《ケッカ》として身も心もレベルアップできますし、とても清々《スガスガ》しい気持ちになり、その度《タビ》に「思い直《ナオ》してよかった！」と思えるものです。

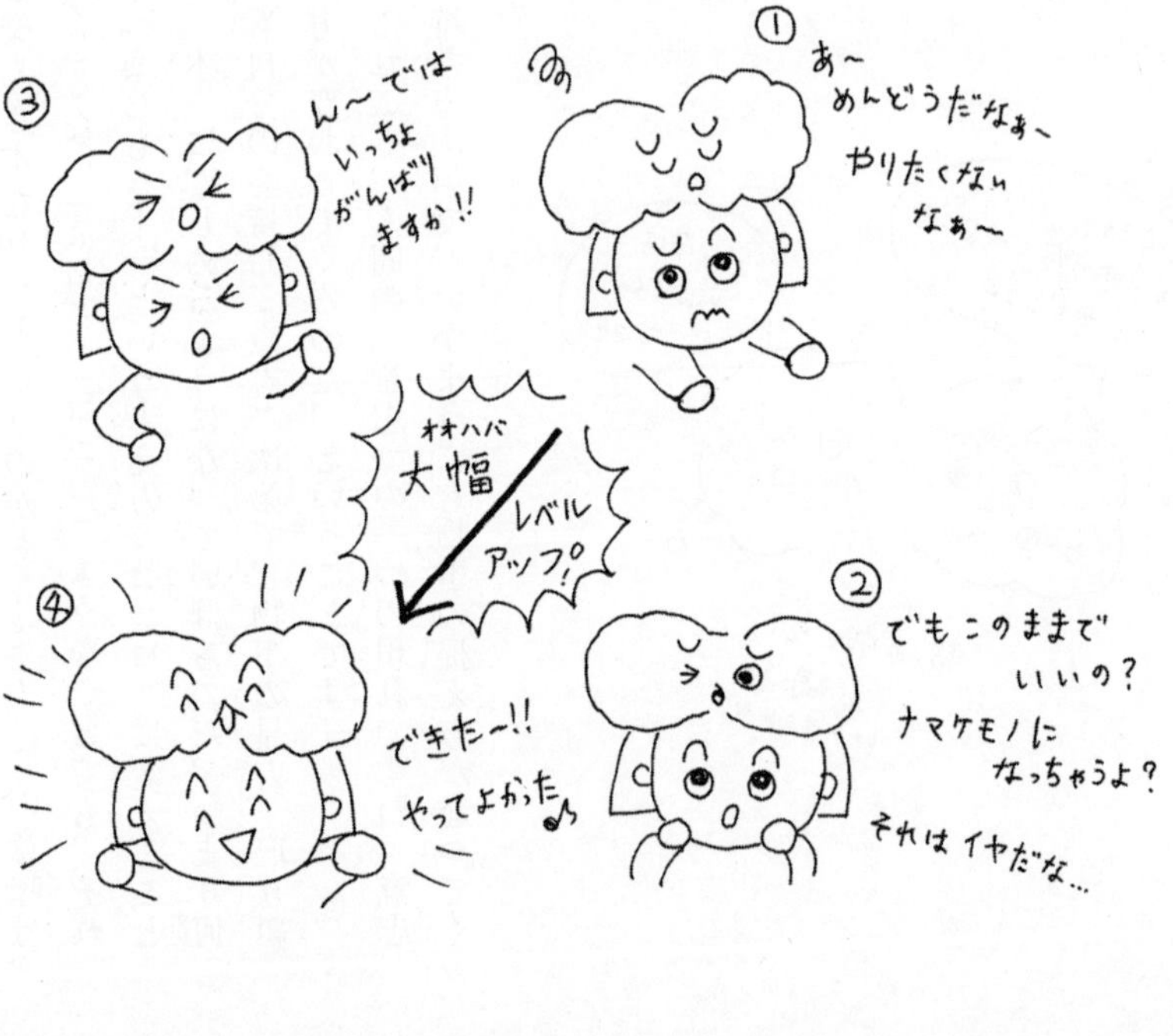

現在《ゲンザイ》の千円札《センエンサツ》に描《エガ》かれている野口英世《ノグチヒデヨ》(6)は、十九歳《ジュウキュウサイ》で家を出る時、生家《セイカ》の床柱《トコバシラ》に「志《ココロザシ》を得《エ》ざれば再《フタタ》び此地《コノチ》を踏《フ》まず」（学問《ガクモン》の志を成《ナ》し遂《ト》げない限《カギ》り、二度《ニド》とこの故《フル》郷《サト》には帰《カエ》ってこない。必《カナラ》ずや志を果たして立身出世《リッシンシュッセ》(7)し、故郷へ錦《ニシキ》を飾《カザ》って(8)みせるという決意《ケツイ》）との文字《モジ》を刻《キザ》み、並々《ナミナミ》ならぬ意志を持って上京《ジョウキョウ》しました。そうして後《ノチ》に、「努力《ドリョク》だ、勉強《ベンキョウ》だ、それが天才《テンサイ》だ」という言葉《コトバ》を残《ノコ》しています。

これは、天才とは生《ウ》まれつきで決《キ》まっているものなどではなく、他《ホカ》の大多数《ダイタスウ》の人ができないほどの、必死の努力と勉強とをやり続《ツヅ》けられた人が、天才と呼《ヨ》ばれるほどの人物《ジンブツ》になっていけるのだ、ということです。「継続《ケイゾク》は力《チカラ》なり」であり、これこそ正《マサ》に、意志の強さが成《ナ》せる業《ワザ》ですね。

ちなみにですが、野口英世も多くの偉人たちの御多分《ゴタブン》に漏《モ》れず(9)、まさに「波瀾万丈《ハランバンジョウ》(10)」の人生《ジンセイ》を歩《アユ》み、少なからず「憎《ニク》まれっ子世《コヨ》に憚《ハバカ》る」(11)といった部分のある人物だったようです。伝記《デンキ》を読《ヨ》んで、様々《サマザマ》な偉人《イジン》たちの人生を覗《ノゾ》き見《ミ》るのはとても面白《オモシロ》いことです。

少年少女の皆さんは、これからの生き方、意志の持ち方次第《シダイ》で、野口英世のように歴史《レキシ》に名《ナ》を残《ノコ》すような人物にも、もしかしたらそれ以上の大偉人にもなっていける……、そんな無限《ムゲン》の可能性《カノウセイ》を秘《ヒ》めています。その可能性を広《ヒロ》げていけるかどうか……、それは、これからの皆さんの意志の持ちようにかかっているのです。その強い意志を持たせてくれるための精神を、武道空手を通して立《リッ》派《パ》に育《ソダ》てていきましょう。

それでは、第四回目の授業に入《ハイ》っていくことにします。

2、「挨拶《アイサツ》」と「気合《キアイ》」、「稽古衣《ケイコギ》」は武道空手の上達《ジョウタツ》の始《ハジ》まりである

武道空手の道場《ドウジョウ》に入門《ニュウモン》した皆さん。道場に足《アシ》を踏《フ》み入《イ》れる時や、練習の始まりや終《オ》わりの時などに、しっかりと大《オオ》きな声《コエ》での挨拶ができていますか？　練習中に大きな声で返事《ヘンジ》をしたり、気合を出《ダ》したりしていますか？　これらのことは必《カナラ》ず道場の先生《センセイ》から指導《シドウ》されているはずです。それにしてもなぜ、挨拶・気合がそれほどまでに大事《ダイジ》なのでしょうか。それには歴《レッキ》とした理由《リユウ》があります。その理由を、以下《イカ》の項目《コウモク》に沿《ソ》って、説《ト》いていくことにします。

（1）挨拶・気合の効用《コウヨウ》を説く

① 挨拶の仕方《シカタ》・気合の出し方（何《ナン》のための、その姿《スガタ》形《カタチ》なのか）
② その仕方（出し方）が悪《ワル》いとどうなるか
③ その時の心をどう学《マナ》ぶか
④ その発声《ハッセイ》（挨拶・気合）は頭脳《ズノウ》にどう働《ハタラ》きかけるか
⑤ その発声（挨拶・気合）は身体《シンタイ》にどう働きかけるか
⑥ その発声（挨拶・気合）は精神にどう働きかけるか

まず、しっかりとした声は、姿勢《シセイ》が悪《ワル》いと出にくいので、正《タダ》しい姿勢《シセイ》で立《タ》つ必要《ヒツヨウ》があります。以下は基本《キホン》となる「気を付《ツ》け」の正しい姿勢《シセイ》からの発声の仕方です。

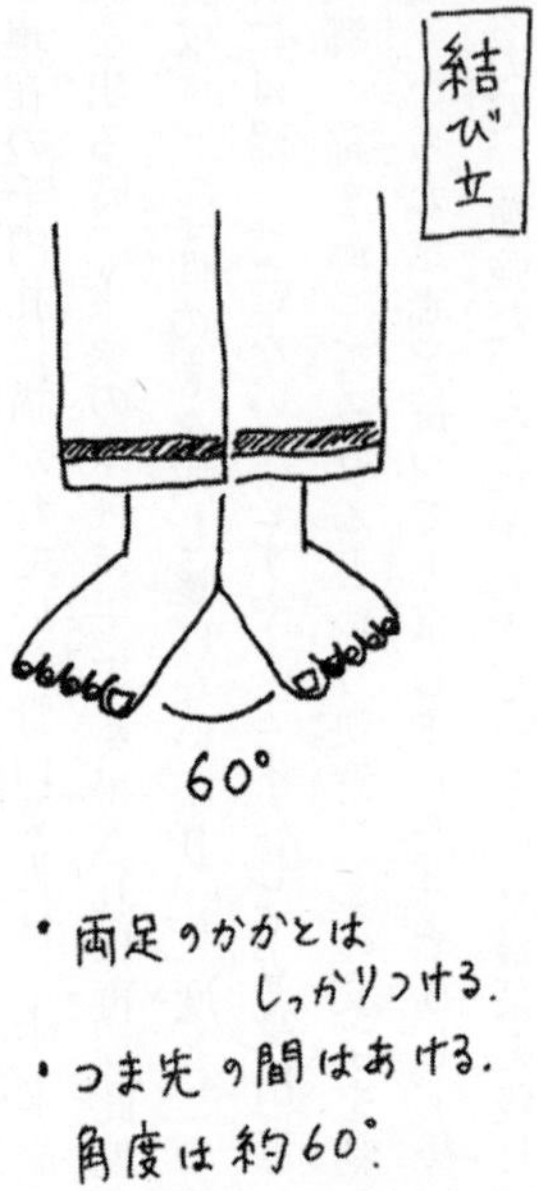
結び立
60°
・両足のかかとはしっかりつける.
・つま先の間はあける.
角度は約60°

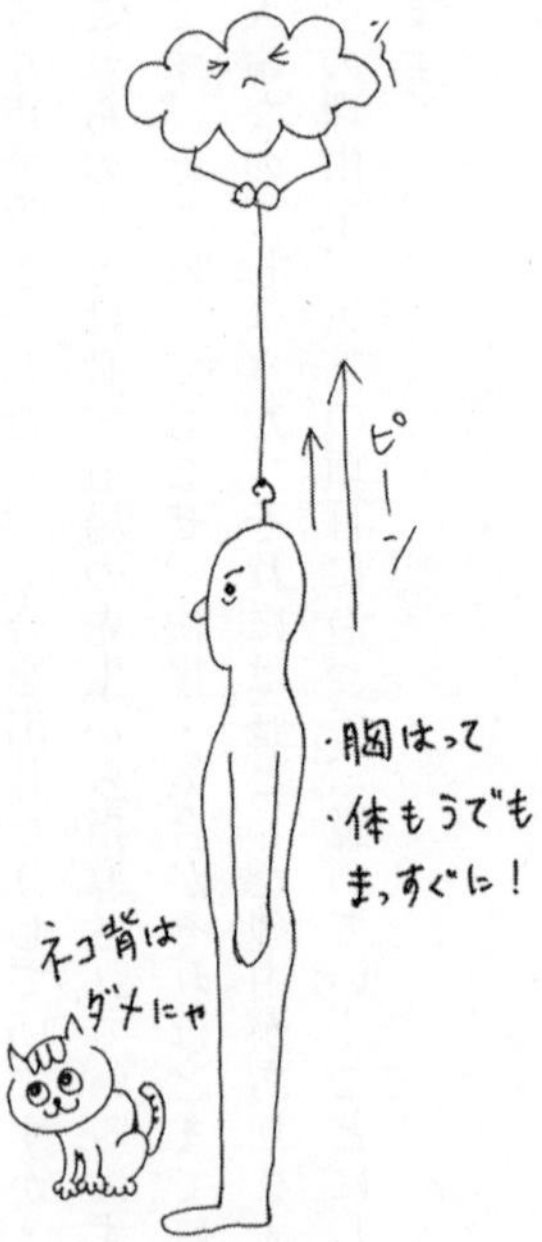
ピーン
・胸はって
・体もうでもまっすぐに！
ネコ背はダメにゃ

・結《ムス》び立《ダチ》で、両手《リョウテ》は両足《アシ》の真横《マヨコ》に沿《ソ》わせてしっかりと伸《ノ》ばす。
・肩《カタ》の先端《センタン》を斜《ナナ》め後《ウシ》ろに向《ム》かせるつもりで、胸《ムネ》をうんと張《ハ》る。頭《アタマ》の天辺《テッペン》から地面《ジメン》に向かって身体の中に一本《イッポン》の棒《ボウ》が入っているつもりで、フラフラせずに直立不動《チョクリツフドウ》[12]を保《タモ》つ。
・頭の天辺が空《ソラ》から糸《イト》で引《ヒ》っ張《パ》られているつもりで、全身《ゼンシン》をピンと伸《ノ》ばす（この、空から吊《ツ》られているような意識《イシキ》のことを「スカイフック」といいます）。
・口《クチ》を締《シ》め、目《メ》はキョロキョロせずに正面《ショウメン》を見据《ミス》える。
・拳《コブシ》を握《ニギ》り、口と目を大きく開《ア》けて、唇《クチビル》をしっかりと動《ウゴ》かし、腹《ハラ》の底《ソコ》から大声《オオゴエ》を出す努力をしながら発声する。

そもそも武道空手は、自分自身《ジシン》の身体的劣《オト》り（弱々《ヨワヨワ》しい体《カラダ》つき）と精神的な弱さ（情《ナサ》けないココロ）を克服《コクフク》するために求《モト》められるものです。ですから本当に実力《ジツリョク》がつくまでは、皆さんは弱々しさを抱《カカ》えた存在《ソンザイ》です。その弱々しい身体・精神のままで武道空手の修練《シュウレン》をしてしまうと、その弱々しさなりの修練《シュウレン》になってしまうため、弱々しさを抱えた武道空手の習得《シュウトク》になってしまうのです。それでは困《コマ》りますね。

この「弱々しさ」を克服させていってくれるものの第一の練習は何かと思うでしょう。それは皆さんの目の前《マエ》にあります。すなわちそれこそが「挨拶」であり、「気合」なのです。初心者《ショシンシャ》ほどに、まずはここから実行《ジッコウ》する必要《ヒツヨウ》があります。

ですが、初《ハジ》めは恥《ハ》ずかしかったり（弱さ）、面倒臭《クサ》かったり（弱さ）、緊張《キンチョウ》したりして（弱さ）、大きな挨拶・気合が出せないかもしれません。しかしそれではどんなに武道空手の練習を真面目に行《オコナ》っているつもりでも、自分自身の心身《シンシン》が弱いままでの練習となるのですから、当然ながら、今《イマ》までと何も変わりがありません。

ですからそこを頑張《ガンバ》って、しっかりと自分の意志で大きな挨拶・気合を出す努力をしていくことで、だんだんと意志が強くなっていき、心・精神が立派《リッパ》になっていくのです。このように、「挨拶」「気合」の第一義《ダイイチギ》は、武道の心を養成《ヨウセイ》していくことにあります。しかし、その方法《ホウホウ》が悪《ワル》いと、武道空手の上達《ジョウタツ》が思うようにはいかなくなってしまうのです。

さて皆さん、ここで前回《ゼンカイ》までの授業で説いてきた大事

な点を思い出してください。すなわち、私たち人間が生きて生活《セイカツ》し、言葉《コトバ》を喋《シャベ》ったり、手足を動かしたりできるのは、神経《シンケイ》が働《ハタラ》いてそうさせているおかげであるということ、そしてその神経《シンケイ》の元締《モトジ》めをしている大親分《オオオヤブン》は、脳《ノウ》（頭脳《ズノウ》）である、ということです。

これを「大きな声で気合を出す」という例《レイ》で考《カンガ》えてみましょう。まずは自分の意志で、頭脳に「大気合を出すぞ！」という意志を持たせます。その意志を実行《ジッコウ》するために、脳（頭脳）が子分《コブン》である神経《シンケイ》を使ってしっかりとした姿勢《シセイ》で立たせ、やはり神経《シンケイ》を使って大きな声が出される……ということです。

脳が意志を持って…
しっかり立たせる!!
大声を出させる!!

「気合なんて出したくないなぁ……」と思っていたとしても、「よし！　誰《ダレ》よりも大きい気合を出すぞ！」と思い直《ナオ》して実行《ジッコウ》できたならば、それは自分のココロの中に少しずつ意志が育《ソダ》ち、精神が育つ、ということになってくるのです。それだけでなく、そうするように命令《メイレイ》している脳と頭脳自体《ジタイ》も、その変化によって強く刺激《シゲキ》され、より立派《リッパ》に育っていくことになるのです。

このくり返しで脳（頭脳）と精神が立派になっていく…
やりたくないなぁ…
でもやるぞ!!

さて、今度《コンド》は実際《ジッサイ》に大声を出す時の身体についてです。大挨拶や大気合を出したことのある人ならばすぐに分《ワ》かることですが、大声、大気合を出すには、喉《ノド》の力《チカラ》だけではまず不可能《フカノウ》です。必《カナラ》ず顔全体《カオゼンタイ》を使うことになります。

しかし「もっと大きな声で！」といわれた場合《バアイ》はそれだけではまだ足《タ》りず、両手《リョウテ》の力を使うようになり、それでも足りないといわれると腹部《フクブ》の力、足腰《アシコシ》（土台《ドダイ》）の力も総動員《ソウドウイン》することになり、そうしてようやく、まともな大挨拶かつ大気合となってきます（これは赤《アカ》ちゃんが泣《ナ》き叫《サケ》んでいる姿《スガタ》を見れば一目瞭然《イチモクリョウゼン》[13]ですね！）。

つまり、大声、大気合を出すには、脳（頭脳）も身体も総合して使われなければ出せないため、脳（頭脳）だけでなく、身体だけでもなく、両方を総合して鍛《キタ》えることができるのです。

この脳（頭脳）と身体との総合によって、見事《ミゴト》なほどに武道空手が上達《ジョウタツ》できていくことになるのです。このことは、しっかり分かってください。

こうして出されるようになってきた大挨拶・大気合の大音声は全身を駆《カ》け巡《メグ》り、脳（頭脳）と身体とを振動《シンドウ》させていきます。その全身の振動と発音の大きさに、初《ハジ》めは自分でもびっくりしてしまうかもしれません。そのよ

うに自分でも驚《オドロ》いてしまうくらい凄《スゴ》い発声をやっていくと、次第《シダイ》に自分自身がその大きな挨拶・気合に慣《ナ》れていきます。

そうすることで、他《ホカ》の人（対手《タイテ》）からどんなに凄い挨拶や恐《オソ》ろしい気合を出された場合《バアイ》でも、驚《オドロ》かず、臆《オク》することなく受《ウ》け止《ト》めることができるようになっていくのです。これはまさに、精神の鍛練《タンレン》の一つの形式《ケイシキ》なのです。大きな声で挨拶・気合を出すことは、自分の強い意志が持てなければ絶対に大挨拶、大気合にはなりませんし、少しのことでは怯《ヒル》まない、たじろがない、気後《キオク》れしない、怖気《オジケ》づかないという、今《イマ》までより強い心を育てていくことにもなるからです。その強くなっていく心で武道空手を修練《シュウレン》するからこそ、武技《ブギ》の創出《ソウシュツ》も見事《ミゴト》になっていくのだと分かってください。こうして見た目も中身も、武道空手の練習生《レンシュウセイ》らしく育っていくのです。

この「脳に振動《シンドウ》（つまり刺激《シゲキ》）を与《アタ》えることで脳（頭脳）を立派《リッパ》にしていく」ということは、皆さんの場合《バアイ》、自分の身体の中の筋肉《キンニク》や骨《ホネ》を鍛《キタ》えるという例《レイ》で考《カンガ》えると分かり易《ヤス》いと思います。

筋肉《キンニク》は、重《オモ》いものを持ち運《ハコ》んだり、山《ヤマ》に登《ノボ》ったり、相《ス》撲《モウ》をとったり、一生懸命《イッショウケンメイ》に飛《ト》んだり跳《ハ》ねたりなど、筋《キン》肉《ニク》に負荷《フカ》（つまり筋肉《キンニク》にとっての刺激《シゲキ》）を与《アタ》えることで、より強く鍛《キタ》えられていきます。骨《ホネ》は、地面《ジメン》を踏《フ》み鳴《ナ》らしたり、ちょっと高《タカ》いところから飛び降《オ》りたり、体当《タイア》たりをしたり、手が真《マ》っ赤《カ》になるくらいに拍手《ハクシュ》をしたりなど、骨《ホネ》に衝撃《ショウゲキ》を与《アタ》えることでより強くなっていきます。

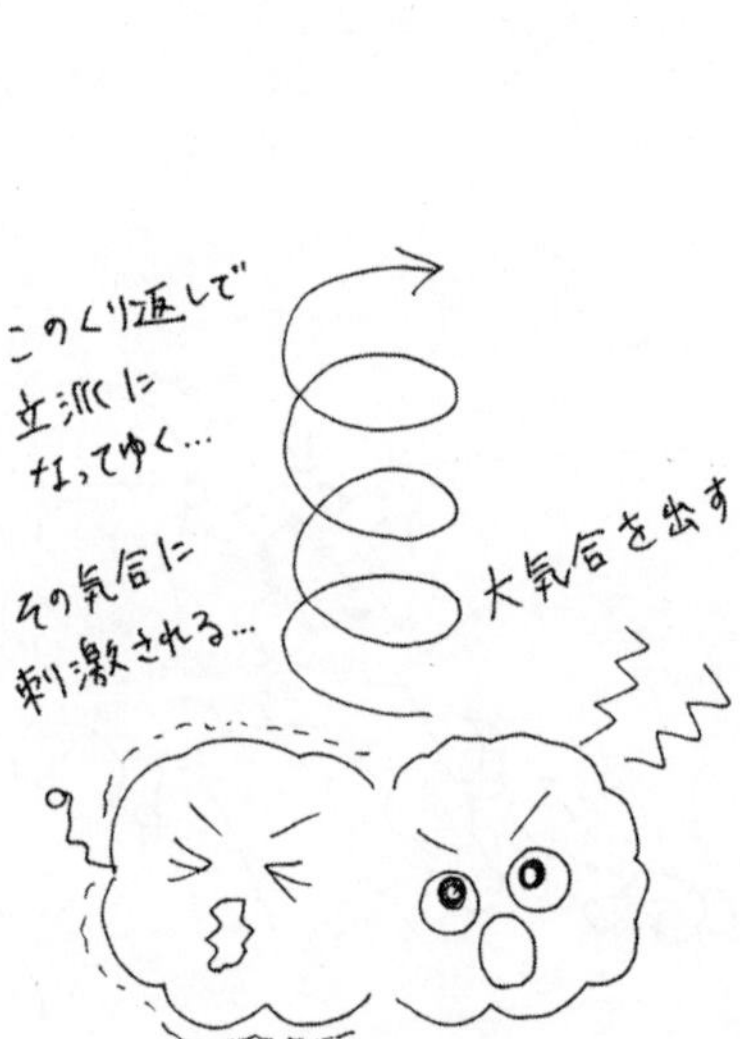
このくり返しで
立派に
なってゆく…
その気合に
刺激される…
大気合を出す

これと同じように、脳（頭脳）を鍛《キタ》えるのにも刺激《シゲキ》を与《アタ》えることが重要《ジュウヨウ》となるのです。その刺激《シゲキ》の一つが、大声、大気合を出して、全身の細胞《サイボウ》と脳そのものを揺《ユ》さぶることなのです。これも赤ちゃんが立派《リッパ》に実践《ジッセン》していることですね。赤ちゃんは泣《ナ》いて泣いて泣き喚《ワメ》くことで、

おぎゃ〜〜〜!!!

大気合を出す
全身と脳に
刺激が
かけめぐる
意志が
強くなる
脳(頭脳)が
立派になる

全身の細胞《サイボウ》と脳とを揺《ユ》さぶりまくっています。そうすることで、身体と脳（頭脳）を強く立派《リッパ》にし、活発《カッパツ》に働《ハタラ》くように、自分自身を育てているのです。

これを「眉唾物《マユツバモノ》だな(14)」と思う皆さんがいれば、一度赤ちゃんの真似《マネ》をして叫《サケ》び続《ツヅ》けてみてください。頭はクラクラし、息《イキ》も絶《タ》え絶《ダ》えになるほど大変《タイヘン》で、その運動の凄《スサ》まじさが実感《ジッカン》できるはずです。「赤ん坊《ボウ》は泣くのが仕《シ》事《ゴト》」というのは本当のことですね。

皆さんも赤ちゃんに負《マ》けないくらいの、身体も、脳そのものも、精神もビリビリ・クラクラしてしまうくらいの大声、大気合を出して、脳（頭脳）、そして精神を鍛《キタ》えていきましょう。

(2) 稽古衣《ケイコギ》　その効用《コウヨウ》を説《ト》く

① 稽古衣の着方《キカタ》（何のための、その姿形《スガタカタチ》なのか）
② その着方が悪《ワル》いとどうなるか
③ その着用時《チャクヨウジ》の心をどう学ぶか
④ その稽古衣は頭脳にどう働《ハタラ》きかけるか
⑤ その稽古衣は身体にどう働きかけるか
⑥ その稽古衣は精神にどう働きかけるか

次に稽古衣の効用を説くことにします。

稽古衣は武道空手を始《ハジ》める前には、まず着用したことのない武道用の制服《セイフク》（ユニフォーム）です。その稽古衣は、長袖《ナガソデ》の上着《ウワギ》と長ズボン、そして帯《オビ》の三点で成《ナ》り立っています。生地《キジ》は皆さんが普段着ている洋服よりも分厚《ブアツ》く、ゴワゴワしています。これは武道空手のしっかりとした武技《ブギ》を身につけるためです。フニャフニャとした生《キ》地《ジ》の衣服《イフク》では、フニャフニャとした動きになりかねないからです。

そもそも衣服《イフク》は、人間が人間としての文化的《ブンカテキ》な生活《セイカツ》を送《オク》るために欠《カ》かすことのできないものです。ＴＰＯ《ティーピーオー》

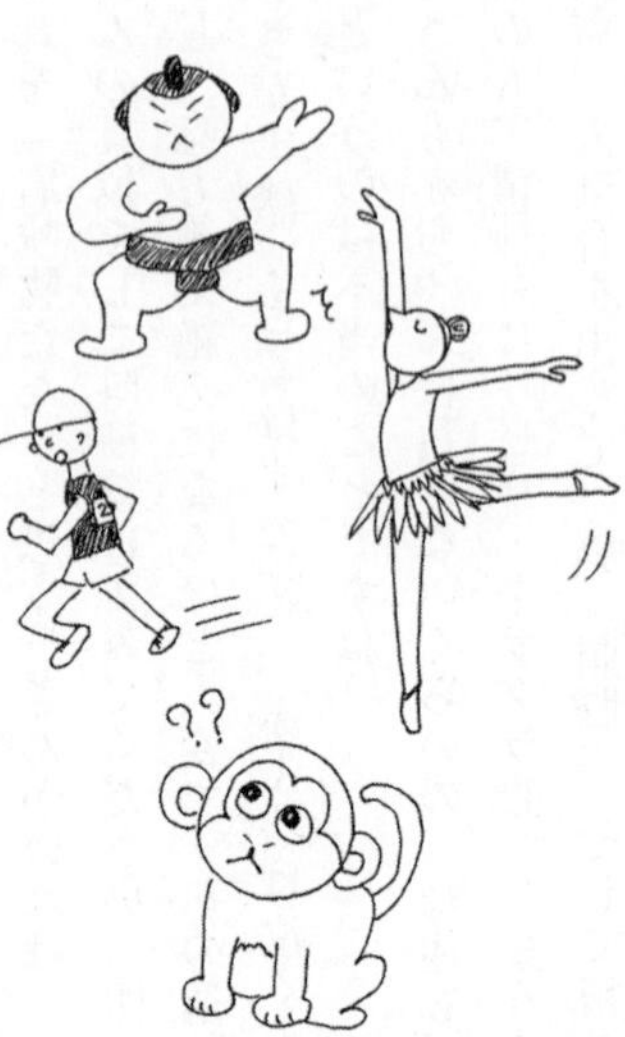

（Time《タイム》, Place《プレイス》, Occasion《オケージョン》）つまり時《トキ》・場所《バショ》・場合《バアイ》に合《ア》わせて着用することが求《モト》められます。皆さんも家《イエ》の中《ナカ》だけで着る服と、外《ソト》で着る服は違《チガ》うはずですし、まして学校《ガッコウ》の入学式《ニュウガクシキ》や卒業《ソツギョウ》式、結婚《ケッコン》式や葬儀《ソウギ》などにおいては、その形式《ケイシキ》に合ったフォーマルな服装《フクソウ》をしなければなりません。こうしてその場に合った服装をすることで、その場に合った心も創《ツク》られていくのです。ビシッとした服装をすれば、身も心も引《ヒ》き締《シ》まり、ビシッとしてくるという具合《グアイ》に、です。

　このように「着衣《チャクイ》が人を創る」のですから、武道空手に際《サイ》しては武道空手用の稽古衣をビシッと身に纏《マト》う必要があります。そうすることで、「これから武道空手を修《シュウ》練《レン》するぞ！」との心を持て、ビシッとした武技《ブギ》を身につけていくことができていくからです。

　少し話はそれますが、昔々《ムカシムカシ》の大昔、進化《シンカ》の過程《カテイ》で「サル」が「ヒト」になれた時にはまだ衣服《イフク》はありません。「ヒト」が「人間」へと成長《セイチョウ》（発展《ハッテン》）できたのは、ヒトが衣服《イフク》を創造《ソウゾウ》し、身に纏《マト》うようになったからでした。裸《ハダカ》のままでは文明《ブンメイ》・文化《ブンカ》は創造不可能《フカノウ》なのです。

　さて、稽古衣の素材《ソザイ》が硬《カタ》くて長袖《ナガソデ》長ズボンであり、しかもゆったりした作りになっているのには他にも理由があります。それは、対手《タイテ》が出してきた突《ツ》き蹴《ケ》りを防禦《ボウギョ》したり、当てられたりした時に、身体（皮膚《ヒフ》・筋肉《キンニク》・骨《ホネ》・血管《ケッカン》など）を守《マモ》ってくれるという機能《キノウ》も果《ハ》たすからです。ですから暑《アツ》いからといって袖《ソデ》をまくったりしてはなりません。（ちなみに一九六〇《1960》年代頃《ネンダイゴロ》までは、稽古衣の袖《ソデ》と裾《スソ》は今より短《ミジカ》く、七分《シチブ》くらいの長さでしたが、時代《ジダイ》とともに長く改良《カイリョウ》されていきました。）

　さて、稽古衣のなかでも皆さんが最《モット》も関心《カンシン》があるのが「帯《オビ》」ではないでしょう

か。黒帯《クロオビ》をキリリと締《シ》める日を夢見《ユメミ》ている皆さんも多《オオ》いことと思います。帯はその色《イロ》によって、上達《ジョウタツ》の度合《ドア》い・段級《ダンキュウ》の違《チガ》いを表《アラワ》しています。それだけでなく、臍下丹田《セイカタンデン》(15)でしっかりと締《シ》めることで、いまから武道空手の修練《シュウレン》をするのだ！　という気力体力《キリョクタイリョク》を湧《ワ》かせてくれるものです。

このように、稽古衣は日常《ニチジョウ》で身につける衣服《イフク》とは大きく異《コト》なっているため、着始《キハジ》めはなかなか身体に馴染《ナジ》みませんし、なんだか照《テ》れ臭《クサ》いような思いもあったはずです。ですが、武道空手を修練《シュウレン》する人だけが着られる稽古衣を着ることで、まるで別《ベツ》の人間になったかのような精神の緊張《キンチョウ》も生《ショウ》じてきたと思います。これから今《イマ》までより格好《カッコウ》いい自分になっていけるような、新《アラ》たな素晴《スバ》らしい希望《キボウ》が待っているような……です。

ですからここでも「意志」の持ち方が大切になってきます。稽古衣が立派《リッパ》な自分の未来を創出《ソウシュツ》させてくれるように、毎回《マイカイ》の着用時に、「武道空手をまともに学んで上《ジョウ》達《タツ》していくのだ！」「この稽古衣は見せ掛《カ》けではないぞ！」といった気持ちを込《コ》めて（意志を持って）、眺《ナガ》め、一つまた一つ気持ちを引き締《ヒシ》めて（意志を持って）いくように着用していくことが大事《ダイジ》です。

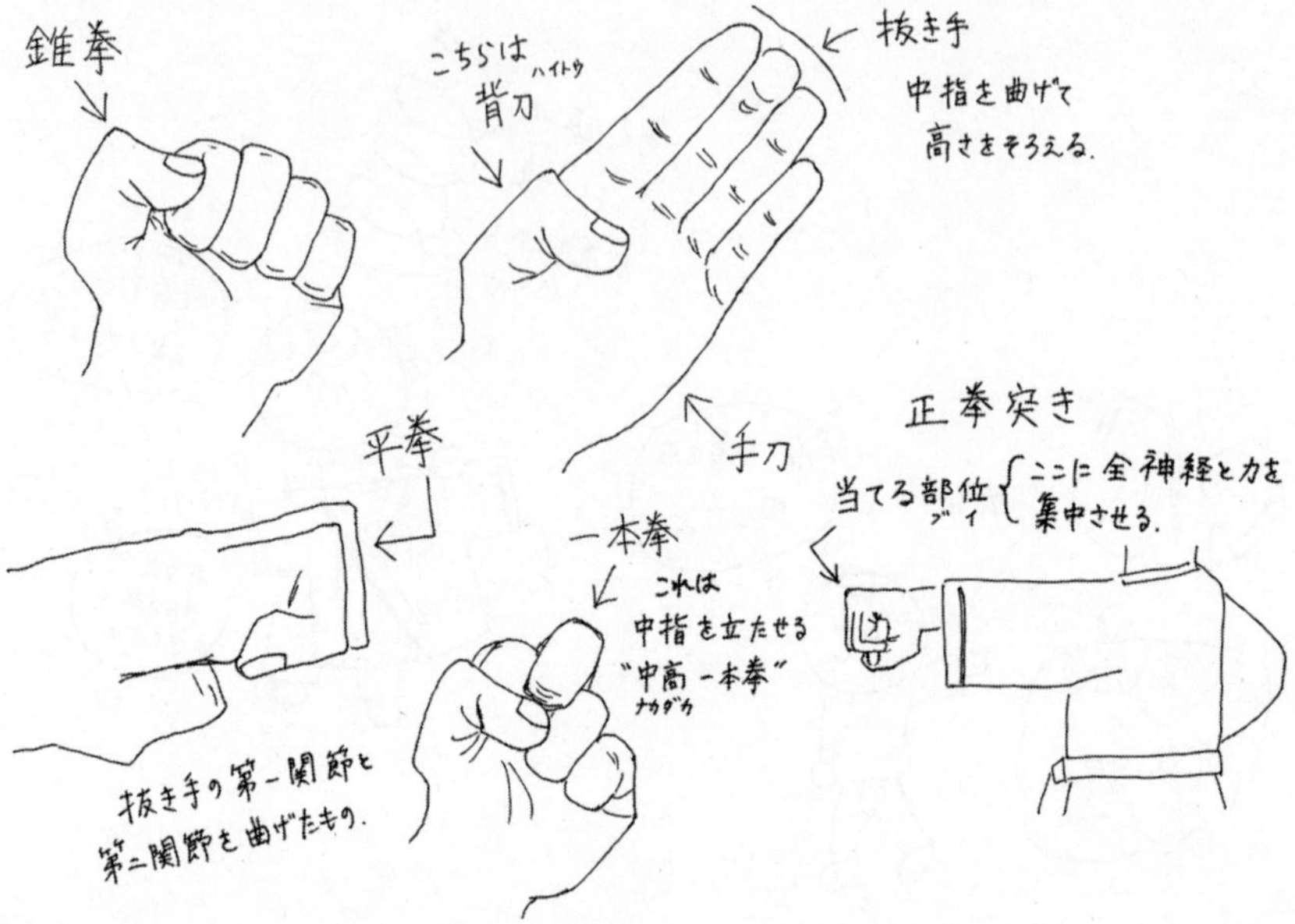
錐拳
こちらは
背刀《ハイトウ》
抜き手
中指を曲げて
高さをそろえる。
手刀
正拳突き
当てる部位《ブイ》
ここに全神経と力を
集中させる。
平拳
一本拳
これは
中指を立たせる
"中高《ナカダカ》一本拳"
抜き手の第一関節と
第二関節を曲げたもの。

・稽古衣に袖を通す時は
突きを出すつもりで
・足を通す時は蹴りを出す
つもりで着てみよう!!
上達が早くなるよ。
まるで
アイロンをかけた
みたいに
畳めるよ!
ピシッ

なぜなら、「心が技《ワザ》を創《ツク》る」からです。決《ケッ》して単《タン》なるジャージ的衣服《イフク》を身につける感覚《カンカク》で着用してはなりません。そうでないと、その軽《カル》い気持ちがそのままに、皆さんの武道空手を軽いレベルで上達《ジョウタツ》させてしまうという恐《コワ》さがあるからです。

武道空手の練習中も、合間合間《アイマ》に稽古衣が乱《ミダ》れていないか、帯が解《ホド》けていないかを確認《カクニン》して、しっかり整《トトノ》え直《ナオ》すようにしましょう。「着衣《チャクイ》の乱れは心の乱れ」ですし、「稽古衣（衣服）を整えることは心を整えること」だからです。武道空手に励《ハゲ》んでいる皆さん。稽古衣一つであっても、それが乱れていても気にしない・直さないような心では、武技《ブギ》の乱れも気にならない・直せない、ということになるのですよ。

稽古着のもつ意義《イギ》はまだあります。それは、稽古着の着脱《チャクダツ》（着たり脱《ヌ》いだりすること）や、帯を締《シ》めることが、武道空手が上達《ジョウタツ》するための基礎的《キソテキ》な鍛錬《タンレン》にもなる、という点です。

武道空手には正拳突《セイケンヅ》きや手刀《シュトウ》、抜《ヌ》き手《テ》、一本拳《イッポンケン》、錐拳《スイケン》、平拳《ヒラケン》など、様々《サマザマ》な手技《テワザ》があります。これらの手技を強固《キョウコ》なものにしていくためには、日常生活《ニチジョウセイカツ》でも手指《テユビ》をよく使い、神経《シンケイ》を使って力強く駆使《クシ》できるようになることがとても重要《ジュウヨウ》になります。

そのための練習として非常《ヒジョウ》に役《ヤク》に立つのが、稽古衣を畳《タタ》んだり、広《ヒロ》げたり、紐《ヒモ》を結《ムス》んだり、帯を締《シ》めたりすることです。硬《カタ》くて厚《アツ》い稽古衣をピシッと畳《タタ》んだり、帯をしっかり締《シ》めたりすることが上手になっていくほどに、指先《ユビサキ》や手の甲《コウ》、掌《テノヒラ》、手首《テクビ》を自在《ジザイ》に、力強く駆使できるようになっていくからです。

基本をしっかり身につけていれば
どんな道にも迷子に
ならずに
進んでいけるぞ！
ローマ人
基本

《帯の締め方》

・帯のまん中が体の正中線上にくるようにする

・指先を意識して意図的に動かしていこう。
・慣れてきたら指先以外の他の部分にも意識を馳《ハ》せてみよう。
手首はどう動いているかな？ 肘《ヒジ》は？
足はしっかり立っているかな？

・左右の長さが同じになるように。
・ほどけないようにしっかり締めよう。

《稽古衣の畳み方》

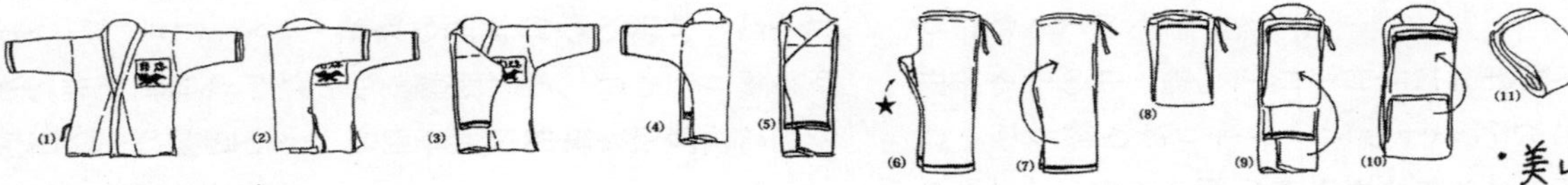

・心をこめて広げ、心をこめて畳みましょう。
・心をこめる＝神経を駆使する
↓
きれいに畳める

・★は内側に折《オ》りこむ
・ズボンは二等分に折ったら(5)の上に重《カサ》ねる
・三等分になるように畳む

・美しく仕上がりましたか？

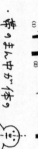

【チャレンジしていこう】

・稽古衣を着たり脱いだり畳《タタ》んだりする時に、ただ何となく無意識《ムイシキ》に行《オコナ》うのではなく、指先や手の甲、掌、手首を意識して、意図的《イトテキ》に動かしていこう。

・帯締《シ》め帯解《ホド》き競争《キョウソウ》をしてみよう。十回連続《ジュッカイレンゾク》でできるかな？

3、おわりに

さて皆さん、今回は武道空手を修練《シュウレン》するにあたって、一番《イチバン》の基礎《キソ》となる大切な「挨拶」「気合」「稽古衣」について説いてきました。

「すべての道はローマに通《ツウ》ず」[16]という諺《コトワザ》がありますが、「すべての道は基本《キホン》に通ず」「すべての基本は達人《タツジン》に通ず」ともいえそうです。つまり、様々に発展《ハッテン》していったことも、元をただせば基本となる部分があって、その基本なくしては発展はありえないのだ、ということであり、その基本を疎《オロソ》かにしてしまっては発展は望《ノゾ》めない、ましてやその道のプロになれるような実力は到底《トウテイ》つけられない、ということです。

これは学校の勉強であっても何であっても同様《ドウヨウ》のことです。肝《キモ》に銘《メイ》じてください。

最後《サイゴ》に、稽古着の畳《タタ》み方《カタ》、帯の締《シ》め方を図示《ズシ》しておきます。確認《カクニン》してみてくださいね。

（1）「徒桜《アダザクラ》」はすぐに散《チ》ってしまう桜の意《イ》。儚《ハカナ》いもののたとえ。「夜半《ヨワ》」は夜更《ヨフ》け、夜中《ヨナカ》の意。「やはん」ともいう。＝Procrastination《プロクラスティネイション》 is《イズ》 the《ザ》 thief《スィーフ》 of《オブ》 time《タイム》.（ものごとを遅《オク》らせることは、時間《ジカン》を盗《ヌス》まれることに等《ヒト》しい）＝Tomorrow《トゥモロー》 never《ネヴァー》 comes《カムズ》.（明日は永遠《エイエン》に来《コ》ない）(類)「今日の仕事《シゴト》は明日に延《ノ》ばすな」「明日の百《ヒャク》より今日の五十《ゴジュウ》」

（2）一一七三《1173》～一二六二《1262》年。鎌倉時代《カマクラジダイ》（一一八五《1185》～一三三三《1333》年）初期《ショキ》の僧《ソウ》（仏教《ブッキョウ》の修行者《シュギョウシャ》）、浄土真宗《ジョウドシンシュウ》の開祖《カイソ》。皇太后宮大進《コウタイゴウグウダイシン》日野有範《ヒノアリノリ》（南北朝《ナンボクチョウ》時代の貴族《キゾク》）の子。早《ハヤ》くに母《ハハ》を亡《ナ》くし、九歳《キュウサイ》で出家《シュッケ》する（俗世間《ゾクセケン》を捨《ス》て、仏門《ブツモン》に入る）。比叡山《ヒエイザン》（京都府《キョウトフ》。仏教の一派である天台宗《テンダイシュウ》の総本山《ソウホンザン》）で二十年間《ニジュウネンカン》修行・修学《シュウガク》したが、やがて法然《ホウネン》のもとで浄土宗《ジョウドシュウ》を学ぶ。一二〇七《1207》年に念仏弾圧《ネンブツダンアツ》を受け越後《エチゴ》（現在《ゲンザイ》の新潟県《ニイガタケン》あたり）に流罪《ルザイ》となる。一二一一《1211》年に赦《ユル》された後《アト》はしばらく京都に戻《モド》らず、現在の茨城《イバラキ》県を中心《チュウシン》に関東《カントウ》に留《トド》まり、二十年に渡《ワタ》って各地《カクチ》で下級《カキュウ》武士《ブシ》や農民《ノウミン》に教《オシ》えを説く。その結果《ケッカ》多くの門弟《モンテイ》が生《ウ》まれた。没後《ボツゴ》に弟子《デシ》が編《ア》んだとされる言行録《ゲンコウロク》「歎異抄《タンニショウ》」によってその思想《シソウ》をうかがうことができる。

（3）物事が様々に変化すること。「千万《センマン》」は極《キワ》めて数の多いことの意。

（4）一七五八《1758》～一八二九《1829》年。田安宗武《タヤスムネタケ》（国学者《コクガクシャ》。八代将軍《ハチダイショウグン》徳川吉宗《トクガワヨシムネ》の次男《ジナン》）の子。吉宗の孫《マゴ》。幼少《ヨウショウ》から国学や儒学《ジュガク》を学び、詩歌《シイカ》、絵画《カイガ》を嗜《タシナ》む。一七八三《1783》年に白河藩《シラカワハン》（現在の福《フク》島《シマ》県あたり）藩主《ハンシュ》となる。飢饉《キキン》により崩壊《ホウカイ》の危機《キキ》に面《メン》した藩の財政《ザイセイ》を立て直し領民《リョウミン》を救《スク》い、名君《メイクン》と称《ショウ》された。一七八七《1787》年に老中の首長《シュチョウ》となる。腐敗《フハイ》を極《キワ》めていた幕政《バクセイ》の財政再建《サイケン》と、飢饉《キキン》などに喘《アエ》ぐ農村《ノウソン》の復興《フッコウ》を図《ハカ》るため、寛政《カンセイ》の改革《カイカク》（一七八七《1787》～一七九三《1793》年。江戸幕府《エドバクフ》三大改革《サンダイカイカク》の一つ。倹約令《ケンヤクレイ》、棄捐令《キエンレイ》、人返《ヒトガエ》しなどがある）を断行《だんこう》。これにより幕政は緊張《キンチョウ》し、財政面でも一時回復《カイフク》したが、その緊縮政《キンシュクセイ》策《サク》は将軍側近《ソッキン》の反対《ハンタイ》にあい、一七九三《1793》年に老中を辞職《ジショク》。その後は藩政と著作《チョサク》に専念《センネン》した。

（5）新《アラ》たな行動《コウドウ》を起《オ》こそうとする。行動に移《ウツ》る。

（6）一八七六《1876》～一九二八《1928》年。細菌学者《サイキンガクシャ》。福島県《フクシマケン》の貧《マズ》しい農《ノウ》家《カ》に生《ウ》まれる。一歳《イッサイ》の時に囲炉裏《イロリ》に落《オ》ちて左手《ヒダリテ》に大火傷《オオヤケド》を負《オ》い、不自由《フジユウ》になる。左手の手術《シュジュツ》を受《ウ》け医学《イガク》の素晴《スバ》らしさを実感《ジッカン》し、自《ミズカ》らも医学の道を志《ココロザ》す。苦学《クガク》して医学を修《オサ》め、伝染病研究所《デンセンビョウケンキュウジョ》（現在の東京大学医科学研究所《トウキョウダイガクイカガクケンキュウジョ》）に入所《ニュウショ》。一九〇〇年にアメリカに渡《ワタ》り、一九〇四年にロックフェラー医学研究所（現在のロックフェラー大学《ダイガク》）に入所。梅毒《バイドク》など様々な研究で業績《ギョウセキ》をあげた。一九一四年と、一九一五年、一九二〇年の三度にわたってノーベル生理学・医学賞にノミネートされる。一九二七年に渡ったアフリカでの黄《オウ》熱病《ネツビョウ》の研究中、自らも感染《カンセン》して殉職《ジュンショク》（職務《ショクム》を果たそうとして命《イノチ》を失《ウシナ》った）。

黄熱病は、中南米《チュウナンベイ》や熱帯《ネッタイ》アフリカなどの熱帯地方《ネッタイチホウ》に流行《リュウコウ》する感染症《カンセンショウ》。蚊《カ》によって伝播《デンパ》する黄熱ウィルスで起《オ》こり、高熱《コウネツ》、全身の痛《イタ》み、胃腸《イチョウ》からの出血《シュッケツ》、肝臓《カンゾウ》・腎《ジン》臓の障害《ショウガイ》などの症状《ショウジョウ》を来《キタ》す。予防接種《ヨボウセッシュ》ワクチンはあるが、特効薬《トッコウヤク》は無《ナ》く、死亡率《シボウリツ》が高《タカ》い。

（7）社会《シャカイ》的に高い地位《チイ》や身分《ミブン》を得《エ》て、名声《メイセイ》を得ること。

（8）功《コウ》（優《スグ》れた仕事・手柄《テガラ》）を成《ナ》し、立身出世《リッシンシュッセ》をして故《コ》郷《キョウ》に帰ること。「錦《ニシキ》」は金糸銀糸《キンシギンシ》で華《ハナ》やかな模様《モヨウ》を織《オ》り出した高価《コウカ》な絹織物《キヌオリモノ》。「錦を飾《カザ》る」は、功成りて名を遂《ト》げた人が晴《ハ》れがましい衣服を纏《マト》う意となる。＝To《トゥー》 return《リターン》 home《ホーム》 as《アズ》 wise《ワイズ》 or《オア》 perhaps《パーハップス》 wiser《ワイザー》 than《ザン》 one《ワン》 went《ウェントゥ》.（故郷を出た時と同じか、あるいはより賢明《ケンメイ》になって、故郷に帰る）

（9）他《ホカ》の大部分《ダイブブン》の人が考《カンガ》える通《トオ》り。例外《レイガイ》ではなく。世間一《セケンイッ》般《パン》の例と同《オナ》じように。「多分《タブン》」は多数《タスウ》・大部分の意。「御《ゴ》多分」は多くの人の意見《イケン》や行動。

（10）波《ナミ》の起伏《キフク》が激《ハゲ》しいように、変化の激しいさま。物事の変化や盛衰《セイスイ》（栄《サカ》えたり衰《オトロ》えたり）が激しく、劇的《ゲキテキ》であること。「波瀾《ハラン》」は大波小波《オオナミコナミ》。転《テン》じて、変化・曲折《キョクセツ》・起伏《キフク》など、物事の平穏《ヘイオン》でないことをいう。「万丈《バンジョウ》」は非常《ヒジョウ》に長い、または高い、深《フカ》いこと（「丈」は昔の長さの単位《タンイ》。一丈は約三・〇三メートル）。

(11) 人から憎まれたり嫌《キラ》われたりするような人間が、かえって世間《セケン》では幅《ハバ》を利《キ》かす（勢力《セイリョク》をふるう・威張《イバ》る）ものであるという意。

(12) まっすぐに立って身動きしないこと。

(13) 一目見ただけではっきりと分かること。

(14) 真偽《シンギ》（本当か嘘《ウソ》か）の疑《ウタガ》わしいもの。正体《ショウタイ》がはっきりしない、疑わしい、怪《アヤ》しい、信用《シンヨウ》ができないものの意。騙《ダマ》されないように用心《ヨウジン》することを「眉《マユ》に唾《ツバ》をつける」という（眉に唾をつけておくと狐《キツネ》や狸《タヌキ》から化《バ》かされないという言い伝《ツタ》えから）。

(15) 臍《ヘソ》の下《シタ》あたりの丹田《タンデン》と呼《ヨ》ばれる部位《ブイ》。ここに力を入れると健康《ケンコウ》を得て勇気《ユウキ》も出るという。

(16) ローマ帝国《テイコク》（古代《コダイ》の西洋《セイヨウ》で最大《サイダイ》の帝国。紀元前八世紀《キゲンゼンハッセイキ》頃《ゴロ》〜。三九五年に東《ヒガシ》ローマ帝国と西《ニシ》ローマ帝国に分裂《ブンレツ》）が古代世界《セカイ》の繁栄《ハンエイ》の中心《チュウシン》であった全盛期《ゼンセイキ》に、世界各地《カクチ》からの道がローマに通じていた・ローマ市《シ》（現在のイタリア）を起点《キテン》に道が各方面《ホウメン》に通じていた、ということ。そのことから、物事が中心に向《ム》かって集中《シュウチュウ》することのたとえ。また、やり方《カタ》は違《チガ》っていても目的《モクテキ》は同じであるということ。また、あらゆる物事は一つの真理《シンリ》から発《ハッ》していることのたとえ。＝All《オール》 roads《ローズ》 lead《リード》 to《トゥー》 Rome《ローム》.（すべての道はローマに通ず）

㊥ラ＝フォンテーヌ『寓話集《グウワシュウ》』

参考文献

『広辞苑』第六版、新村 出、岩波書店
『明鏡 ことわざ成句使い方辞典』北原保雄他、大修館書店
『大修館 四字熟語辞典』田部井文雄、大修館書店
『日本歴史大事典』朝尾直弘他、小学館
『日英故事ことわざ辞典』池田彌三郎、ドナルド・キーン、北星堂書店

say it depends on the teacher. It is a matter of the learner's heart and how to raise it. Those that require combat, are masters of *budo* and military personnel. Looking back at history, there have been noble generals of samurai and cruel generals both in the East and the West.

Whether one makes use of the sword or breaks it depends on the upbringing. If you teach them correctly there should not be a problem. It is possible for a woman to be strong and elegant at the same time. *Budo* is the quickest way to establish autonomy as a human being, which also happens to be the main reason for its existence.

I learned *budo*, where it is constantly a matter of life or death, should I be worried about turning into a bloodthirsty murderer?"

The answer to the first question is "it is possible". If you lead a harsh life, like going to war for example, you will be in a life or death situation. Zen training will also be another example, and a prisoner on death row would be an unusual but similar situation. That is to say, these are possible ways, but they cannot be easily accomplished.

Even if you decided to lead a harsh life, you cannot tell whether it will be harsh unless you live it. Going to war is unordinary and not something I can recommend. A prisoner on death row will not only face death, but be put to death in the end, so this is out of the question.

Zen is not a bad option, but it takes too much time. For example, the Chinese Zen master Wumen Huikai explained that "even if you are enlightened, it will take another 30 years of training to actually master it." (A comment from the 19th Koan in *The Gateless Gate*). This is to say that even if you feel like you have understood the secrets of Zen, it takes thirty years of training for it to become a part of your mind. This is not something that can be done by someone leading an ordinary life.

The characteristic feature of Zen is that it takes a long time to train. I will not explain the reason of its length here, but it is important not feel as though you have understood Zen simply by attending a Zen meditation session or by hearing a monk's speech on Zen. There are people who have attended Zen meditations and have written books on how great they felt or how they felt as if they have seen a glimpse of Zen. These comments are as pointless as books on "mastering the art of self-defense in 3 minutes".

The second question is whether learning *budo*, where it is constantly a matter of life or death, will make a person blunt to killing.

This is something that you should be worried about and I must to the mental state and our minds decide who we are. As we only have one life, death is the greatest cause of fear. Nothing causes greater fear than death. That is why if you can conquer this fear, you will find that everything else is not a great deal.

It is necessary to understand this to build the fundamentals of autonomy as a human being. You will be wishing to become fearless.

If this state of mind becomes constant, the world eventually will seem peaceful and quiet. This is something which has been proven by Zen. This mind is not gained through laziness and is not something you are born with. You must train yourself and take time to learn in order to achieve this state of mind.

So the question now is how to learn this.

Now the true form of *budo* or *bujutsu* lies in fighting for your life. Furthermore, this must be mastered through physical training.

That is why you must learn through the original *budo*, and not the sport which claims to be *budo* made to fit present society. This is because the sport which claims to be the present version of *budo* does not have a life or death situation.

However, that is not say that simply having a real sword would make it real *budo*.

Whether or not it becomes *budo* depends on whether the person is learning to make it *budo*. It depends on the person's cognition (=heart or state of mind). This is what makes us human. That is why a movie star playing the role of Musashi Miyamoto will never become a master in *budo* no matter how brilliant his acting is. Also, an actor known for acting inhumane roles may not necessarily be so in real life.

Learning the format of *budo* is like learning the outer coat of *budo* and learning it as a sport will only lead to stress relief. I hope you have understood the importance of this in *budo*.

I assume there will be two questions at this point. One is "is it possible to learn through something other than *budo*" and the other is "if sound reasonable. Even the enterprising journalists will not disagree to this.

Budo altered to fit modern society is similar to the proverb "songs change with time, time changes with songs". Examples of this present *budo* are sports like *judo* and *kendo*, and exercises like *Tai-chi*.

However, I must disagree to the modernization of *budo*. I can just imagine people wondering why I am denying *budo* made to fit the present world. It may not be easy to understand my disagreement to present *budo*, so let me try to explain.

2. Learning *budo* is to establish autonomy as a human being

Let us go back to basics and ask ourselves, why did we want to learn *budo* in the first place? Everyone has their own reason.

Some learn *budo* to be stronger, to conquer their weak mindedness, to be confident speaking in public or in front of their partners. Others may learn *budo* out of fear of burglars, or they may just be interested in *budo*. If we put all the reasons together, the one common factor is "to be confident with ourselves and establish autonomy as a human being". To put it simply, we want our mind and our life (the way we live) to be magnificent.

So what exactly is a magnificent mind? Even if you were a coward, you probably would not fear an infant. If you are aiming to be stronger, you probably are not aiming for strengths of a 10-year-old. There must be a certain level that you are aiming to achieve.

If you look at people in terms of strength you will see that there is a wide range of people, from an infant to a master of *budo*. The level at which people feel fear varies, but if we focus on the highest level of fear, there is one obvious fact. The highest level of fear is often the fear of death.

Whoever or whatever the opponent may be, the moment you fear death is when you are at your weakest. Humans are very sensitive

The so-called "analysis of the secrets in *budo*" written by university professors who have never had real training in *budo*, are easy to read, but have no content. In contrast, this lecture may seem difficult, but if you read it diligently, you will soon understand. It is not written for sloths, so I hope you are reasonably passionate and patient.

The contents of this book are one of the world's finest, so it should not be read out of boredom. I hope you have the passion to truly read through this book.

This book explains how to learn and progress in *budo*. If you have read other books on *budo*, you will learn a deeper cultural background in the world of *budo* through this book. You will also see how powerful the contents of this book are.

Even a powerful person will not make a mark in history if he forgets to devote himself to his studies. History can be cruel indeed. Through this book you will learn the theory to withstand this cruelty, and this book will guide you through life.

Throughout history, emphasis was put on the mental aspects of *budo*, despite it being a physical activity. However, very few people were able to explain the theory of the mental aspect. This is why *budo* has been covered by a mysterious veil for a long time. This veil must be removed to reveal the true form of *budo* and to be reborn with humanity.

Compared to existing literature on *budo*, this book is written at its highest quality. This book will be a "bible" to those that want to learn the true form of *budo*, especially self-defense, and to the hard-working teachers of *budo*.

I would first like to explain the importance of *budo*.

Currently, there are mainly two opinions about *budo*. The first is that "*budo* is unnecessary", and the second is that "*budo* is necessary but it must be altered to fit present society". The latter opinion may you to keep the following aphorisms in mind. I remember the days when I went to school reciting these words, just like yesterday.

"Time and tide wait for no man.
Dawn does not come twice to awaken a man." (Tao Yuanming)

"The youth grow old easily; but achieve studies hardly.
One inch of light and shade is not a trivial thing:
Not yet have they woken up from the dreams of the spring grass around the pond,
but before the steps the leaves of the foxglove tree already have the autumn sound." (Zhu Xi)

I would like to explain the contents that are focused on in this book.

This book is a useful tool for learning any kind of *budo*. I have explained, as much as possible, what "learning" is. This book introduces *budo* to beginners and answers questions that any experts may have. When it comes to learning present *budo*, this book has maintained its level of excellence. I have done my best to explain things that present *budo* has tried to hide. To put it bluntly, I believe that the present world of *budo* is infested by laziness. The reason I say this is simple.

Despite its long history, there are far more unresolved problems than resolved ones in the world of *budo*. To be more precise, the most important problems in the world of *budo* are yet to be resolved or have been answered incorrectly. Thus, many of the problems have been allowed to pretend as if they have been answered.

These problems should be worked on, but it seems as though everybody is frightened to do so, as if they are admitting their inability. I believe that they are afraid of making a fool of themselves. For example, I occasionally look through *budo* magazines, but it is full of useless material.

14　英語版『武道空手學 概論〔新世紀編〕』(4)

南郷継正、朝霧華刃、神橘美伽　著
岩田悠里　訳

INTRODUCTION TO BUDO PHILOSOPHY (4)

By Tsugumasa Nango, Kajin Asagiri, Mika Koudachi
Translated by Yuri Iwata

Chapter three: the road to beginning- for those interested in *budo karate*

1. The significance of learning *budo* (the reason for learning *budo*)

For the young readers learning *budo karate* for the first time, let me try to explain what it is.

When I was young, I despised my own weakness. I decided it was time to change when I entered secondary school, and as a result, I have kept my ambition and overcome many obstacles. Meeting *budo karate* in university was a whole new discovery.

I must admit that I am not gifted in the sports area. Until I graduated secondary school, my grades in physical education were below average. I was always running behind people in races and I was even too scared to cling on iron bars.

But I ended up becoming a master in *budo*. I guess you could say that nobody knows what tomorrow will bring. My old friends and teachers still find it difficult to believe that I am a *budo* teacher.

All I can say is that I worked twice as hard because I hated being made fun of. That is why when I see people being bullied, I cannot help but wonder why these victims do not work harder.

This book aims to keep your hopes high and to do so, I would like [illegible] (4)

南郷継正、朝霧華刃、神橘美伽 著
岩田由里 訳

INTRODUCTION TO BUDO PHILOSOPHY (4)

By Tsugumasa Nango, Kahn Asagiri, Mika Koutachi
Translated by Yuri Iwata

Chapter three: the road to beginning: for those interested in *budo karate*

1. The significance of learning *budo* (the reason for learning *budo*)

For the young readers learning *budo karate* for the first time, let me try to explain what it is.

When I was young, I despised my own weakness. I decided it was time to change when I entered secondary school, and as a result, I have kept my ambition and overcome many obstacles. Meeting *budo karate* in university was a whole new discovery.

I must admit that I am not gifted in the sports area. Until I graduated secondary school, my grades in physical education were below average. I was always running behind people in races and I was even too scared to cling on iron bars.

But I ended up becoming a master in *budo*. I guess you could say that nobody knows what tomorrow will bring. My old friends and teachers still find it difficult to believe that I am a *budo* teacher.

All I can say is that I worked twice as hard because I hated being made fun of. That is why when I see people being bullied, I cannot help but wonder why these victims do not work harder.

This book aims to keep your hopes high and to do so, I would like

編集後記

原稿編集の傍ら、ふと手元にある『哲學年表』（高山岩男著、弘文堂）を眺めつつ、二〇二〇年以降の世界はどんな嵐、どんな動乱の真っ只中へ向かっていくであろうか……と、これから来たる時代の嵐、動乱に思いを馳せることになった。

歴史を振り返れば、学問形成への曙、つまりプラトン、アリストテレスが出てくる頃というのは、既存のポリス社会が崩れゆき、新興国の若き王子アレクサンドロスがギリシャのみならずオリエントの大帝国までをも制覇してしまう時期であった。そこから約一五〇〇年の時を経たトマス・アクィナスが活躍した当時はというと、イギリスではマグナ・カルタが発布され、やがて下院が創設されていく。また東方からイスラム文化がなだれ込み、ナポリやローマに次々と大学が創設されていく。これも各地の領主が勢力を持ってきて、既存のローマ教皇による支配が一筋縄ではいかなくなってくることの現れと言えよう。その長い闘争の果てに、やがてローマ教皇の権威が失墜しようとする頃（三十年戦争終息時）に現れるのが、デカルト『哲学原理』である。各国が教会の支配から相対的に独立化してくるが故に、我思う故に我あり、つまり神ではなく我、といった自主独立の精神が芽生えてくるのであろう。

さて、そうして近代国家としての地歩を固めていくフランスに気圧《ケオ》される形で、一足遅れてドイツが国づくりを始めていく。シェリングが『学問論』を講義していたのは、そろそろナポレオン率いるフランス軍がプロイセンに宣戦布告するか、という時期である。フランス軍がどっと攻め込んできた際には、ヘーゲルも大事な『学の体系（精神現象学）』の原稿だけは失ってはならじと、大慌てで原稿抱えて家から逃げ出したのだったな。とにかくドイツも明治初期の日本と同じく、国づくりに大わらわだったようで、フランスに負けたその僅か四年後にベルリン大学を創設している。そしてなんとその二年後にヘーゲル『大論理学』発刊、なのである。まだ当時は国家づくりへ向けての立ち上げ段階で、ようやく連邦レベルでしかなかったし、プロイセンが各領邦を従え、統括できるほどの力をつけて、ドイツ帝国の創立となるのはまだ大分先のことである。そういうことを考えても、『大論理学』を出すのは時期尚早だったのであろう……。

こうして歴史の流れを見渡してみると、人類の叡智は確かに時代の嵐、動乱の節目節目に大きな変化をもたらしているようである。ここを絶対精神の発展と見てとったヘーゲルは、この世界の嵐・動乱の節目こそ「学問の梟は時代の黄昏に飛び立つ時期」と擬《ナゾラ》え得たのであろう。またそれは同時に、人類の叡智がそこから新たなる時代への指針となるべきものを創ろうとして必死にもがき苦しむ努力こそ、世界を発展させていく原動力なのでは、とも思えたことでもある。今の混沌たる世界情勢を見ても、これまでの時代を学的に、体系性をもって総括できなければ、新たなる学問的指針を打ち出すこともできないのだ、とあらためて感じる今日である。

悠季　真理

学　城（学問への道）　第19号

第1刷　2020年 3 月22日発行 ©

編　集　日本弁証法論理学研究会
発　行　株式会社 現代社
　　　　（東京都新宿区早稲田鶴巻町514）
印　刷　中央印刷株式会社
製　本　誠製本株式会社

ISBN978-4-87474-189-4　C3010